돈워리스쿨

'월급 200만 원' 받는 이들을 위한 돈 되는 수업

돈워리 스쿨

정현두, SBS 〈돈워리스쿨〉 제작팀

이상미, 임현수, 하현종 지음

RHK
알에이치코리아

바야흐로 돈 이야기를 하는 것이 부끄럽지 않은 시대의 서막이 오르고 있다. 조만
간 우리나라에서도 〈잡스〉나 〈소셜 네트워크〉, 〈조이〉 같은 영화가 나오지 않을
까? SBS 〈돈워리스쿨〉이 이러한 변화를 이끌고 있다고 생각한다. 무려 지상파 방
송에서 돈 이야기를 하면서 불경스럽게 웃고 떠들다니. 경제 유튜브 방송을 하는
나로서는 정말 반가운 변화이다. 어떻게 돈을 벌고, 어떻게 돈을 모아야 할지 막
막하기만 한 많은 사람들에게 이 책이 좋은 길잡이가 되어줄 것이다.

_경제 유튜버, 신사임당

〈돈워리스쿨〉은 현시대를 살아가는 2030세대의 눈높이에 맞춰 돈을 버는 방법부
터 돈을 쓰는 방법, 돈을 불리는 방법까지 체계적으로 구성되어 있다. 뉴스나 신
문에서 자주 접하지만 여전히 어려운 경제 이슈나, 재테크를 막 시작하는 초보자
들이 알아야 하는 정보를 친절하게 소개한다. 어디서부터 돈 관리를 시작해야 할
지 몰라 답답해하고 있을 독자들에게 이 책을 추천한다.

_경제 유튜버, 슈카

새로운 것에 도전할 때 두려움이 앞서는 것도 사실이지만, 막상 해보면 아무것도 아닌 일일 때가 참 많다. 재테크와 투자도 마찬가지이다. 지나고 나면 아무것도 아닌 '실패'가 두려워 망설이고 있을 때, 다른 누군가는 용기를 내서 실행에 옮기고 경험을 쌓고 있을 것이다. 많은 사람들이 이 책을 읽고 당장 재테크와 투자를 시작해, '어? 생각보다 어렵지 않고, 심지어 재밌네?'라는 행복한 기분을 느낄 수 있길 바란다.

_경제 유튜버, 소수몽키

왠지 손대면 안 될 것 같은 주식 투자에 대한 진입 장벽을 낮춰줄 뿐만 아니라, 나만 빼고 다 알고 있는 경제 이야기의 이모저모를 소개해준다. 재테크는 '나와는 관계없는 일'이라고 생각하는 사회 초년생들에게 필요한 내용으로 채워져 있다.

_SBS 디지털뉴스랩 PD, 이은재(재재)

저자의 말

비트코인부터 서울 아파트까지 그리고 동학 개미 운동(개인 투자자들이 국내 주식을 대거 사들인 상황)부터 원유 ETF · ETN까지…. 대상만 바뀌었을 뿐이지 돈에 대한 광풍은 계속 이어지고 있다. 다만, 과거와 다른 점이 있다면 '조급함'이 아닐까? 요즘에는 '이 방법으로 돈을 좀 쉽게 벌어보자.' 하는 수준을 넘어 '이 방법이 아니면 목돈을 쥘 기회가 전혀 없다.' 하는 절박함이 있는 것 같다. 아무리 마음이 조급하더라도, 재테크를 하는 데 있어 기본기를 탄탄하게 다지는 것은 무엇보다 중요하다. 〈돈워리스쿨〉이 시작된 이유이다.

_정현두

돈에 대해 무지하거나 돈을 외면하고 사는 사람들이 모여 있는 곳, 아이러니하게도 방송국이다. 온갖 정보가 넘쳐나는 곳임에도 재테크로 큰돈을 벌었다는 사람이 없다. 그저 머리로 아는 것에서 그치기 때문이다. 평생 죽도록 일해도 집 한 채 장만하기 어려운 세상에서, 청춘이 밑천이기보다 버겁기만 한 친동생과 후배 작가들을 생각하며 〈돈워리스쿨〉을 시작했다. 부끄럽게도 불혹을 앞둔 나 역시 이 프로그램을 하면서 난생처음 돈을 배웠고, 성장했다. 한 가지 분명하게 느낀 건, 돈은 좋은 습관 속에서 싹을 틔운다는 사실이다. 부디 이 책이 좋은 습관을 들이는 일에 작은 씨앗이 되길 바란다.

_이상미

스무 살 초반 대학 생활을 위해 구미에서 상경했다. 부모로부터 완벽한 독립을 이룬 본새 나는 어른으로 성장하고 싶었으나, 현실은 경제적 독립은 꿈도 꾸지 못하고 여전히 부모님 등골에 빨대를 꽂고 사는 경제 무지렁이다. 〈돈워리스쿨〉은 밀린 공과금을 늘 연체 이자와 함께 몰아서 내던 나에게 진짜 어른이 되는 길을 안내해준 고마운 시간이었다. 이제는 그 시간들을 나와 비슷한 또래들과 나누고 싶다.

_임현수

SBS 스브스뉴스의 모바일 시리즈로 시작한 〈돈워리스쿨〉이 TV판 시즌제 프로그램으로 확장될 수 있었던 건, 물심양면으로 도와주신 많은 분들 덕분이다. SBS 뉴미디어국과 편성본부, SBS 디지털뉴스랩 전 대표님들과 직원들, SBS M&C의 담당자들, SBS 스브스뉴스팀 식구들, 알에이치코리아의 담당자들, 그리고 〈돈워리스쿨〉의 작가진과 출연진, 제작 스태프 모든 분들께 감사의 말씀을 드린다.

_하현종

머리말

스브스뉴스에서 일하는 20대 후반 피디에게 꿈이 뭐냐고 물어본 적이 있다. 힙하고, 취향이 뚜렷한 직원이었다. 아기자기하게 꾸며진 카페를 열거나, 세계를 유랑하는 여행 작가가 되거나, 아니면 돈을 많이 버는 유명 유튜버로 변신해 여성 단체, 동물권 단체에 기부를 하며 살고 싶다는 등의 답을 예상했다. 그런데 그 피디의 대답은 이랬다. "별거 없어요. 30평짜리 아파트랑 자가용 하나 사서 중산층처럼 사는 거요." 뜻밖이었다. 그럼 재테크는 하고 있냐고 재차 물었다. "저축하기도 빠듯한데 재테크는 무슨요⋯. 어떻게 하는지도 몰라요." 그때 깨달았다. '욜로'와 '소확행'으로 널리 알려져 있지만, 2030세대의 경제적 니즈도 실은 기성세대와 다를 바가 없다는 걸.

우리가 학교에서 배우는 건 기초 경제학이다. 학문으로서 큰 의미가 있지만 개인 차원에서 돈을 모으고 자산을 불리는 지식과는 다소 거리가 있다. 이제 막 경제적 자립을 시작한 2030세대에게 필요한 것은 실생활에서 활용할 수 있는 경제 상식과 재테크 노하우다. 하지만 이런 '스트리트 경제학'은 누구도 가르쳐주지 않는다. 가족이나 회사 선배, 친구로부터 알음알음 접하거나 혼자서 이것저것 찾아보는 게 전부다. 기본부터 차근차근 배우지 않고서 뭔가를 잘하기는 쉽지 않다. 재테크도 마찬가지다. 2020년을 살아가는 평범한 사회 초년생들은 어떻게 중산층의 꿈을 이룰 수 있을까?

　우리나라에서 재테크의 대명사는 여전히 부동산이다. 지난 수십 년간 '똑똑한 아파트 한 채'로 수억원에서 수십억원에 달하는 자산을 형성하는 일이 가능했다. 몇 차례의 집값 하락기도 있긴 했지만 부동산 가격은 꾸준히 올랐다. 누구나 탐내는 재화인 집을 사서 그저 보유하고 있으면 자산이 불어나는 것은 물론 노후까지 보장된다니, 이 얼마나 환상적인 이야기인가. 그래서 기성세대의 재테크에는 공식이 있었다. '취업을 한 뒤 열심히 저축해서 종잣돈을 마련하고, 종잣돈과 주택 담보 대출을 합쳐 작은 아파트를 산 다음 이자와 원금을 갚는다. 빚을 다 갚으면 다시 대출을 받아 조금 더 큰 아파트로 옮기고 다시 이자와 원금을 갚는 생활을 시작한다.' 이 과정을 서너 번 반복하면, 집값 상승폭이 대출 이자를 훌쩍 넘어서면서, 큰 자산을 보유하게 되는 것이다. 이런 경험을 해온 기성세대는 "무조건 집부터 사라."고 조언한다.

'재테크는 곧 부동산' 공식은 앞으로도 유효할까? 미래에도 집값이 오를지 혹은 떨어질지 누구도 알 수 없다. 사회 초년생에게는 그보다 중요한 질문이 있다. '요즘 2030세대가 이전 세대처럼 부동산을 활용한 재테크를 할 수 있을까?' 과거 공식은 몇 가지의 전제를 토대로 하고 있다. 지금보다 몇 배 높았던 예적금 금리, 집값의 최대 90%까지 가능했던 주택 담보 대출 규모, 상대적으로 수월했던 정규직 취업 기회, 비교적 저렴했던 집값 등이다. 그러나 지금 세상은 변했다. 제로 금리, 까다로운 주택 담보 대출 조건, 입이 떡 벌어질 만큼 치솟은 집값, 안정성과 적정한 임금이 보장되는 정규직 일자리의 감소 등이 지금 2030세대가 마주하고 있는 현실이다. 돈을 어떻게 굴려야 할지 고민하기 전에 재테크를 시작할 종잣돈을 모으는 것조차 버거워졌다. 당연히 2030세대의 재테크 전략은 기성세대와 같을 수 없다.

각종 방송과 미디어는 '종잣돈이 있어야 가능한' 재테크 콘텐츠에만 집중하고 있다. 어느 정도 부를 이룬 기성세대에게나 적합한 내용들이다. 이제 막 사회에 진출한 이들에게 필요한 실전 경제학과 재테크 정보는 어디에서도 찾을 수 없다. 〈돈워리스쿨〉은 이런 문제의식을 바탕으로 기획된 프로젝트이다.

돈을 대하는 태도부터 저축하는 노하우, 생활 속 절약 꿀팁, 국내외 주식 투자 방법, 내 집 마련을 위한 첫걸음을 비롯해 기본적인 경제 상식과 산업 트렌드를 읽고 돈으로 연결시키는 법 등 사회 초년생이 반드시 짚고 넘어가야 할 내용을 두루 다루었다. 모두 월급 200만 원으로 살아가는 이들에게 현실적인 도움을 줄 수 있는 정보들이다.

어느 분야이든 정석이 있다. 축구를 배울 때는 슈팅에 앞서 볼 트래핑을, 복싱을 할 때는 훅과 어퍼컷 이전에 줄넘기부터 연습해야 한다. 지루하고 재미없지만 피할 수 없는 과정이다. 기본기를 쌓으며 한걸음씩 앞으로 나아가다 보면, 어느 순간 훌쩍 성장해 있는 자신을 발견하게 될 것이다. 이제 막 경제와 재테크에 발을 들이는 모든 독자들에게 《돈워리스쿨》이 쉽고 재미있게 기초를 다지는 디딤돌이 되길 바란다.

_〈돈워리스쿨〉 총괄 프로듀서 하현종

차례

1교시

아는 것이 돈이다

세금 편
급여 명세서가 알려주는 것

"그래서 얼마?" NO!
"어떻게 얼마?" YES!

　월급은 금세 사라질 테지만, 월급날은 기분 좋기 마련이다. 월급
쟁이의 비애는 월급을 받고 급여 명세서를 확인하는 순간부터 시
작된다고 해도 과언이 아니다. '이게 진짜 내 월급이라고?' 쥐꼬리
만 한 기본급에서 벼룩의 간을 내먹는 세금까지 빠져나간 뒤 초라
하게 남은 한 달 월급의 실수령액을 확인하는 순간, "나라가 나한테
해준 게 뭐가 있다고." 하는 볼멘소리가 절로 나온다. 비로소 쓰디
쓴 사회의 맛을 실감하게 된다.

　사회 초년생의 급여 자체가 적다는 것도 문제이지만 가장 큰 문
제는 다른 데에 있다. 바로, 최소한의 경제관념이나 금융 지식도 모
르는 무지렁이인 채로 사회에 나오게 된다는 점이다. 세금은 얼마
나 내는지, 봉급이 오르면 세금은 얼마나 늘어나는지, 소득 공제는

얼마나 받을 수 있는지 등 몰라도 정말 너무 모른다. 그런데 모르는 것이 당연하다. 학교에서 제대로 가르쳐주지 않았고 사회에서도 누구 하나 툭 까놓고 알려주지 않기 때문이다. 급여가 어떻게 책정되는지, 또 세금은 어떻게 부과되는지 알지 못해 발생하는 문제들이 상당히 많다. 심지어 연봉이 2,400만 원인 경우, 월급으로 200만 원을 수령한다고 여기는 사회 초년생들도 적지 않다. 급여 명세서의 세부 내역을 모르기 때문에 돈을 제대로 받고 있는 것인지 알기도 어렵다. 세상은 단순한 산수만으로 굴러가지 않는다. 이제부터는 절대적으로 적은 월급을 덧셈으로, 나아가 곱셈으로 불릴 방법까지 스스로 터득해야 한다.

좁은 취업의 문을 넘어 어렵사리 사회에 나왔는데, 도대체 왜 돈에 질질 끌려다니게 될까? 아마 돈을 제대로 알지 못하기 때문일 것이다. 돈을 모르니 돈을 외면할 수밖에 없고, 돈을 외면하니 돈이 모이지 않고, 결국 돈을 쓰는 즐거움을 선택하게 된다. '이렇게 벌어서 어느 세월에 집을 사나….' 하고 한탄하며 경제적 자립을 뒷전으로 미루다가, 그저 나이만 먹은 어른으로 전락하기 십상이다.

왜 급여 명세서의 세금까지 공부해야 하느냐고? 한 달 월급으로 월세, 교통비, 식비, 통신비, 문화생활비 등 모든 비용을 써야 하는데, 매달 고정적으로 빠져나가는 세금을 어찌 외면할 수 있을까?

투자의 또 다른 말은 세금이라는 말이 있다. 투자를 통해서 연 5%의 수익률을 올리는 것과 세금을 통해 연 5%의 절세 효과를 누리는 것은 결과적으로 동일하다는 의미이다. 국민으로서 납세의 의무는 당연히 짊어지되, 합법적으로 세금을 줄일 수 있다면 그만큼의 돈을 버는 것과 같다. 게다가 세금의 구조를 한번 이해하면 소득 활동을 하는 평생 동안 써먹을 수 있다. 다른 이유를 다 차치하고 힘들게 번 돈에서 매달 일정 금액이 빠져나가는 이유는 알아야 한다.

사회 초년생이 줄일 수 있는 세금에 대해 공부할 수 있는 시간이 될 것이다. 다소 복잡하고 어려운 용어가 나와도 절대 당황하거나 포기하지 말자. 여러 번 읽다 보면 누구나 이해할 수 있는 내용이다. 새어나가는 세금을 꼼꼼히 확인하고 세액 공제를 받는 것이 재테크의 시작이라는 사실을 기억하자.

근로 소득세와
지방 소득세

⊘ 월급의 주적, 근로 소득세

월급에서 빠져나가는 세금 중에 가장 많은 금액을 차지하는 세금은 소득세다. 소득세는 근로자가 일한 대가로 얻은 소득에서 원천 징수한다. 원천 징수는 소득이 발생할 때 미리 세금을 떼는 것을 말하는데, 근로자가 내야 할 세금을 국가를 대신하여 회사가 징수하고 납부하는 것이다.

세금을 납부할 시간이 없어 늦게 내는 사람, 낼 여력이 없어서 못 내는 사람, 일부러 안 내고 버티는 사람 등 다양한 사정을 가진 사람들이 있다. 일단 사람들 주머니로 들어간 돈은 다시 걷기가 쉽지 않기 때문에 미리 세금부터 떼고 월급을 주는 것이다.

소득세의 역사부터 살펴보자. 제1차·제2차 세계 대전 당시 미국이 실시한 세금 징수 제도가 원천 징수 제도의 시초다. 전쟁 상황이다 보니 국가 차원에서 돈이 급하게 필요했다. 그래서 세금을 먼저떼고 난 다음 일 년에 한 번씩 개개인의 상황을 검토해서 더 걷은세금을 돌려주거나 적게 낸 세금을 추가로 징수했는데, 이 방식이현재까지 이어지고 있는 셈이다. 월급을 손에 쥐어보기도 전에 세금부터 떼는 게 야속하긴 하지만, 국가는 이를 통해 세금이 누락되는 것을 방지함과 동시에 세수를 조기에 확보할 수 있다.

10년 전까지만 해도 소득세를 갑근세라고 부르기도 했다. 정확하게는 갑종 근로 소득세인데, 줄여서 갑근세라고 칭한 것이다. 과거 소득세법은 근로 소득을 갑종과 을종으로 구분했다. 국내 법인으로부터 받은 봉급, 수당, 상여금, 연금, 퇴직금, 주주·사원 총회상여금 등의 급여는 갑종에, 외국 기관 또는 외국 법인으로부터 받는 급여는 을종에 해당됐다. 이때 을종 근로 소득은 원천 징수 대상이 아니었다. 우리나라가 외국 법인에 대하여 과세권을 행사할 수없기 때문에 근로자가 직접 소득을 신고하고 세금을 납부해야 했다. 2010년 이후에는 갑종과 을종으로 나누었던 근로 소득의 구분을 없애고 근로 소득의 범위에 갑종의 내역만 남기게 되면서, 갑근세라는 명칭은 역사 속으로 사라지게 되었다.

그렇다면 우리는 근로 소득세를 얼마나 내고 있을까? 먼저 국세청에서 제공하는 근로 소득 간이 세액표를 이해해야 한다. 이는 급

근로 소득 간이 세액표(2020년 기준)		
과세 표준	기본 세율	기본 세율(속산표)
1,200만 원 이하	과세 표준의 100분의 6	과세 표준 × 6%
1,200만 원 초과 ~ 4,600만 원 이하	72만 원 + (1,200만 원 초과 금액의 100분의 15)	(과세 표준 × 15%) − 108만 원
4,600만 원 초과 ~ 8,800만 원 이하	582만 원 + (4,600만 원 초과 금액의 100분의 24)	(과세 표준 × 24%) − 522만 원
8,800만 원 초과 ~ 1억 5,000만 원 이하	1,590만 원 + (8,800만 원 초과 금액의 100분의 35)	(과세 표준 × 35%) − 1,490만 원
1억 5,000만 원 초과 ~ 3억 원 이하	3,760만 원 + (1억 5,000만 원 초과 금액의 100분의 38)	(과세 표준 × 38%) − 1,940만 원
3억 원 초과 ~ 5억 원 이하	9,460만 원 + (3억 원 초과 금액의 100분의 40)	(과세 표준 × 40%) − 2,540만 원
5억 원 초과	1억 7,460만 원 + (5억 원 초과 금액의 100분의 42)	(과세 표준 × 42%) − 3,540만 원

여 수준 및 부양가족 수별로 원천 징수를 해야 하는 세액을 정해놓은 표다. 소득세율은 누진 세율 구조이며, 이에 따라 소득이 많은 사람일수록 높은 세율이 적용된다.

⊘ 소득에 따라 달라지는 근로 소득세율

근로 소득 간이 세액표를 보면, 소득이 늘어날수록 세율이 상승하는 것을 알 수 있다. 과세 표준은 징수 대상 금액(소득에서 비용을 제외한 부분)이고, 여기에 소득 구간에 따른 세율을 곱하면 내야 할 세금이 나온다. 그런데 소득 구간에 따라 세율이 다르게 적용되면 다음과 같은 문제가 발생할 수 있다. 소득액 1,200만 원 이하는 세율이 6%인데, 소득액이 1,300만 원이라면 100만 원 차이로 세율이 갑자기 15%가 되는 것이다. 이러한 억울한 상황이 발생하지 않도록 소득액의 1,200만 원까지는 6%의 세율을 적용하고, 1,200만 원이 넘으면 초과 금액 100만 원당 15%의 세율을 적용하는 방식으로 계산한다. 복잡함을 피하기 위해 총소득세에서 소득 구간별 금액을 빼는 개념으로 접근한 부분이 기본 세율(속산표)이다. 즉 소득액이 1,300만 원이라면 일단 기본 세율 15%를 적용한 후 108만 원을 빼면 실제 납부할 금액이 된다.

근로 소득 간이 세액표에 따라 소득세가 원천 징수 처리된다. 그러나 원천 징수 세액이 실제로 확정된 연간 세액보다 많으면 세금을 환급받는다. 쉽게 말하면, 월급에서 먼저 뗀 세금이 실제 내야 할 세금보다 많은 경우 다시 돌려받을 수 있으며, 이것이 연말 정산이다. 세금은 '어디에' 그리고 '어떻게' 지출했는지에 따라 다르게 매겨지기도 하고, 특정 지출 사항을 소득에서 제외시키는 소득 공제를 통하여 납세를 면제해주기도 한다. 이러한 이유로 지난 1년치의 정확한 세금이 정산되어 다음 해 2월분 월급에서 13월의 월급을 받기도, 13월의 폭탄이 되기도 하는 것이다.

⊘ 프리랜서의 근로 소득세율은 다르다

프리랜서로 일하는 사람들도 많을 것이다. 일반 회사를 다니는 직장인들은 국세청에서 규정한 근로 소득 간이 세액표에 따라 세금을 제외한 월급을 받지만, 프리랜서들은 일을 하고 대가를 받을 때 3.3%의 세금을 제외한 금액을 받는다.

그렇다면 왜 3.3%일까? 소득세법에서는 독립된 자격으로 노동을 제공하고 대가를 받는 사람들을 인적 용역 사업자로 구분한다. 이들에게 돈을 지급할 때 3%의 세금을 제외하고 지급하도록 규정하고 있다. 여기에 지방 소득세 0.3%가 추가되어 총 3.3%의 세금을 제외하는 것이다.

⊘ 월급에서 지방 소득세가 빠지는 이유

월급에서 소득세와 함께 빠져나가는 세금이 있다. 주민세 혹은 지방 소득세다. 주민세와 지방 소득세는 같은 뜻이지만, 정확하게는 지방 소득세라고 부르는 것이 맞다. 해당 지방 자치 단체 내에서의 활동을 통해 근로 소득이 발생했기 때문에 소득의 일부를 지방 자치 단체에 내는 것이다. 만약 소득이 없다면 당연히 내지 않아도 되는 세금이다.

지방 소득세는 근로 소득 간이 세액표에 따라 산출된 소득세의 10%에 해당하는 금액을 납부한다. 소득세에서 '0' 하나를 지우면 지방 소득세가 된다고 이해하면 쉽다.

⊙ 두 가지 종류의 지방 소득세

월급에서 매달 꼬박꼬박 지방 소득세가 빠져나가는데, 우편 등으로
지방 소득세를 내라는 고지서를 받는 사람도 있을 것이다. 이는 월
급에서 제하는 지방 소득세와 고지서로 공지하는 지방 소득세의
성격이 다르기 때문이다.

후자의 경우, 균등분 주민세로 해당 지방 자치 단체 내에 거주하
기 때문에 내는 세금으로 이해하면 좋다. 일종의 지역 회비 개념으
로, 각 개인이 내는 것이 아니라 주소지의 세대주가 납세하는 것이
다. 해당 지역에 거주 신고를 마친 외국인 역시 납세의 대상이다.

4대보험

⊘ 4대보험, 제대로 알고 납부하기

급여에서 세금도 아닌데 빠져나가는 것이 있다. 사회 보험료다. 흔히 4대보험이라고 부르고 있지만, 엄밀히 말하면 4대보험이라는 말은 없다. 우리나라는 사회 보장 기본법을 근거로 만들어진 네 가지의 사회 보험을 시행하고 있기 때문에 편의상 4대보험이라고 부르는 것이다. "4대보험 되나요?" 안정적인 일자리를 가늠하는 기준으로 흔히 쓰는 말이지만, 정작 4대보험에 대해 정확하게 아는 사람은 많지 않다. 하지만 월급에서 꼬박꼬박 빠져나가는 돈이다. 지금부터라도 그 돈이 어떻게 쓰이고 있는지, 어떤 혜택을 받을 수 있는지 알 필요가 있다.

4대보험은 국민에게 발생하는 질병, 상해, 실업, 노령 등 사회적 위험에 대처하고 국민의 건강과 소득을 보장하기 위해 국가가 운영하는 비영리 강제 보험 제도이다. 그러므로 의무적으로 가입을 해야 한다. 법적으로 근로 계약을 했다면 인턴, 정규직, 비정규직 등 고용 형태에 관계없이 4대보험 징수 대상자가 되며(단, 월 60시간 미만 근로자는 예외이다.) 여기에는 국민연금, 건강 보험, 고용 보험, 산재 보험이 해당된다.

✓ 노후 대비를 위한 국민연금

만 18세 이상에서 만 60세 미만의 소득이 있는 대한민국 국민이라면 국민연금에 의무적으로 가입하도록 되어 있다. 의무적으로 가입할 필요가 없는 소득이 없는 주부나 만 27세 미만의 학생도 자발적으로 국민연금에 가입할 수 있는 임의 가입 제도도 있다. 납입 금액은 소득의 9%로, 월급에서 빠져나가는 돈에서 만만치 않은 비중을 차지한다. 직장인은 본인과 회사가 각각 4.5%씩 부담한다. 개별적으로 국민연금에 가입한 개인 사업자나 프리랜서라면 본인이 9% 전액을 부담해야 한다.

국민연금은 정부가 직접 운영하는 공적 연금 제도로, 소득 활동이 중단되는 노후를 대비한 보험이다. 납부한 보험료를 본인이나 유족에게 다시 돌려주어, 소득이 없을 노년에도 생계를 유지할 수 있도록 한다. 최소 10년 이상(120회 납입)의 가입 기간을 채워야 연금 수령이 가능하며, 기본 연금액의 100%를 수령하기 위해서는 20년 이상의 가입 기간을 채워야 한다.

✅ 국민연금이 곧 고갈된다던데….

얼마 지나지 않아 국민연금이 고갈되는 바람에 납부한 금액만큼 돈을 돌려받을 수 없다는 걱정이 앞서기도 할 것이다. 이는 역설적으로 국민연금이 개인에게 수익성이 높은 연금이라는 뜻이기도 하다. 낸 돈보다 많은 돈을 연금으로 받기 때문에, 고갈의 문제가 끊임없이 제기될 수밖에 없다.

그럼 이제 막 국민연금을 내기 시작한 사회 초년생은 이를 어떻

돈 팁

개인 사업자 혹은 프리랜서도 국민연금을 납부해야 할까?

국민연금을 납부하기 부담스럽다는 개인 사업자나 프리랜서도 적지 않다. 지금 당장 수입이 없어도 전년도 소득이 있었다면, 그 소득을 근거로 1년간 보험료가 부과되기 때문이다. 전년도 소득은 있었지만 현재 소득이 없다면 이를 증명할 수 있는 서류를 국민연금 공단에 제출하면 된다. 사정에 따라 납부 유예가 가능하다. 증빙 서류로는 사직서, 해촉 증명서, 폐업 증명서 등이 인정된다.

또 예전보다 소득이 감소해 월 납입액이 부담되는 경우에도 소득 감소를 입증할 서류를 국민연금 공단에 제출하면 기준 소득 월액을 변경할 수 있다.

게 바라봐야 할까? 국민연금은 전년도의 물가 변동률을 반영하여 가입자 전체에게 지급되므로, 물가가 오르면 연금액도 올라간다. 연금액은 가입 기간, 가입 기간 중 본인의 평균 소득, 연금을 받기 전 3년간의 전체 가입자 평균 소득으로 결정된다. 가입 기간 중 본인의 평균 소득은 연금을 받는 시점에 다시 계산된다. 1988년의 월 소득 50만 원이 2017년에는 월 소득 303만 원으로 재평가되는 것처럼, 2020년에 200만 원의 월 소득이 있다면 연금을 받는 시점의 돈 가치로 연금액이 조정되는 것이다.

　연금을 수령할 나이가 가깝지 않은 사회 초년생에게는 국민연금의 혜택이 와닿지 않을 것이다. 하지만 노후를 위해 이것저것 준비할 여력이 없는 사회 초년생에게 꽤 괜찮은 제도이다. 훗날 연금 수령을 위해 10년 이상(120회 납입)의 가입 기간 조건은 반드시 완료하는 것이 좋다.

⊘ 달라진 건강 보험료

건강 보험은 질병이나 부상에 대한 보험 서비스를 제공하여, 고액의 진료비가 가계 부담이 되는 것을 방지하기 위한 사회 보장 보험이다. 매월 보험료를 납부하면 향후 질병으로 인한 의료비의 일부를 국가가 대신 납부한다. 누구나 가입할 수 있으며, 보험료는 소득에 비례해 납부하지만 혜택은 모두 동등하게 받을 수 있다는 특징이 있기 때문에 부의 재분배 기능도 강력하다.

건강 보험은 직장 가입자와 지역 가입자로 구분되며, 각 가입자에 피부양자로 등록된 가입자가 있다. 보험료는 건강 보험과 장기 요양 보험으로 구성되어 있으며, 두 보험의 보험료율은 다르다. 2020년 기준, 직장인은 건강 보험료로 소득의 6.67%를 납부하며 개인과 회사가 절반씩 부담한다. 장기 요양 보험료는 건강 보험료의 10.25%를 납부하며 이 역시 개인과 회사가 절반씩 부담한다.

국민연금과 마찬가지로 소득이 줄었거나 실직했을 경우, 건강 보험 납입금을 축소할 수 있다. 부모님과 동거 중인 사람 중에 만 30세 이하, 연 소득 3,000만 원 이하, 총재산 1억 8,000만 원 미만의 조건에 해당된다면, 피부양자로 등록되어 저렴한 보험료만 납부해도 보험 혜택을 누릴 수 있다. 이를 위해서는 지역 건강 보험 공단에 피보험자 상실 서류를 제출하면 된다. 증빙 서류로는 사직서, 해촉 증명서, 폐업 증명서 등이 인정된다.

건강 보험료(2020년 기준)

건강 보험료 + 장기 요양 보험료
- 직장 가입자: 보수 월액 × 보험료율(6.67%)
- 지역 가입자: 보험료 부과 점수(소득 점수 + 재산 점수 + 자동차 점수) × 부과 점수당 금액(189.7원)

장기 요양 보험료(2020년 기준)
건강 보험료 × 장기 요양 보험료율(10.25%) • 직장 가입자: 직장 가입자 총합 + (장기 요양 보험료 × 50%) • 지역 가입자: 실납입 보험료 100% 부담

⊘ 건강 보험료도 정산이 이루어진다

국민 건강 보험 공단은 지난해 급여를 기준으로 건강 보험료를 부과한 뒤, 이듬해 4월 급여 변동을 확정해 정산하는 절차를 밟는다. 매년 4월에 건강 보험료 정산이 이루어지게 되는 것이다. 성과급이나 상여금, 호봉 승급 등으로 지난해 급여가 올랐다면 덜 낸 건강 보험료를 더 내고, 반대로 지난해 급여가 깎였다면 더 낸 건강 보험료를 환급받는다.

⊘ 실직이나 이직 시 힘이 되는 고용 보험

흔히 실업 급여라고 부르는 고용 보험은 구직 중이거나 실직 등으로 소득이 끊겼을 때 생활비를 지급하여, 생활 안정과 재취업을 지원하는 역할을 하는 사회 보장 보험이다. 1997년 외환 위기와 2008년 금융 위기를 거치는 동안 고용과 실업에 대한 불안정성이 증가하면서, 그 필요성이 더욱 높아졌다.

근로자의 경우 매달 소득의 0.65%를 납부하고, 고용주의 경우 근로자 소득의 0.9%(고용인이 150명 이상이면 비율은 더 높아진다.)를 납부하기 때문에 고용주의 부담이 조금 더 크다고 볼 수 있다.

실업 급여는 스스로 퇴사했을 때는 받을 수 없고 비자발적 퇴직, 즉 해고를 당했을 때만 받을 수 있다. 결과적으로 사직서를 스스로 냈더라도 퇴사하지 않기 위해 노력을 다하는 등 이직의 불가피성이 인정되면 실업 급여를 받을 수 있다. 실직 전 18개월 중 180일 이상 고용 보험에 가입되어 있는 상태였을 때 수급 자격이 생긴다.

실업 급여 지급액

(퇴직 전 평균 임금 × 60%) × 소정 급여 일수

※ 이직일 2019년 10월 1일 이후 기준

실업 급여의 소정 급여 일수

가입 기간 퇴사 시 연령	1년 미만	1년 이상 ~3년 미만	3년 이상 ~5년 미만	5년 이상 ~10년 미만	10년 이상
만 50세 미만	120일	150일	180일	210일	240일
만 50세 이상 및 장애인	120일	180일	210일	240일	270일

※ 이직일 2019년 10월 1일 이후 기준

1교시 | 아는것이돈이다

⊘ 실업 급여의 지급 기준

실업 급여 지급 대상은 경영상 권고사직을 당했거나 계약 기간 만료 등의 이유로 실직했을 때이다. 그 외에도 이직의 불가피성이 인정될 때 지급되는데, 회사와 거리가 먼 곳으로 이사를 가게 된 경우 등도 포함된다.

실업 급여 신청 방법

1. '고용 보험' 홈페이지(www.ei.go.kr)에 접속해 회원 가입을 한다. 이때 '통합 회원'으로 가입하면 실업 급여 신청 후 구직 활동에 도움이 되는 '워크넷' 홈페이지(www.work.go.kr)도 함께 이용할 수 있다.
2. 공인 인증서를 등록한다.
3. 퇴사한 회사에서 상실 신고서와 이직 확인서를 사업장 관할 근로 복지 공단으로 전송한다. 상실 신고서 처리 여부는 [고용 보험 홈페이지 → 개인 서비스 → 조회]에서 확인할 수 있다. 제대로 신고되었다면 최종 상실일란에 퇴사일이 뜬다.
4. [이직 확인서 처리 확인]을 누르면, 이직 사유와 이직일이 처리 상태가 된다. 처리 기간은 최장 15일까지 걸릴 수 있다.
5. [고용 보험 홈페이지 → 개인 서비스 → 실업 급여 → 수급 자격 신청자 온라인 교육]에서 동영상을 시청한다.
6. 워크넷 홈페이지에 접속해 이력서를 작성한다.
7. [고용 보험 홈페이지 → 구직 신청]에서 몇 가지 질문에 답한다.
8. 고용 센터에 방문한다.
9. 위에서 준비한 서류들을 제출하고 고용 센터에서 제공하는 추가 서류를 작성한다.
10. 2주 후 다시 고용 센터에 방문해 교육을 받는다. (교육 날짜는 첫 방문 시 담당자가 알려준다.)

그렇다면 프리랜서이거나 사정상 고용 보험에 가입하지 않았어도 실업 급여를 받을 수 있을까? 결론부터 말하자면, 가능하다. 고용 보험에 가입되어 있지 않았더라도, 가입한 상태로 근무했어야 할 기간이 실직 전 18개월 중 180일이 넘었음을 증명하면 실업 급여를 받을 수 있다. 근무한 내용을 증명할 수 있는 기록 등을 고용 보험 측에 제출해 심의를 받고, 그것이 인정되면 실업 급여를 수령할 수 있다. 프리랜서를 제외하고 1인 이상 고용하는 사업장은 4대 보험 가입의 의무가 있기 때문에 근무한 내용을 증명만 하면 심의 요청이 가능하다. 고용 보험은 본인에게 해당 사항이 없다고 생각하는 프리랜서가 대부분일 것이다. 하지만 서류상으로 프리랜서일 뿐 노동자와 다를 바 없이 일을 했다면, 근로자성 판단을 받아 실업 급여를 신청할 수 있다. 이때, 가입하지 않았던 기간 동안의 고용 보험료는 내야 한다.

⊘ 산재 보험, 제대로 알아보기

산재 보험은 업무상의 사유에 따른 근로자의 부상, 질병, 장해 또는 사망에 적용되며 사업주가 보험료의 100%를 부담하는 사회 보험이다. 업무상 재해로 인한 산재 보상을 받기 위해서는 다음과 같은 요건이 필요하다. 첫째, 근로 기준법상 근로자에 해당되어야 한다. 둘째, 업무와 재해 사이에 상당한 인과 관계가 있어야 한다. 셋째,

근로자의 고의 자해 행위나 범죄 행위 또는 그것이 원인이 되어 발생한 부상, 질병, 장해 또는 사망이 아니어야 한다. 예전에는 사업주에게 재해 발생 경위를 확인받아야 했지만 현재는 사업주의 별도 확인 없이 근로 복지 공단이 직접 재해 발생 경위를 파악한다.

산업 재해는 위험한 일이 발생할 수 있는 현장에서 근무하는 근로자에게만 해당되는 내용이라고 생각하기 쉽다. 하지만 추운 겨울 밤사이 기온이 뚝 떨어지고 눈이 내린 탓에 출근길에 미끄러져 다친 경우도, 산업 재해에 해당된다. 2018년 개정된 산업 재해 보상 보험법에 따라 앞서 언급한 사례 같은 경우도 업무상 재해로 인정

이럴 때 산재 보험을 적용받을 수 있을까?

산재 보험에는 무과실 원칙이 있다. 근로자가 업무상 재해로 다쳤다면 근로자에게는 과실을 묻지 않는다는 의미이다. 즉, 안전 수칙을 지키지 않다가 다쳤더라도 그것은 노동자의 책임이나 과실이 아닌, 이를 관리 및 감독하지 못한 회사에 책임이 있다.

다만 재해가 아닌 질병의 경우 업무와 질병 사이의 인과 관계를 근로자가 증명해야 되기 때문에 지급 가능성이 낮다. 삼성전자 백혈병 사태가 대표적인 사례인데, 업무와 백혈병 발병에 연관이 있음을 증명하는 데에는 상당한 기간이 소요되었다.

산재 보험에 가입되지 않은 상태에서 사고가 났더라도, 근무했던 회사가 4대보험에 가입했어야 할 환경이었음을 증명하면 산재 보험이 적용된다. 물론 가입하지 않았던 기간 동안의 산재 보험료는 회사가 내야 한다.

프리랜서의 경우 근로자성 판단을 받으면 보험 혜택을 받을 수 있다.

받았기 때문이다. 기존의 산재 보험은 사업주가 제공한 교통수단으로 출퇴근하다가 다친 경우에만 적용됐지만, 법이 개정되면서부터는 도보나 지하철, 버스 등으로 출퇴근하다가 다친 사람도 보호를 받을 수 있게 되었다. 물론 회식, 워크숍 등 회사의 지시로 인해 움직이는 중에 일어나는 사고도 포함된다.

또 2019년 1월부터는 혼자 식당을 운영하는 업주가 음식을 만들다가 화상을 입어도 산재 보험 혜택을 받을 수 있게 되었다. 기존 시행령은 여객 운송업, 화물 운송업, 건설 기계업, 퀵서비스업 등 재해 위험이 큰 8개 업종에 종사하는 자영업자에 한해서만 산재 보험 가입을 허용했지만, 현재는 산재 보험에 가입할 수 있는 1인 자영업자 업종으로 음식점업, 소매업, 도매 및 상품 중개업, 기타 개인 서비스업 등 4개가 추가되었다.

산재 보험을 신청하기 위해서는 병원 협조를 받아 '요양 급여 및 휴업 급여(최초분) 신청서'를 작성하면 된다. 이후 회사의 확인을 받아 근로 복지 공단에 준비한 서류를 제출하면 되는데, 신청일 기준으로 약 7일 이내에 요양 급여 승인 여부를 확인할 수 있다.

⊘ 프리랜서와 직장인의 차이점

직장인과 프리랜서의 가장 큰 차이는 노동법 적용 여부이다. 노동법이 적용된다는 것은 노동법이 명시한 노동자의 권리(퇴직금, 실업 급여, 산재 적용)를 보장받을 수 있음을 의미한다. 직장인이라면 노동법의 보호를 받을 수 있고, 프리랜서라면 근로자성 판단 기준에 부합되는 경우에 한해 노동법의 보호를 받을 수 있다.

프리랜서 형태로 근무하고 있다면 대법원의 사용종속관계의 판

대법원의 사용종속관계의 판단 기준

근로자 해당 여부는 그 계약이 민법상의 고용 계약이든 또는 도급 계약이든 그 형식에 관계없이 그 실질에 있어서 근로자가 사업 또는 사업장에서 임금을 목적으로 종속적인 관계에서 사용자에게 근로를 제공하였는지 여부에 따라 결정된다.

① 업무의 내용이 사용자에 의하여 정하여지는지 여부
② 업무 수행 과정에 있어서도 사용자로부터 구체적이고 직접적인 지휘·감독을 받는지 여부
③ 사용자에 의하여 근무 시간과 근무 장소가 지정되고 이에 구속을 받는지 여부
④ 근로자 스스로가 제3자를 고용하여 업무를 대행케 하는 등 업무의 대체성이 있는지 여부
⑤ 근로 제공 관계의 계속성과 사용자의 전속성 유무와 정도
⑥ 취업 규칙·복무 규정·인사 규정 등의 적용을 받는지 여부
⑦ 보수의 성격이 근로 자체의 대상적 성격을 갖고 있는지 여부와 기본급이나 고정급이 정해져 있는지 여부
⑧ 근로 소득세의 원천 징수 여부
⑨ 사회 보장 제도에 관한 법령 등 다른 법령에 의하여 근로자로서의 지위를 인정받는지 여부
⑩ 비품·원자재나 작업 도구 등의 소유 관계

단 기준을 살펴보자. 해당되는 내용이 많을수록 근로자로 인정받아, 노동법이 적용될 가능성이 높다. 앞으로도 프리랜서 형태로 일하는 형태는 늘어날 것이다. 그러나 급여 지급 방식만 프리랜서이고 근로 형태가 노동자와 다를 바가 없다고 판단되면, 퇴직금은 물론 국민연금과 건강 보험(지역 가입자) 혜택을 받을 수 있다. 4대보험에 가입되어 있지 않더라도 포기하지 말자. 근무 내용을 증명하면 밀린 보험료만 내고 혜택을 받을 수 있으니 말이다.

나라가 해주는 것은 꽤 있다.
다만 알아서 혜택을 주지 않기 때문에
스스로 찾아서 요청해야 할 뿐이다.

재테크를 시작하기 전에
알아야 할 것

본격적인 재테크에 돌입하기 전, 급여 명세서에 적힌 항목을 꼼꼼하게 살펴보길 권한다. 그 안에는 사회 초년생이 알아야 할 사회의 전반적인 시스템이 녹아 있기 때문에 좋은 공부가 될 것이다.

대다수의 직장인에게 급여 명세서는 '노 룩 패스(No Look Pass)', 보지도 않고 넘어가는 것이 되어버렸다. 주는 대로 받는 것에 익숙해졌기 때문이다. '그래서 얼마인데?' 급여의 총액은 확인하면서 '어떻게 얼마인데?' 세부 내역은 따져보지 않는다. 이는 다음 해 연봉 협상에서 입도 한 번 뻥끗하지 못하고, 회사가 제시한 연봉 통지서와 다름없는 종이에 무기력하게 사인만 하고 돌아서게 되는 결과를 가져온다. 이직할 때 역시 마찬가지이다. 새 직장의 연봉 조건이 좋다고 생각해 어렵사리 이직을 했는데, 연봉에 성과금이 포함되는지 혹은 별도인지에 대한 이해가 없어 전 직장보다 적은 실수령액을 받는 불이익을 당하기도 한다.

남는 건 무지로 인한 자책과 뒤늦은 후회뿐이다. 이것이 바로 아는 것이 돈이 되는 이유다.

연봉 편

상여금과 성과급은
무엇이 다를까?

내 연봉 순위는 몇 등일까?

경제 활동을 하고 있는 사람이라면 누구나 내 벌이가 어느 정도 수준인지 궁금할 것이다. 친한 친구들끼리도 꺼내기 불편한 주제이다 보니 더 궁금해진다. 사람들의 이러한 호기심 덕분일까? 비영리 민간단체인 한국납세자연맹 홈페이지에서 제공하는 '연봉탐색기'가 실시간 검색어에 오르며 화제가 됐다. 일 년 동안 받는 내 봉급의 총합을 입력하면, 1년 만기 근속 근로자 1,115만 명 중에서 내 연봉 순위를 알 수 있다. 이 프로그램상에서는 대략 세전 월급 200만 원을 받는 연봉 2,400만 원의 근로자는 100명 중 67등쯤된다. 연봉 3,000만 원의 근로자는 56등, 연봉 5,000만 원의 근로자는 30등으로 나온다. 한때 접속자의 수가 너무 많아 홈페이지 접속이 원활하지 않았을 만큼 반응이 폭발적이었지만, 연봉까지 서열화한다는 비난도 거셌다.

이에 한국납세자연맹 측은 연봉탐색기 프로그램은 연봉이 오를 때마다 세금의 부담이 얼마나 늘어나는지에 대해 세부적으로 알려주고, 절세하는 방법 등의 정보를 제공하는 데에 그 목적이 있다는 사실을 밝히기도 했다. 실제로 연봉만 입력하면 아래의 9가지 내용을 알 수 있다.

- 나의 연봉 순위
- 세금 등을 제외한 나의 연봉 실수령액
- 연봉에서 빠져나가는 공제 항목 분포와 금액
- 연봉이 100만 원 인상되었을 때 나의 몫
- 소득 공제가 늘어날 경우 증가하는 환급액
- 세율이 한 단계 상승하는 나의 연봉
- 신용 카드 공제 문턱과 카드 공제 최고 한도를 위한 지출액
- 종교 단체와 기타 지정 기부금 최고 한도
- 의료비 공제 문턱과 의료비 최고 한도를 위한 지출액

사회 초년생이 연봉 상위권을 차지한다는 게 어디 쉬운 일인가. 아직은 연봉 등수에 좌절할 때가 아니다. 높은 연봉을 따지기 전에 연봉의 개념부터 정확히 숙지해야 한다. 연봉액과 실수령액의 차이를 모르기도 하고, 기본급의 개념은 물론 상여금과 성과급의 차이, 통상 임금과 평균 임금의 정의도 모르는 경우가 태반이다.

통장에 찍힌 월급이 예상과 달라서 당황했던 경험은 한 번쯤 있을 것이다. 연봉 계약서를 볼 줄 모르니 자연스럽게 계약서를 꼼꼼하게 읽지 않게 된다. 연봉에 대해 아무것도 모른다면 어설픈 연봉 협상을 하게 되거나, 이직할 때 더 큰 낭패를 볼 수도 있다. 임금 체계에 대한 기본적인 상식은 알고 있어야 한다. 그래야 불합리한 임금 체계가 보이고, 이는 회사에 요구할 것들을 정당하게 말할 수 있는 발판이 된다. 더 나아가 노동자로서 우리 사회의 구조적 문제점이나 개선점에 대해서도 목소리를 낼 수 있다. 연봉 등수를 매기는 일은 그다음에 해도 늦지 않는다.

연봉과 월급

⊙ 연봉이 3,600만 원이면, 월급은 300만 원일까?

S 기업의 연봉은 3,600만 원이고, H 기업의 연봉은 3,000만 원이
다. 그렇다면 S 기업이 당연히 더 많은 월급을 주는 것일까? 결론부
터 말하자면, 아닐 수도 있다. 단순히 연봉 금액만으로는 월 급여를
판단할 수 없다. 연봉의 세부 내역을 자세히 따져야 하지만, 어디에
서도 그 방법을 알려주지 않는다. 설령 안다고 해도 연봉에 대한 개
념이 잡혀 있지 않으면 이해하기도 힘들다. 다음과 같은 사례를 통
해 연봉 계약서를 자세히 살펴보도록 하자.

연봉 3,000만 원, 상여금 400% 포함(8회 지급), 성과급 미포함, 퇴직금 별도

E 씨가 실질적으로 받게 되는 월급은 얼마일까? 이를 위해 계약서에 덧붙여진 조건들을 해석할 필요가 있다. 먼저 상여금 400%가 연봉에 포함되어 있다는 것은 연봉 3,000만 원을 12개월로 나누는 것이 아니라 4개월을 더해 16으로 나누어 월급을 계산해야 한다는 의미이다. 그렇다면 월급은 187만 5,000원. 상여금 400%를 8회에 걸쳐 지급한다고 명시되어 있기 때문에 400%를 8회로 나누면 50%, 즉 매달 50%의 상여금을 더 받게 된다. 187만 5,000원에 상여금 93만 7,500원을 더하면, 한 달에 대략 280만 원. 상여금은 보통 격월로 지급되고, 나머지는 대부분 명절 상여금으로 지급되므로 어떤 달은 187만 원 정도를, 어떤 달은 280만 원 정도를 받는 것이다. 하지만 세금과 4대보험을 떼고 나면 실수령액은 더 적어진다.

✅ 상여금과 성과급, 그리고 퇴직금의 상관관계

다시 E 씨의 연봉 계약서로 돌아가자. 상여금과 성과급이라는 말이 나오고, 퇴직금은 별도라고 명시되어 있다. 상여금과 성과급은 모두 같은 내용 아닌가? 또 퇴직금이 별도라는 건 무슨 뜻일까?

상여금은 일정 생산액 이상의 성과를 올렸을 때 추가로 지급하는 임금으로, 흔히 '보너스'라고 부르는 돈이다. 강제성이 없는 임금이기 때문에 회사의 판단에 따라 지급된다. 상여금은 근로 기준법상 임금에 포함된다. 나중에 퇴직금에도 영향을 주는 보수이며, 대부분의 기업에서 공개하는 연봉에는 상여금이 포함되어 있다.

성과급은 개인 혹은 집단이 달성한 성과 또는 능률을 평가하여 결과에 따라 차등 지급되는 보수이다. 지급 기준과 기간은 회사마다 다르며 성과급은 연봉에 포함되지 않는 경우가 많다. 이 때문에 회사의 경영 실적이 좋아 연말에 성과급(인센티브)을 두둑하게 받으면 세금이 늘어나는 문제가 생기기도 한다. 성과급은 근로 소득의 일종으로, 다른 소득과 합산해 종합 과세하기 때문에 누진 세율이 적용된다. 기존의 월급에 성과급까지 더하면 당연히 세금 부담이 커지게 된다.

퇴직금은 상시 근로자 수가 5인 이상인 사업장이 1년 이상 근로한 퇴직자에게 지급하는 돈으로, 근로 기간 1년에 대하여 30일분 이상의 평균 임금을 지급해야 한다. 쉽게 말해, 1년간 일을 하면 1개월분의 평균 임금을 퇴직금으로 받을 수 있다. 앞서 본 E 씨의 계약서에 있는 내용은 퇴직금을 매월 임금에 포함하여 지급하는 것이 아니라 별도로 지급한다는 뜻이다. 회사는 퇴직금을 매월 분할 지급할 수 없기 때문에 근로 계약서를 작성할 때 이에 대한 내용이 기재되어 있는지 반드시 확인해야 한다.

⊘ 헷갈리기 쉬운 평균 임금과 통상 임금

평균 임금은 기본급, 본봉, 연장 수당, 상여금, 연월차 수당 등 근로 대가로 지급되는 모든 금액이 포함된 것을 말한다. 각종 수당, 지원금은 물론 초과 근로 수당 등도 포함된다. 급여 명세서를 기준으로 매월 지급되는 총액의 평균이라고 보면 된다. 보통 퇴사 직전 3개월 치의 지급 임금의 총액을 근무일 수로 나누어 일평균 임금을 계산한다. 평균 임금은 퇴직금을 계산할 때 활용되는 근거이기도 한다.

한편 통상 임금이라는 말도 자주 듣게 된다. 통상 임금은 근로자에게 주는 통상적인 임금을 의미한다. 근로자의 입장에서는 노동을 제공하고 받을 수 있는 최소한의 금액이라고 할 수 있다. 대법원 판례에 따르면 통상 임금은 회사가 근로자에게 정기적, 일률적, 고정적으로 지급하기로 정한 금품으로 정의하고 있다. 정기적이라는 것은 일정한 간격을 두고 계속적으로 지급되어야 함을 의미한다. 일률적이라는 것은 모든 근로자뿐 아니라 일정한 조건을 충족한 근로자에게 지급되어야 함을 의미하며, 고정적이라는 것은 사전에 미리 확정된 금품, 즉 업적이나 성과 등의 다른 조건과 관계없이 당연히 근로자에게 확정적으로 지급되어야 함을 뜻한다.

통상 임금은 주휴 수당, 연장 수당, 야간 근로 수당, 휴일 수당, 연차 수당 등 각종 시간 외 근무 수당의 기준이 된다. 이 때문에 평균 임금이 높더라도 통상 임금이 낮으면 추가 근로 시에 받을 수 있는 금액은 상대적으로 적어진다. 그래서 통상 임금의 산입 범위는 늘

노사 간의 쟁점 사항이다.

몇 년간 노동계의 뜨거운 이슈 중 하나는 정기 상여금이었다. 정기 상여금을 통상 임금으로 볼 것인가에 대한 논란이 계속됐다. 우선 정기 상여금이 탄생한 배경을 살펴보도록 하자. 기업은 임금 자체는 올려주더라도 그 부담을 최소화하기 위하여 통상 임금의 상승만큼은 최대한 억제하려고 했다. 과거 노동계 역시 수당을 추가로 만들어서라도 임금을 올리는 방법으로 타협했고, 이러한 결과 끝에 생겨난 것이 바로 정기 상여금이다. 아직까지도 완벽하게 정리된 부분은 아니지만 정기적으로 지급되는 상여금이라면 통상 임금으로 봐야 한다는 대법원 판례가 나오면서, 최근에는 정기 상여금을 통상 임금으로 인정하는 추세다.

☑ 급여 항목은 왜 복잡할까?

간단하게 월급(기본급)으로 지급하면 깔끔하고 쉬울 텐데, 군이 복잡하게 급여 항목을 구분하고 다양한 수당 항목을 만들어 월급을 주는 이유가 무엇일까? 대개 회사는 기본급이 늘어나는 것을 최대한 늦추거나 피하려고 하고, 그 대신 각종 수당을 비롯한 상여금, 성과급으로 채우려고 한다. 실제로 제조업을 기반으로 하는 중소기업에서는 근속 연수를 막론하고 거의 모든 직원들의 기본급이 사실상 동일한 경우도 흔하다.

이와 같은 현상이 일어나는 이유는 기본급이 오르면 그 외의 모든 항목이 함께 오르기 때문이다. 시간 외 근무 수당은 물론 퇴직금에 이르기까지 기본급의 영향을 받는다. 그렇기 때문에 월급을 100만 원에서 130만 원으로 올려준다고 했을 때, 기본급이 아닌 각종 수당의 형태로 지급하는 경우도 많다. 이는 회사가 딱 30만 원만 더 주고 싶다는 이야기다. 만약 기본급을 올린다면 기본급 외의 모든 수당이 30% 늘어나는 구조를 가지고 있으므로, 기본급 상승을 기피하는 것이다. 다시 말하면, 얼마나 주었는지 만큼 어떻게 주었는지도 중요하므로 연봉 협상 시 기본급이 올라가는 것인지 그 외 항목의 수당이 늘어나는 것인지 확인해야 한다.

회사에게 유리한 편법임에도 불구하고, 그동안은 근로자의 급여 자체가 늘어나는 데 초점이 맞춰져 이러한 내용이 받아들여지곤 했다. 하지만 최근 들어 불합리한 관행으로 지적되면서, 개선의 필요성을 강조하는 목소리가 커지고 있다.

프랑스의 위대한 사상가 장 폴 사르트르는 이렇게 말했다.
'인간은 타인의 시선에서 지옥을 경험한다.'
뛰는 놈 위에 나는 놈 있다고, 비교에는 승자가 있을 수 없다는 뜻이다.
타인과의 비교는 '비'열함과 '교'만을 낳을 뿐이다.
과거의 자신과 현재의 자신을 비교하는 것이 훨씬 더 발전적이다.

현재의 '나'와 미래의 '나': 돈쌤 이야기

자신의 연봉을 떠올리면 마음이 어떤가. 신통치 않은 금액 때문에 답답한 이도 있고, 뿌듯함을 느끼는 이도 있을 것이다. 나는 이 두 감정을 비교적 짧은 기간에 모두 느꼈다. 전자에서 후자로 변했다면 좋았을 테지만, 그 반대였다.

연봉, 즉 월급을 처음 받게 된 곳은 증권 회사였다. 당시엔 스스로가 대단한 줄 알았지만, 돌이켜보면 그 시절은 우리나라에서 펀드와 주식의 붐이 불던 시기이었기에 비교적 취업이 쉬웠다. 증시는 뜨거웠고 증권사 객장은 늘 활기가 넘쳤다. 각종 수당을 챙기며 사회 초년생치고는 꽤 높은 연봉을 받았다. 객장에서 고객들을 상대로 작은 강의를 진행하는 것을 비롯해 회사가 진행하는 각종 행사와 강연에서도 재테크 강의를 하며 고객을 유치했다. 타 지점 대비 높은 유치율을 기록했고, 그 덕분에 달콤한 성과급도 받을 수 있었다. 세상이 쉬워 보였다.

딱 2년간 그랬다. 2008년 금융 위기가 터졌다. 펀드나 주식의 가치는 반토막이 났다. 객장은 노후 자금이 순식간에 사라진 고객들의 언성으로 가득했고, 끝나버린 축제에 다들 어쩔 줄 모르고 있었다. 당연히 회사의 압박이 늘었다. 회사만 아니면 잘할 수 있을 거라는 생각에 미련 없이 첫 직장을 그만두었고, 내 삶은 크게 달라지지 않을 것이라 여겼다. 사무실에서 하던 일을 집에서 하면 된다고 생각했으니까. 하지만 현실은 달랐다. 주식은 수익이 나도 급여일은 따로 없었는데, 그 수익마저 주식 시장에 따라 오르고 내리기를 계속했으니 수입을 예상하기 어려웠다. 그래도 생활비와 카드값은 매달 나가야 했다. 돈 관리가 엉망진창이 되었고, 컴퓨터 앞에서 늘 혼자 씨름하다 보니 생동감을 잃기도 했다.

다시 일하고 싶어졌다. 마침 경제 관련 강의를 하는 사회적 기업으로부터 입사 제의를 받았다. 월급 150만 원. 기본급이 아니라 모든 내역이 포함된 금액이었다. 원하던 일이기도 했고 많은 경험을 쌓을 수 있는 기회이기도 했으므로, 일 자체는 만족할 수 있었다. 그러나 급여가 너무 적다는 사실은 현실적인 문제를 가져왔다. 월세부터 생활비까지 고정적으로 나가야 하는 금액을 처리하고 나면 저축은 불가능했다. 그간 모아둔 돈과 주식을 팔며 겨우 견뎠다. 그러던 중 2011년 유럽 재정 위기가 터지며 한국 주식도 급락했다. 코스피 기준으로 30% 가까이 하락했는데, 주식을 팔아서 생활비를 충당하던 나에게는 체감상 생활비가 30% 오른 것과 같았다. 그때 급여가 일정 수준에 미치지 못한다면, 합리적 소비나 절약만으로는 삶을 바꾸기 어렵다는 사실을 깨달았다.

다른 사람들은 얼마큼을, 어떻게 벌고 있는지 궁금해졌다. 그간 수많은 사람들의 경제 교육과 재무 상담을 했기에 다수의 자료를 보유하고 있었다. 그 자료를 꺼내 보니, 이전까지는 잘 보이지 않았던 내용들이 눈에 들어왔다. 그중 하나가 급여 명세서의 내용이었다. 공무원부터 프리랜서까지 다양한 고용 형태로 일하는 사람들의 각기 다른 양식의 급여 명세서 사이에도 공통점이 있었다. 어떻게든 덜 주고 싶은 회사와 어떻게든 월급을 받아야 하는 노동자 사이의 치열한 팽팽함이 바로 그것이다. 기본급은 오르지 않고, 수당으로만 채워지는 구조가 만연해 있었다. 신입 사원이 연봉을 두 배쯤 올리려면 과장급으로 승진이 되어야 가능했다. 이 말은 최소 10년간은 직장 생활을 버텨야 한다는 뜻이었다. 하지만 신입 사원과 과장 모두 경제적인 어려움, 정확히는 소비 통제를 통한 저축 여력 확보의 어려움을 토로하고 있었다.

월급은 결국 오르게 되어 있으니, 버티면 되는 것일까? 돈을 모으지 못하는 이유는 절약을 하지 못해서일까? 이러한 고민을 하다가 결국 두 번째 퇴사를 결정했다. 급여가 150만 원인 상황에서 '열심히 해서' 급여를 300만 원으로 늘리는 길은 보이지 않았다. 아무리 절약을 하더라도, 절약만으로 돈을 모으는 데는 한계가 있을 거라고 판단했다.

퇴사 후, 자체적으로 모임을 만들어 유료 강의를 시작했다. 월수입 200만 원을 넘겼을 때 느꼈던 벅찬 느낌을 아직도 기억한다. 지금은 그때보다 열 배 이상의 금액을 벌게 되었지만, 그만큼의 벅찬 느낌을 받을 수 없다.

이 개인적인 경험담은 어쩌면 어느 꼰대의 '젊은이들이여, 도전하라!'식의 뻔한 소리로 들릴지 모르겠다. 하지만 분명하게 말하고 싶은 두 가지가 있다. 첫 번째는 월급은 독 발린 초콜릿이라는 것이다. 급여 명세서에 찍힌 인심 좋아 보이는 수당들이 이를 증명한다. 두 번째는 퇴사는 언제든지 할 수 있으니 신중히 결정해야 하는 문제라는 것이다. 이 두 가지 이야기는 상반되는 것 같지만 결코 그렇지 않다. 독 발린 초콜릿이라도 무모한 도전보다는 나을 수 있다. 독이 올라 더 이상 움직일 수 없게 되기 전까지는 말이다. 도전은 멋진 것이지만 무모한 도전은 삶을 파괴할 수도 있다는 걸 명심하자. 급여가 충분하지 않을 때는 무작정 퇴사하는 것보다 합당한 급여를 잘 챙기고 합리적 소비를 통해 절약한 돈과 시간을 자기 계발에 투자해 소득 자체를 늘리는 데 집중할 것을 추천한다. 투자라는 것이 꼭 예금이나 주식, 부동산 같은 자본 시장에만 국한되어 있는 건 아니다. 특히 사회 초년생에게는 자기 계발이 곧 미래에 대한 투자이다. 현재의 나와 미래의 나는 분명 다를 것이라고 믿어도 좋다.

계약서 편

우리가 몰랐던 근로 계약서

나를 지켜줄 노동법

사회에 나왔다는 말은 경제 활동을 시작한다는 말과 같다. 자기 힘으로 돈을 번다는 뜻이기도 하다. 대부분의 사람들은 취업을 해서 일을 하고, 급여를 받는다. 그렇기 때문에 우리 생활에서 가장 밀접한 법은 단연, 노동법일 것이다. 그런데 노동법이라는 단어조차 생소한 것이 현실이다. 독일은 초등학교에서 모의 노사 교섭 수업을 하고, 프랑스는 고등학교에서 교섭 전략을 짜는 수업을 한다. 이처럼 유럽에서는 어린 나이에 노동법을 접할 수 있는 제도가 잘 마련되어 있다. 그에 비해 우리나라는 어떠한가? 아르바이트생이 되어 믿었던 사장님에게 돈을 떼이는, 혹은 그런 불미스러운 일을 겪은 친구의 이야기를 듣고 나서야 뒤늦게 노동법의 중요성을 알게 된다. 세계 최고의 교육열을 자랑하는 대한민국에서, 게다가 OECD 국가 중 최장기 근로 시간을 기록할 만큼 국민 대다수가 일상 시간의 상당 부분을 노동으로 보내고 있는 대한민국에서 말이다. 근로 기준법이나 최저 임금법조차 교육이 아닌 공익 광고를 통해 겨우 접하게 될 뿐이다. 물론 노동법이 방대하기도 하고, 그 내용도 어렵다. 하지만 30여 개가 넘는 모든 법률을 다 알아야 하는 것은 아니다. 노동을 제공하면서 반드시 보장받아야 할 핵심 법률만이라도 알아야 한다.

법이라고 하면 지레 겁부터 먹는 경우가 많지만 법은 곧 밥이라고 했다. 어떤 기준으로 급여를 받고 있는 것인지, 근로 시간이 월급에 합당한 수준인지, 수당은 적절한지 등 스스로 권리를 따져볼 수 있는 힘을 기르는 것이야말로 사회 초년생에게 꼭 필요한 과정이다.

해마다 노동법과 관련된 새로운 이슈가 생긴다. 예를 들어, 2020년부터는 설날이나 3·1절 같은 빨간 날에도 돈을 받고 쉴 수 있다. 그런데, 원래 그런 것 아니었냐고? 기존에는 공무원과 공공 기관 직원인 경우에만 명절이나 국경일 등 법정 공휴일을 유급 휴일로 보낼 수 있었다. 일반 사기업에 다니는 근로자들은 무급 휴일로 보내거나 혹은 연차를 소진해 쉬었다. 아예 출근을 하는 근로자도 있었다. 올해에 노동법이 개정되면서 300인 이상 사업체에서는 법정 공휴일이 유급 휴가로 전환된 것이다. 30~300인 미만의 사업체에서는 2021년, 5~30인 미만의 사업체에서는 2022년부터 해당 내용이 단계적으로 실시될 예정이다. 또 산업 안전 보건법이 개정되면서 2020년 1월 16일부터는 택배 기사나 골프장 캐디 등 특수 형태 근로 종사자와 배달 종사자에 대한 안전 보건 조치가 신설되기도 했다.

이처럼 우리 사회는 느리지만 조금씩 나아가고 있다. 사회 분위기에 맞게 노동법이 개정되고 있지만 노동청의 근로 감독 결과를 보면 노동법을 위반하는 사례도 상당히 많다. 통상 임금 산정 방법, 연차 휴가 부여 방법, 비정규직 차별 등 노동법에 대한 정확한 지식이 없는 채로 노무 관리를 자의적으로 운영하는 업체들이 많기 때문이다. 열심히 일하고도 임금이 체불되거나 수당이 부당하게 누락되었을 때, 가만히 있으면 회사가 알아서 해결해주지 않는 것이 현실이다. 아는 만큼 자신의 권리를 챙길 수 있을 것이다. 이처럼 노동법을 알아야 하는 이유는 많다.

우리 모두는 노동자로서 일을 한다. 노동법은 일하는 모든 사람들의 이야기이자, 바로 나의 이야기다.

주휴 시간

✓ 209시간의 비밀

'시간당 내 임금은 얼마지?'

시급제로 일하는 경우를 제외하고 한 달 급여 생활자라면, 누구나 궁금한 내용일 것이다. 2020년 기준으로 최저 시급이 8,590원인데, 그럼 내가 받는 시급은 얼마일까? 아마 대부분이 정확하게 알지 못할 것이다.

자신의 시급을 계산해볼 수 있는 간단한 공식이 있다. 바로 본인의 세전 월급을 '209'로 나누면 된다. 최저 임금을 산정하는 기본 근로 시간이 209시간이기 때문이다. 월급제 근로자의 경우, 1개월은 평균 4.345주로 계산한다. 일반적으로 1년 중 2월의 경우 28일

혹은 29일이고, 보통은 큰 달(31일)과 작은 달(30일)이 있다. 어느 달은 4주, 어느 달은 5주가 된다. 4.345주로 계산하는 이유부터 알아보자.

임금 산정을 위한 월평균 주

(365일 ÷ 12개월) ÷ 7일 = 4.345주

월평균 주를 알았다면, 이를 기준으로 기본 근로 시간을 다음과 같이 계산할 수 있다.

임금 산정을 위한 기본 근로 시간

40시간(1주 실근로 시간) × 4.345주 + 8시간(주휴 시간) × 4.345주 = 209시간

대부분의 회사가 근무 시간을 '9 to 6(9시 출근, 6시 퇴근)'로 규정하고 있다. 이 중 점심시간 1시간을 근로 시간에서 제외하면, 법정 근로 시간인 8시간 동안 일을 하는 것이다. 하루 8시간, 일주일에 5일간 출근하는 것으로 계산해보면 일주일에 40시간 동안 일을 하게 된다. 여기에 주휴 시간 8시간도 근로 시간으로 인정되므로 근로 시간 계산에 포함해야 한다.

그런데 직장마다 174시간, 226시간, 244시간 등 근로 시간 기준이 조금씩 다르기도 하다. 왜 그럴까? 하루 8시간씩 일주일에 5일 동안 근무하는 근로자의 경우, 실제 일한 시간만 따지면 월평균 근로 시간은 174시간이다. 주휴 시간 8시간을 포함하지 않은 것이다. 그러나 2019년 1월부터 최저 임금 산정 시간에 주휴 시간을 포함하는 최저 임금법 개정안 시행령이 시행되었기 때문에, 만일 일하고 있는 사업장이 209시간보다 적은 174시간을 기준으로 급여를 산정한다면 이는 명백한 불법이다.

그럼 226시간과 244시간은 어떤 기준인 걸까? 먼저 약정 휴일에 대해 알아야 한다. 주 5일 근무제의 경우, 주말 이틀 중 하루는 유급 휴일(주휴일), 나머지 하루는 무급 휴일에 해당된다. 이때 일부 사업장에서는 무급 휴일에도 일부 수당을 주도록 따로 노사 약정을 맺고 있는데, 이를 약정 휴일이라고 한다. 이때 약정 휴일이 4시간 기준이면 226시간, 8시간 기준이면 244시간이 되는 것이다. 주휴일은 법에 명시되어 있는 반면, 약정 휴일은 기업과 노조가 협의해서 정하는 선택 사항이다. 참고로 덧붙이자면, 노조의 힘이 강한 회사일수록 약정 휴일이 있을 확률이 높다.

> **TIP** 정부의 최저 임금법 개정안 시행령(최저 임금에 주휴 수당 포함)에도 불구하고, 대법원은 최저 임금 시급 계산 시 기준이 되는 소정 근로 시간에 주휴 수당은 제외해야 한다는 판례를 유지하고 있다. 그렇기 때문에 최저 임금 관련 내용은 앞으로도 계속 지켜봐야 할 사안이다.

1교시 | 아는것이돈이다

⊙ 논란의 핵심이 된 주휴 수당

최저 임금 인상안이 확정되면서 주휴 수당 논란이 수면 위로 떠올랐다. 2019년도 최저 시급은 8,350원으로 전년 대비 10.9%가 인상되었고 2020년도 최저 시급은 8,590원으로 전년 대비 2.9% 인상되다 보니 재계는 강한 불만을 표시했고, 소상공인연합회는 주휴 수당이라도 폐지해달라며 헌법 소원을 청구한 것이다.

종전의 최저 임금법은 주휴 시간을 근로 시간으로 포함할 것인지에 대한 규정이 명확하지 않았다. 다만 월급을 받는 노동자의 시급은 '월급÷근로 시간'으로 산출되는데, 주휴 수당을 월급에는 포함시키지만 근로 시간에서는 제외해야 한다는 대법원의 판례에 따라 실제 일한 시간만 근로 시간으로 판단했다. 그러나 정부는 대법원 판단과는 달리, 2019년 1월 1일부터 시행된 최저 임금법 개정안에 월급제 노동자의 최저 시급을 산정할 때는 주휴 시간을 포함해야 한다는 내용을 명문화하였다.

논란의 대상이 된 주휴 수당은 1953년 근로 기준법이 처음 제정됐을 때 도입됐으니, 그 역사가 길다고 할 수 있다. 당시 국회가 일본의 노동법을 바탕으로 근로 기준법을 만들면서 주휴 수당 개념도 함께 들어온 것으로 보고 있다. 근로 기준법 제55조 1항에는 사용자는 근로자에게 1주에 평균 1회 이상의 유급 휴일을 보장하여야 한다는 내용이 명시되어 있다. 주휴 수당은 오래전부터 존재해 온 법정 수당이지만, 최저 임금법 개정안이 시행된 지금에서야 논란이 된 이유는 법적으로 최저 임금을 위반했는지를 따지는 중요한 근거가 됐기 때문이다.

⊘ 왜 14시간 59분만 일을 시킬까?

몇 년 전까지만 해도 주휴 수당의 존재조차 모르는 사람들이 많았다. 실제로 주휴 수당이 이슈가 되기 시작한 것은 일부 멀티플렉스 영화관이 아르바이트생을 주 14시간 59분만 일하도록 한, 이른바 '꺾기 계약'이 들통난 이후부터다. 주 15시간도 아닌 14시간 59분, 여기에는 이유가 있었다. 주휴 수당 지급 기준인 주 15시간을 넘기지 않기 위해서다.

주휴 수당은 주 15시간 이상 근무할 경우 하루 치 임금을 더 주는 것이다. 고용주 입장에서는 부담이 되는 비용이다 보니, 하나의 일자리에 사람을 여러 명 고용하는 '메뚜기 알바'가 생겨났다. 실제로 편의점주들이 정보를 주고받는 온라인 커뮤니티에서는 주휴 수당을 안 주기 위한 온갖 근로 시간 쪼개기 방법이 공유되고 있는 실정이다.

⊘ 주휴 수당의 지급 기준에 대하여

법은 개정되었지만 현실적으로 힘없는 근로자 혹은 아르바이트생이 사업장을 상대로 어떻게 주휴 수당을 받아낼 수 있겠냐고 일갈하는 사람들도 있다. 물론 어려움이 존재하긴 하지만, 일단 정당한 권리에 대해 제대로 알고 있어야 도움이라도 요청할 수 있을 것이다.

아르바이트생도 매일 8시간, 주 5일간 일을 하면 토요일 또는 하루 정도 쉬었어도 주휴 수당을 받을 수 있다. 수당 없이 쉬면 무급휴일이 된다. 통상 주 5일 근무제 도입으로 토요일은 무급 휴일, 일요일은 주휴 수당을 받을 수 있는 주휴일인 경우가 많다. 대부분의 월급제 근로자는 기본급에 주휴 수당이 포함되어 있고, 시급제 근로자와 일급제 근로자는 근무한 시간만큼 지급하는 기본급 외에 주휴 수당을 별도로 계산해야 한다. 시급제의 경우에는 계약된 시

돈 팁

내 주휴 수당 계산법

주휴 수당은 하루 3시간, 일주일에 15시간 이상 일한 근로자라면 누구나 받을 수 있다. 단 1주에 40시간 이상 일을 했는지, 40시간 미만 일을 했는지에 따라 주휴 수당 계산법은 달라진다.

- **주 40시간 이상**: 시급 × 8시간
- **주 40시간 미만**: (일주일 총근로 시간 ÷ 40시간) × 시급 × 8시간

이 과정이 복잡하다면, 본인 시급의 20%에 해당되는 금액에 계약서에 명시된 하루 근로 시간을 곱하면 된다. 정확한 금액은 아니더라도 주휴 수당의 액수를 대략적으로 산출할 수 있을 것이다.

급의 8시간분의 급여가, 일급제의 경우에는 계약된 일급의 1일분 급여가 주휴 수당이 된다.

근무일	무급 휴일과 유급 휴일의 기준						
근무일	1일차	2일차	3일차	4일차	5일차	6일차	7일차
근무 시간	8	8	8	8	8	무급 휴일	유급 휴일

※ 이때 요일, 순서는 상관없다.

⊘ 사장님이 돈을 안 주면, 어떻게 해야 할까?

힘들게 일하고 제대로 급여를 받지 못하는 것도 억울한데, 그 돈을 받으려고 번거로운 절차까지 직접 감당해야 한다면 얼마나 억울할까? 그럼에도 급여는 받아야 한다. 우리가 일한 대가이니까.

먼저 임금 체불 기준을 알아보자. 근로 기준법 제36조에 '사용자는 근로자가 퇴직한 경우 퇴직일로부터 14일 이내에 임금, 보상금, 그 밖의 일체의 금품을 지급하여야 한다'는 조항이 명시되어 있다. 이를 지키지 않는다면 임금 체불에 해당된다. 또 일방적으로 임금이나 상여금을 삭감하거나 동의 없이 퇴직금을 주지 않는 것 역시 임금 체불이다. 이 같은 일이 발생하면 다음 두 가지 방법 중 하나로 대처하면 된다.

| 방법 1 | 고용 노동부에 신고하기

- 온라인: '고용 노동부' 홈페이지(www.moel.go.kr)에서 별도의 서류 없이 민원 신청이 가능하다.
  [고용 노동부 홈페이지 → 민원 → 민원 신청 → 민원 분류 → 임금 체불 진정서 신청]을 통해 신고한다.
- 오프라인: 사업자 관할 고용 노동부에 방문하여 신고, 접수한다. 권리 구제 지원팀에 진정서를 접수한 후 민간 조정관과 해당 내용을 상담하면, 그 내용을 토대로 담당 감독관의 조사가 이루어진다. 이때 임금 체불 사실이 확인된다면 고용 노동부가 시정 조치를 요구한다.

결과 불이행 시 사법 처리

- 필요 시 고용자, 근로자, 감독관 삼자대면
- 법 위반 사항이 있음에도 사업주가 시정하지 않을 경우, 형사 입건 후 검찰로 송치

| 방법 2 | '돈내나' 앱 이용하기

돈내나 앱을 이용하면 근무 정보가 자동적으로 수집되어, 야근 수당과 예상 청구 금액, 체불 임금 등을 확인할 수 있다. 또 앱 내에서 진정이나 소송을 무료로 신청할 수 있는데, 이때 제휴 맺은 로펌들로 관련 증거가 전송되기 때문에 보다 간편하게 법적 절차가 진행

되기도 한다. 같은 사업장 내의 동료와 함께 많은 증거를 공유할수록 관련 소송에서 승소할 확률이 높아진다.

사건을 맡은 법률 사업자들은 무료로 사건을 처리한 후 실제 근로자가 수령한 임금 중에서 소정의 수수료만을 받도록 되어 있다. 수수료는 돈내나 앱 활동을 통해 얻은 포인트로도 결제 가능하다.

근로 계약서

⊘ 근로 계약서의 디테일

근로 계약서는 매우 중요하다. 문제가 생기면 문서를 토대로 싸우게 되기 때문에 반드시 꼼꼼하게 살펴봐야 한다. 근로 계약서에는 임금, 임금의 구성 항목, 계산 방법, 지급 방법, 소정 근로 시간, 휴식 시간, 연차 유급 휴가, 휴일 등이 명시되어야 한다.

　근로 계약서를 따로 작성하지 않았다면, 문제 발생 시 회사가 더 불리해질 수 있다. 근로 계약서를 작성하지 않은 것 자체만으로 최대 500만 원의 벌금이 부과되기 때문이다. 만약 근로 계약서를 작성하지 않았는데 여러 문제가 발생했을 때, 해결할 수 있는 방법이 있다. 구인 공고 캡처 파일, 일을 하기로 한 정황이 담긴 문자 메시지 혹은 메일, 월급 통장 내역 등의 자료를 잘 모아두면 근로 계약서를 대신하는 중요한 증거 자료로 활용 가능하다.

근로 기준법 17조		
근로 기준법 내용	근로 조건의 명시(근로 기준법 제17조, 시행령 제8조) 사용자는 근로 계약 체결 사항을 명시하여야 함	
구성 항목	① 임금 ③ 휴일 ⑤ 취업 장소와 종사 업무	② 근로 시간 ④ 연차 유급 휴가 ⑥ 취업 규칙의 기재 사항
임금 관련 항목	임금의 구성 항목, 계산 방법, 지급 방법, 소정 근로 시간, 연차 유급 휴가, 휴일에 관한 사항은 서면으로 명시하여야 함	

부당한 근로 조건에 동의해야 한다면?

근로 기준법은 강행 규정과 보충적 효력이 있다. 법에서 정한 기준보다 더 낮은 수준의 임금이나 조건 등으로 합의했더라도 이는 무효이며 무효 된 부분은 법에서 정한 기준을 따라야 한다고 근로 기준법에 명시되어 있다.

• 제3조(근로 조건의 기준) 이 법에서 정하는 근로 조건은 최저 기준이므로 근로 관계 당사자는 이 기준을 이유로 근로 조건을 낮출 수 없다. (강행 규정)
• 제15조(이 법을 위반한 근로 계약) ① 이 법에서 정하는 기준에 미치지 못하는 근로 조건을 정한 근로 계약은 그 부분에 한하여 무효로 한다. (강행 규정)
② 제1항에 따라 무효 된 부분은 이 법에서 정한 기준에 따른다. (보충적 효력)

⊙ 계약직과 정규직 그 사이에서

드라마 〈미생〉 속 계약직 직원인 주인공 장그래. 그는 회사에서 큰 두각을 나타냈지만 결국 근로 재계약은 실패한 채 회사를 떠난다. 법적으로 2년 이상 근무하거나 근로 계약을 2회 하면 직접 고용의 의무가 생기기 때문에, 장그래는 근로 재계약을 할 경우 2년 이상 근무하게 되는 것이고 두 번째 계약을 한 것임으로 정규직이 될 수 있었지만 실패한 것이다.

정규직, 비정규직, 계약직, 인턴 이런 용어들을 흔히 쓰고 있긴 하나 법적 용어는 아니다. 법적으로 정규직과 그 외(비정규직, 계약직 등)의 차이는 근로 계약서에 '기간 정함'이 있느냐 없느냐에 따라 달라진다. 정규직은 입사일은 있어도 계약 완료 날짜가 없는 즉, 기간 정함이 없는 근로 계약을 맺은 사람이라고 보면 된다. 계약 완료 날짜가 없으면 자발적인 퇴사나 정년 퇴직이 아닌 경우엔 회사가 일방적으로 퇴사시킬 수 없다. 하지만 계약 완료 날짜가 있는, 즉 기간 정함이 있는 계약직은 계약이 완료되고 계약을 갱신하지 않는 것만으로 해고할 수 있다.

해고는 엄격한 법 조항이 적용되는 사안이다. 사내에서 성폭행을 일으킨 사람을 해고했는데 해고당한 사람이 이 같은 조치가 부당하다고 진정한 경우, 법원이 이를 받아들여 복직된 사례가 심심치 않게 등장할 만큼 말이다. 기간 정함의 여부는 고용 안정성에 큰 영향을 미치기 때문에 회사는 근로자를 늘리는 것에 소극적이다.

최근에는 2년 이상 고용, 2회 이상 계약 시에는 무기 계약직이라는 형태로 근로 기간에 기간 정함을 없애주는 대신 급여를 기존 계약직 때와 다를 바 없이 적게 주는 형태의 고용이 유행하고 있다. 불법은 아니지만 법의 빈틈을 파고든 꼼수라고 볼 수 있다.

⊘ "You're fired."라고?

해고당할 사유가 없거나, 해고 시 절차와 타당성을 모두 갖추지 않았다면 부당 해고로 판단된다.

해고의 유형에는 통상 해고(일반 해고라고도 하며, 트럼프가 대통령이 되기 전 리얼리티 쇼에서 유행시킨 말인 "you're fired."가 여기에 해당된다.), 징계 해고, 정리 해고가 있다. 정리 해고는 뉴스에서 자주 볼 수 있는데, 경영상 긴박한 이유로 기업이 조직의 규모를 줄이는 것을 말한다. 개인은 주로 통상 해고, 징계 해고의 대상이 된다. 업무 태도 불량이나 업무 능력 결여 등과 같이 모호한 조항이 있으나, 어느 날 갑자기 태도가 불량하다거나 업무 능력이 부족하다는 이유를 들어 해고한다면 부당 해고에 속한다. 일하는 기간 동안 시말서 작성 횟수가 쌓이거나 잦은 사고로 인한 크고 작은 징계가 누적되는 등 객관적으로 업무 태도와 능력에 대해 확인할 수 있는 과정이 있어야 한다. 또 지각이나 결근 등의 이유로 해고하는 것은 부당하다고 판단하고 있다. 덧붙이자면, 지각이나 결근 시에 벌금을 부과하는 것 역시 불법이다. 앞으로 일어날 일에 대해 미리 위약금을 거는 것은 법으로 금지되어 있기 때문이다. 지각을 했다면 그 시간 만큼의 시급만 공제 가능하다.

　부당하게 해고당했다면 3개월 이내(되도록 2개월 이내)에 지방 노동 위원회에 구제 신청을 해야 한다. 따로 고용 노동부에 구제 신청을 하면 한 달 치 급여를 해고 예고 수당으로 받을 수 있다. 이후 3개월간의 조사를 통해 복직하거나 위로금을 받게 된다. 만일 지방 노동 위원회에서 결론이나 합의를 보지 못했다면 중앙 노동 위원회에 구제 신청을 할 수 있다. 역시 3개월간의 조사를 통해 부당 해고 여부를 판단받게 된다. 중앙 노동 위원회에서도 결론이나 합의에 도달하지 못했다면 민사 소송을 진행하여 이행 강제금을 부과해 위로금을 받을 수 있다. 민사 소송에서 부당 해고로 결론이 나면

돈 팁

흔하게 발생하지만, 잘못된 사례들

- 1년 조금 넘게 일하는 사이 사정상 2개월 정도 휴직했으므로, 퇴직금을 줄 수 없다: 아니다. 당연히 퇴직금을 받을 수 있다. 입사 일자로부터 최종 퇴사 일자가 1년 이상이면 도중에 결근, 휴직, 정직 등이 있어도 상관없다.
- 6개월간 일하기로 했는데 초반 3개월은 수습 기간으로 적용해, 월급을 적게 준다: 수습 기간은 1년 이상 계약 시에 초반 3개월간 기본급에 90%만 지급할 수 있는 제도이다. 그러므로 1년 이하의 근로 계약에서는 수습 기간이 존재하지 않는다.

9개월(각 절차마다 걸린 3개월을 합산한 기간) 동안의 임금과 9개월간 일을 계속했을 경우의 퇴직금, 연차 등을 모두 받을 수 있다. 혹은 복직하거나 위로금을 받을 수 있다. 분쟁 기간 동안 다른 곳에 취업을 해도 상관없기 때문에 기간이 오래 걸리더라도 부당 해고에 대한 피해만큼은 보상받도록 하자.

⊘ 국가가 대신 급여를 받아주는 소액 체당금 제도

임금 체불을 한 사업주가 벌금만 내고서는 임금을 주지 않고 버티

2020년부터 달라진 근로 관련법

- **최저 임금:** 최저 임금은 8,590원으로 2019년 8,390원 대비 2.9% 인상되었다. 따라서 최저 임금에 따른 최저 월 급여액은 179만 5,310원이다.
- **주 52시간 근로제:** 근로자의 휴식권 보장을 위해 주당 법정 근로 시간을 기존 68시간에서 52시간으로 제한하는 주 52시간 근로제가 50인 이상~300인 미만의 사업장에도 도입된다.
- **공휴일:** 300인 이상의 사업장이라면 빨간 날 즉, 공휴일을 휴무일로 지정해야 하고 이를 연차로 대체할 수 없다. 법정 공휴일로는 일요일, 신정(1월 1일), 국경일(3·1절, 광복절, 개천절, 한글날), 설날 및 추석 연휴(당일과 전후로 각 1일씩), 석가 탄신일(음력 4월 8일), 어린이날(5월 5일), 현충일(6월 6일), 크리스마스(12월 25일), 공직 선거법 34조에 따른 선거일, 기타 정부에서 수시 지정하는 날 등이 있다.
- **육아 휴직:** 부모가 동시에 육아 휴직이 가능하다.

1교시 | 아는것이돈이다

는 경우가 종종 있다. 이때 체불 임금 확인서만 발급받으면, 근로 복지 공단이 받아야 할 돈 중 400만 원 이하까지 지급해준다. 근로 복지 공단이 먼저 근로자에게 돈을 지급한 다음 추후 사업주를 상대로 추징을 하는 것이다. 이것이 바로 소액 체당금 제도다.

체불된 급여가 600만 원이라면 400만 원은 소액 체당금으로 지급받고, 남은 200만 원에 한해서는 민사 소송을 해야 한다. 이때 소송 비용은 크게 걱정할 필요가 없다. 3개월 월 평균 임금이 400만 원 미만인 근로자는 체불 임금 확인서만 있다면 대한 법률 구조 공단에서 무료로 법률 지원을 받을 수 있기 때문이다. 민사를 통해 못받은 급여를 받을 경우, 그 분쟁 기간 동안 지연 이자(연 20%)까지 받을 수 있다.

2019년 7월부터는 소액 체당금이 기존 최대 400만 원에서 최대 1,000만 원으로 확대됐다. 또 절차도 간소화되어, 법원의 확정 판결 없이도 체불 임금 확인서만 발급받으면 소액 체당금을 지급받을 수 있게 개정됐다. 사업주가 폐업을 했거나 망했어도, 걱정하지 말자. 소액 체당금 제도를 통해 최종 3년간 퇴직금과 3개월분의 임금을 지급 한도 내에서 받을 수 있으니 말이다.

포기하지 않으면 길은 많다.
땀 흘린 대가를 절대 포기하지 말자.

돈 주고도 살 수 없는 것이
젊음이라지만

방송인 유병재는 '젊음은 돈 주고 살 수 없어도 젊은이는 헐값에 살 수 있다고 보는 모양이다.'라고 일갈한 적이 있다. 노동 시장에서 상대적으로 불리한 위치에 있는 젊은이들의 상황과 오늘날의 사회 문제를 정확하게 지적한 말이다.

과거에는 젊어서 고생은 사서도 한다는 이야기가 아무렇지 않게 통용됐다. 고도 성장기였던 1980년대 당시 사회는 젊은이들의 '고생'이 필요했으며, 젊은이들도 이를 당연하게 여기는 분위기가 만연해 있었다. 빠른 경제 성장을 시작한 사회에서 많은 경험을 쌓고 이를 자신의 사업 기회로 삼는 것이 성공의 지름길이기도 했기 때문이다. 이런 일이 가능했던 1980년대 대한민국의 경제 성장률은 10%가 넘었고, 현재는 경제 성장률 2%를 지키기 위해 안간힘을 쓰고 있는 실정이다. 그러니까 그때의 대한민국과 지금의 대한민국은 다른 나라라고 이해하는 게 쉽다. 과거에는 일을 배운다는 사실이 부당한 처우를 받는 것에 대한 변명이 되어주기도 했지만, 이제는 말 그대로 변명일 뿐이다. 더 이상 사회 초년생들이 '모른다'

는 이유로 혹은 '당연하다'는 평계로 노동의 대가를 포기하거나 빼앗기는 일은 없어야 한다.

많은 사람들이 몇 달 치의 급여가 밀려 있는 상태이거나, 급여를 받지 못하는 문제를 겪고 있다. 이를 다시 말하면, 자신에게도 급여를 못 받게 되는 상황이 벌어질 수 있다는 의미이다. 다행히 국가는 이러한 일을 방지하기 위해 다양한 제도를 만들고 있다. 다만, 가만히 있으면 국가가 알아서 문제를 해결해주지는 않기 때문에 직접 해결 방법을 찾아 나서야 한다. 혹시라도 문제가 발생한다면, 많지 않은 금액이라고 그냥 넘기지 말고 과정이 복잡하다고 포기하지도 말자. 부당한 대우를 받았을 때 스스로의 힘으로 권리를 지켜냈다면, 그 경험은 삶을 살아가는 데 도움이 될 것이다. 이후에 더 복잡한 문제도 해결할 수 있다는 용기를 얻는 것은 덤이다.

2교시

절약과 전략 사이

저축 : 기본 편

저금리 시대를 건너기 위한
저축 플랜

금리 빙하기,
저축에서 중요한 건 이자가 아니다.

저축이 미덕인 시절이 있었다고 한다. 1980년대에는 재형저축의 금리가 무려 33.1%에 달했다. 1년간 100만 원만 저축해도 이자가 30만 원이 넘었다. 참으로 저축할 맛이 나는 세상이었으리라. 그당시 가장 훌륭한 재테크 방법은 최대한 씀씀이를 줄이고 절약해, 저축액을 늘리는 것이었다. 이제는 저축으로 재테크하는 것이 거의 불가능한 시대가 되었다. 기준 금리 0.75%(2020년 4월 기준), 그야말로 초저금리 시대이다. 금리 2%를 넘는 예금이나 적금 상품 자체를 찾기 어렵고, 설사 금리 2%대의 상품이 있다고 해도 막상 실익을 따져보면 궁색하기 짝이 없다. 이자를 기대하며 차곡차곡 돈을 모아 목돈을 마련하던 시대는 완전히 끝났다.

그렇다면 금리 빙하기의 세상에서 저축은 쓸모없는 것일까? 전혀 그렇지 않다. 사회에 첫발을 내디딘 사회 초년생들이 목돈을 마련하기 위한 출발점은 여전히 저축이다. 저축은 재테크의 출발점이자, 다음 단계로 가는 관문 같은 것이다. 그런데 월급 200만 원의 사회 초년생들은 저축만 하다가 끝이 나는 게 문제이다. 다음 단계로 도약하기가 어렵다. 수학 공부로 치면 집합 개념만 주야장천 공부하다, 수포자로 학창 시절을 끝내는 셈이다. 더 큰 문제는 그나마 제일 친숙하고 만만하게 여겨지는 저축에 대해서도 의외로 모른다는 것이다. 정말 제대로 저축하고 있는 걸까?

사회 초년생들은 조금이라도 금리를 더 주는 상품을 찾아 금리 유목민처럼 이 은행 저 은행을 전전한다. 이자 소득세를 떼고 난 실수령액을 따져보지도 않고, 그저 현란한 마케팅에 속아 상품 가입 선착순에 들기 위한 경쟁에 뛰어든다. 선착순 적금 상품에 간신히 가입하고 스타벅스 커피를 한 잔 마신다면, 그 수고는 즉시 헛수고가 된다는 사실도 모른 채 말이다. 적은 월급으로 매달 저축을 하고 있다는 사실 그 자체만으로도 사회 초년생들은 엄청난 만족감을 느낄 수 있다. 하지만 저축의 개념만큼은 새롭게 정립할 필요가 있다. 첫째, 저축은 종잣돈을 모으기 위한 수단으로 인식해야 한다. 둘째, 저축은 쓸데없는 곳에 돈을 지출하는 일을 방지하기 위해 급여 통장에서 일정 금액의 돈을 떼어놓는 용도로 생각해야 한다. 이 두 가지 개념으로 저축을 접근한다면, 돈 관리가 훨씬 더 쉬워질 것이다. 사실상 조삼모사에 가까운 저축 상품의 이자율에 대해서도 집착을 내려놓을 수 있게 된다. 중요한 건 이자율이 아니다. 목표로 설정한 금액만큼의 종잣돈에 얼마나 빨리 도달할 것인가이다. 목표 금액을 세우면 씀씀이가 줄어들고 절약하기가 수월해진다. 비로소 돈을 모으는 재미를 알게 되고, 더 높은 목표를 향해 달리고 싶어진다.

흔히 돈을 모으고 굴리는 과정을 '스노 볼(Snow ball)'에 비교한다. 눈밭에서 눈을 굴리기 위해 두 손으로 눈을 집어 단단하게 뭉치는 것, 딱 여기까지의 과정을 저축이라고 생각하면 된다. 눈을 굴리는 건 저축이 아니고 투자이다. '저축만으로 돈을 모으고 굴리고 불려서, 집도 사고 차도 사야지.' 하는 순진한 생각을 지닌 사람은 없을 것이다. 그럼에도 불구하고 저축이 지닌 의미를 제대로 알고, 이를 어떻게 관리해야 할지에 대해 고민할 필요는 있다.

역대 최저치의 금리를 기록하고 있는 지금, 월급 200만 원의 사회 초년생은 어떤 저축 플랜을 짜야 할까? 고금리 상품의 함정부터 적금과 예금의 이자 계산법, 목돈을 모으기 위한 저축 전략과 소득별 목표 저축액까지. 잘 알고 있다고 생각했지만 사실상 제대로 알지 못했던 저축의 모든 것을 낱낱이 파헤쳐보자.

적금과 예금

⊘ 고금리 적금 상품의 진실

연이율 5%를 웃도는 적금 상품이 출시되었다는 소식이 인터넷에 퍼지면, 곧바로 실시간 검색어 1위에 등극하는 세상이다. 그러나 예대 마진(대출 이자에서 예금 이자를 뺀 나머지 부분)으로 먹고사는 은행의 입장에서는 이런 고금리 상품이 반갑지만은 않다. 다르게 말하면, 은행은 높은 금리를 거저 주지 않는다는 것이다.

고금리 상품 광고를 볼 때 큰 글씨보다 작은 글씨를 눈여겨봐야 한다. 작은 글씨에는 가입 인원수를 명시하거나 가입 한도를 제한하는 등 갖가지 금리 우대 조건이 붙어 있을 것이다.

A 적금 상품

- 금리 6%(기본 1.8%, 우대 4.2%)
- 납입 기간 12개월(한도 30만 원, 초과 시 기본 금리 적용)
- ○○은행 우대 금리 최대 0.7%(○○은행 첫 거래 0.5%, 급여·연금 이체 시 0.5%, 공과금·아파트 관리비 자동 이체 시 0.2%)
- ○○카드 특별 우대 금리 최대 3.5%(○○카드 이용 실적 12개월 1,000만 원 이상 2.0%, 2,000만 원 이상 3.0%, 카드 결제 계좌 ○○은행 등록 시 0.5%)

A 적금 상품의 금리는 6%이고, 가입 금액은 최대 30만 원, 가입 기간은 1년이다. 그렇다면 만기 시 원금 360만 원과 세전 이자 11만 7,000원을 합해 371만 7,000원을 받게 되는 것일까? 당연히 아니다. 이 금액을 받기 위해서는 은행에서 요구하는 조건들을 충족시켜야 한다.

우선 A 적금 상품에서 금리 6%의 의미를 살펴보자. 괄호 안에 적힌 글씨를 보면 기본 금리는 1.8%에 불과하고, 우대 금리가 무려 4.2%나 된다. 즉, 은행이 요구하는 조건들을 모두 충족해야만 우대 금리를 최대 4.2%까지 준다는 말이다. 우대 금리를 받기 위해서는 ○○은행 계좌를 개설해야 한다. 첫 거래를 통해 0.5%의 이율을 얻고, 해당 계좌로 급여나 연금 자동 이체를 지정해서 0.5%, 아파트 관리비나 공과금 자동 이체도 함께 지정해서 0.2%를 얻은 다음 ○○은행과 제휴를 맺은 신용 카드를 발급받고 1년 동안 1,000만 원 이상 써야, 마침내 최대 6%의 이자를 수령하게 된다. '이렇게 얻은 이자를 불로 소득이라고 할 수 있을까?' 하는 억울한 생각이 들 정도로 까다로운 조건들이다. 어렵사리 6%의 이자를 받는다고 해도 이자 소득세 15.4%를 빼야 한다. 또 가입 금액은 30만 원으로 제한되어 있으므로, 50만 원씩 넣어도 30만 원에 한해서만 6%의 금리가 적용되고 나머지 20만 원은 1.8%의 기본 금리가 적용된다.

이러한 내용을 잘 살피지 않는다면 곳곳에 함정이 있다는 사실을 모르고 걷는 것과 다름없다. 그렇게 이자 소득세까지 떼고 손에 쥐어진 금액은 원금과 이자를 합해 총 369만 8,982원. 여기서 이자는 9만 8,982원이다. 나름 의미 있는 액수라 볼 수도 있지만, 한 달에 1만 원도 되지 않는 이자를 받자고 달려온 1년의 세월이 조금 허무하게 느껴지는 것도 사실이다.

여전히 고금리 상품의 인기는 높다. 이왕이면 10원이라도 더 준다는 곳에 돈을 맡기겠다는 욕망은 누구에게나 있기 때문이다. 하지만 고금리 상품의 실제 이자가 매달 커피 두세 잔 정도의 값이라는 걸 생각하는 사람은 많지 않다. '커피 두세 잔이어도, 그게 어디야.' 하는 초긍정적 마인드의 소유자라면 괜찮다. 하지만 고금리 적금 상품 하나 가입해놓고 마치 대단한 재테크를 하고 있다고 안도하는 사람이라면 결국 만기 때 이자가 적다는 핑계를 대며, 그 돈을 의미 없이 탕진할지도 모른다. 악마는 항상 디테일에 있는 법. 속 빈 강정에 불과한 고금리 상품들은 꼼꼼히 살펴봐야 한다.

⊘ 적금 5% vs 예금 2.5%

적금과 예금의 차이를 명확하게 알아야 한다. 적금과 예금, 둘 다 저축의 종류이지만 엄연히 그 목적은 다르다. 적금은 매달 약속한 금액을 일정 기간 예치하고 만기일에 원금과 이자를 받는 것으로, 종잣돈을 모으기 위한 수단이다. 반면 예금은 처음부터 약속한 금액을 일정 기간 넣어두고 만기일에 원금과 이자를 받는 것이다. 보통 적금으로 목돈이 만들어지면 이 돈을 예금으로 불린다. 눈사람을 만들기 위해 눈을 뭉치는 것이 적금이라면, 그 눈을 굴리는 것이 예금이라고 볼 수 있다. 그런데 이를 거꾸로 하고 있는 사람도 적지 않다. 적금 상품의 이자가 예금 상품의 이자보다 높은 편이기 때문이다.

여기 적금과 예금을 어떻게 활용할지에 대해 고민하고 있는 사연자가 있다.

> 저는 스무 살 때부터 두 개 이상의 적금을 유지해오고 있습니다. 예금도 하고 있지만, 아무래도 예금 이자가 적금 이자보다 낮기 때문에 금리가 높은 정기 적금 상품을 선호합니다. 적금이 만기가 되면 높은 금리를 준다는 적금에 새로 가입하는 방식으로 재테크를 하고 있습니다.
>
> 현재 첫 직장에서 퇴직하고 받은 퇴직금 중 600만 원을 다시 적금(금리 5%, 납입 기간 12개월, 월 납입 한도 30만 원, 초과 시 기본 금리 1.8% 적용)에 가입하려고 하는데 괜찮을까요?

사연자의 재테크는 결코 똑똑한 방법은 아니다. 예금과 적금의 이자 계산법을 제대로 알지 못한 채, 단순히 적금 이자와 예금 이자율만 비교하는 잘못을 범했다. 사연자는 퇴직금으로 받은 돈에서 600만 원 정도를 떼어 금리 5%의 적금 상품에 가입하려고 한다. 시중에 금리 5%가 넘는 상품이 워낙 귀하다 보니 별다른 고민을 하지 않았을 것이다. 일반 입출금 통장에 600만 원을 넣어두고 매달 적금 통장으로 50만 원씩 자동 이체가 되도록 설정하려고 했을 것이며, 아래와 같이 계산했을 것이다.

적금 만기 시 예상 수익

원금 600만 원 + 이자 13만 7,475원 = 613만 7,475원

(이자 소득세 15.4% 제외)

그런데 매달 적금에 넣을 수 있는 한도 금액이 30만 원이기 때문에, 그 이상의 금액은 기본 금리 1.8%만 적용받을 수 있다. 그러므로 실제 받는 이자는 13만 7,475원이 아니라 다음과 같다.

적금 만기 시 실제 이자

(30만 원 × 5%) − 15.4% = 8만 2,485원

(20만 원 × 1.8%) − 15.4% = 1만 9,796원

8만 2,485원 + 1만 9,796원 = 10만 2,281원

이자는 10만 2,281원이다. 만일 600만 원을 처음부터 금리 2.5% 예금 상품에 1년 동안 넣는다면 총 612만 6,900원을 수령할 수 있다. 적금 상품보다 2만 원 정도를 더 받게 되는 것이다.

여기서 중요한 건 예금 2.5%와 적금 5%가 이자 측면에서 크게 차이가 나지 않는다는 사실이다. 왜 이율은 두 배나 차이가 나는데, 실수령액은 그만큼 차이가 나지 않는 걸까? 이자를 계산하는 방법이 다르기 때문이다.

적금 이자 계산법

보관 기간 / 납입월	1개월	2개월	3개월	4개월	5개월	6개월	7개월	8개월	9개월	10개월	11개월	12개월	
1월												12/12	100%
2월											11/12	91.7%	
3월										10/12	83.3%		
4월									9/12	75.0%			
5월								8/12	66.7%				
6월							7/12	53.3%					
7월						6/12	50.0%						
8월					5/12	41.7%							
9월				4/12	33.3%								
10월			3/12	25.0%									
11월		2/12	16.7%										
12월	1/12	8.3%											

예금의 경우는 정해진 금액을 일정 기간 넣어두는 것이기 때문에 계산이 비교적 간단하다. 하지만 적금의 경우, 약속한 금액을 처

음부터 넣어두는 것이 아니라 점차 금액이 늘어나는 것이기 때문에, 이자는 매달 통장에 들어온 돈만큼만 붙게 된다. 첫 번째 달에 넣은 금액은 12개월 치의 이자를 모두 받게 되지만 두 번째 달에는 11개월 치의 이자를 받고 세 번째 달에는 10개월 치의 이자를 받다가, 마지막 달에 가서는 한 달치의 이자만 받는 것이다.

보통 금리는 연 환산 금리로 표기된다는 점도 유의해야 한다. 그래서 가입 기간이 1년 미만인 상품들은 실질 금리를 다시 따져봐야 한다. 예를 들어 금리 5%, 6개월 만기의 적금 상품의 경우, 만기가 1년이 아닌 6개월이기 때문에 실질 금리는 2.5%이다.

✅ 금리보다는 저축의 목적을 따져야 한다

종잣돈을 모으기 위해서는 적금이, 종잣돈을 굴리기 위해서는 예금이 낫다. 만일 금리가 매우 높은 적금과 보통 예금 중에서 어떤 상품에 가입해야 좋을지 망설여진다면, 세후 수령액을 미리 계산해보자. 네이버에서 '이자 계산기'라고 검색한 후, 월 적립액과 적금 기간, 연이율, 이자 과세 등 항목을 기입하면 된다. 또는 적금 금리를 예금 금리로 환산하는 공식인 '적금 금리 × 0.55 = 예금 금리'를 적용해도 된다.

저축 전략

⊘ 저축의 첫걸음, 비상금 확보하기

저축 플랜을 어떻게 짜야 하는지 구체적으로 알아보자.

사회 초년생이라면 우선 종잣돈 1,000만 원을 모으는 것부터 시작해보자. 이를 위해서는 1년간 매달 대략 80만 원 정도를 꼬박꼬박 적금해야 한다. 아쉽게도, 절약하는 것 말고는 달리 방법이 없더라도 이 목표를 달성하는 게 중요하다.

그럼 이렇게 모은 1,000만 원을 어떻게 해야 할까? 정규직이라면 3개월, 프리랜서나 계약직이라면 6개월 정도의 생활비를 떼어 비상금으로 분류해야 한다. 아이러니하게도, 비상금을 확보하는 것이 저축의 1단계다. 사회 초년생들은 갑자기 회사를 그만두거나 이

예금 상품과 적금 상품을 고르는 노하우

'금융 감독원 금융상품통합비교공시' 웹 사이트(finlife.fss.or.kr)를 추천한다. 여기에서 제공하는 '금융상품 한눈에 서비스'를 통해 지역별, 기간별, 은행별 예금 상품과 적금 상품의 정보를 알아볼 수 있다.

출처: 금융 감독원 금융상품통합비교공시 웹 사이트

직을 하는 일이 잦기 때문에 혹시 모를 공백에 대비해 미리 위험을 대비하는 것이다. 수입이 없는 기간을 버틸 수 있는 최소한의 비상금이 확보되어야 일상 생활이 무너지지 않을 수 있다.

비상금은 모든 재테크의 출발점이 된다. 눈에 띄지 않도록 숨겨 두는 것이 비상금 관리의 포인트다. 남이 아닌 나 자신에게 말이다. 마치 이 돈은 처음부터 없었던 것처럼 잊고 사는 게 좋다. 아무래도 눈에 보이면 쓰게 되므로 자주 쓰는 통장과 비상금 통장은 반드시 분리해야 한다. 접근성 자체를 차단하기 위해 주거래 은행이 아니거나 집이나 회사 근처에 없는 은행에서 개설한 예금 통장에 비상금을 넣는 방법을 추천한다. 혹은 저축 은행이나 새마을 금고와 같은 제2금융권의 예금 통장에 넣는 것도 좋다. 시중 은행보다 이자가 조금 높고 예금자 보호법으로 5,000만 원까지 보호되기 때문이다. 어떤 계좌를 만들더라도 인터넷 뱅킹이나 체크 카드를 신청하지 않아야 한다. 돈을 쉽게 인출할 수 있는 경로들을 미리 차단하기 위함이다. 거듭 강조하지만, 절대로 자신을 믿어서는 안 된다.

⊘ 목표 설정은 곧 동기 부여이다

비상금이 확보됐다면 종잣돈을 모을 차례이다. 미국의 한 매체가 하버드 MBA 과정을 수료한 학생들을 대상으로 조사한 결과, 목표와 실천 계획을 세운 사람과 세우지 않은 사람의 수입 격차는 무려

열 배였다고 한다. 돈도 마찬가지다. 목표나 계획이 있으면 훨씬 더 빨리, 그리고 더 많이 모을 수 있다.

월급쟁이라면 누구나 내 소득 중 어느 정도의 금액을 저축해야 하는지, 또래들은 얼마나 저축하고 있는지 궁금할 것이다. 저축에 왕도가 있는 것은 아니지만, 저축 목표를 설정하기 어려워하는 사람들을 위하여 최소한의 가이드라인을 제시한다면 다음과 같다.

월급 200만 원 내외 ➡ '생존' 구간

- 돈을 모으는 재미와 성취감을 느끼는 것은 재테크의 발판을 마련한다.
- 월 80만 원씩 1년간 저축하기
- 1차 목표 금액 설정: 1,000만 원

월급 300만 원 내외 ➡ '생활' 구간

- 본격적인 재테크에 돌입할 수 있는 정도의 수입이다.
- 빌라나 작은 아파트 계약금(서울 기준)을 확보하는 것을 목표로 삼는다.
- 월 100만 원씩 3년간 저축하기
- 1차 목표 금액 설정: 3,600만 원

- 본인이 꿈꾸는 것을 위해 달려가는 시기이다.
- 창업 비용 및 주택 구입 비용 등 구체적인 금액 계산이 필요하다.
- 월 150만 원씩 33개월(약 3년)간 저축하기
- 1차 목표 금액 설정: 5,000만 원

보통 '재테크 판'에서는 3,000만 원 정도를 종잣돈으로 본다. 서울의 빌라나 소형 아파트의 계약금이 보통 3,000만 원인 경우가 많기 때문에, 자산 형성의 첫 단추를 끼울 수 있는 상징적인 숫자로 인식되고 있다. 적은 월급으로 남들보다 더 빨리, 더 많이 모으기 위해서는 사실 절약하는 것이 최선이다. 하지만 무작정 굶기만 하는 다이어트 후에 반드시 요요가 오듯 재테크도 마찬가지다. 줄이는 것에만 연연해서는 안 된다. 목표 금액과 계획을 설정해두는 것이 돈을 모으는 데 도움이 된다. 목표 금액을 단계별로 설정하면 중간에 길을 잃고 방황하는 시간을 줄일 수 있다. 처음에는 자신의 1년 치 연봉을 모으겠다는 목표로 달리다가, 3,000만 원, 4,000만 원, 5,000만 원… 이렇게 목표를 조금씩 올려나가면 된다. 1년 치 연봉을 모은 다음에는 점차 저축의 비중을 줄이고, 투자의 비중을 높여가길 추천한다.

처음 1,000만 원을 모으는 것은 너무 힘들 것이다. 그런데 2,000만 원을 모으는 건 그보다 쉽다. 시간도 전보다 훨씬 더 단축

될 것이다. 돈이 늘어날수록 돈 불리기가 수월해진다.

저금리 시대에서 중요한 건 전략이다. 저축의 목적이 그저 절약이 되어서는 곤란하다. 저축의 전략으로 절약을 선택한 것일 뿐이다. 일단 저축으로 비상금을 확보하고 종잣돈을 모아야, 비로소 재테크의 단계로 넘어갈 수 있다.

저축 계획 세우기
1단계: 비상금 마련하기 3~6개월간의 생활비를 확보한다.
2단계: 종잣돈 마련하기 1년 치 연봉 정도를 모은다.
3단계: 투자금 마련하기 저축 비중을 줄이고, 투자 비중을 늘린다.

⊙ 저축과 투자의 비중

얼마큼을 저축해야 하고, 얼마큼을 투자해야 할까? 이를 파악하기 위해서는 현금성 자산을 생활비로 나누면 된다. 현금성 자산이란 당장 원금 손실 없이 인출할 수 있는 금액을 말한다. 예금과 적금, CMA, 현금 등이 포함된다. 생활비에는 고정 생활비와 변동 생활비는 물론 보험이나 연금, 장기 저축 월 납입액 등이 포함된다.

저축과 투자의 비율													
점수	1	2	3	4	5	6	7	8	9	10	11	12	이상
저축:투자	100% 저축			9:1	8:2	7:3	6:4	5:5	4:6	3:7	2:8	1:9	100% 투자

현금성 자산을 생활비로 나누었을 때(현금성 자산 ÷ 생활비), '3' 이하의 점수가 나온다면 최소한의 비상금이 확보되지 못한 상태이다. 실직을 당하거나 이직해야 할 일이 생기면 신용 카드의 현금 서비스나 카드론 등 악성 대출을 받아야 하는 위험에 무방비로 노출되어 있을 확률이 상대적으로 높다. 이때는 묻지도 따지지도 말고, 월수입에서 생활비를 뺀 금액 전부를 저축해야 한다. 점수가 '4'를 넘어갈수록 저축 비중을 줄이고 투자 비중을 늘리는 것이 좋다.

개인마다 상황과 사정이 다르기 때문에 저축의 비율을 단정하기는 어렵지만, 사회 초년생이라면 적어도 월수입의 30~50% 이상은 무조건 저축하길 권한다.

⊘ 저축을 잘하고 있는 것인지 궁금하다면?

무작정 저축을 하고 있었다면, 한번쯤 중간 점검이 필요하다. 아래의 세 가지 체크 리스트를 확인해보고 목표를 재설정하는 것이 좋다.

- 매달 얼마의 금액을 저축하는가?: 적어도 월급의 30~50% 이상
- 현재까지 저축으로 얼마큼 모았나?: 1년 치 연봉 정도
- 몇 개월간 월급이 끊긴다면 얼마큼의 돈으로 버틸 수 있나?: 비상금으로 모아야 할 금액

돈 팁

미국의 저금통은 어떻게 생겼을까?

해외에서는 어릴 때부터 금융 교육을 받는 것이 흔한데, 특히 자본주의의 나라로 꼽히는 미국은 아이들의 돼지 저금통부터 남다르다. 미국의 돼지 저금통은 돈을 넣는 투입구가 목적에 따라 구분되어 있다.

다시 말해, 처음부터 목적에 따라 돈을 구분해 모으는 것이다. 돈을 많이 모으는 데에만 그치는 것이 아니라, 돼지 저금통을 통해 스스로 금융 포트폴리오를 구성할 수 있는 힘을 길러주는 것이라고 볼 수 있다. 사회 초년생들도 이 돼지 저금통 속에 담긴 금융 철학을 되새겨볼 필요가 있다.

생텍쥐페리가 말했다.

계획 없는 목표는 한낱 꿈에 불과하다고.

돈 모으는 것에
'재미'를 느껴야 한다

사회 초년생은 보통 1,000만 원 정도의 종잣돈을 모으는 것을 첫 재테크 목표로 세우는 경우가 많다. 수많은 재테크 서적에서 '1,000만 원 모으기'라는 재무 목표를 던져주기 때문일 것이다. 물론 1,000만 원이라는 액수를 강조하는 이유는 있다. 일단 1,000만 원을 모으는 데 성공하면 돈을 모으는 재미와 성취감을 느끼게 되고, 더 모으고 싶다는 욕망이 생긴다. 무엇보다 통장에 1,000만 원이 모이면, 통장을 쉽게 깨지 않게 되는 탓도 있다.

마치 하루살이처럼, 때로는 불나방처럼 그저 돈이 허락되는 대로 마구 쓰면서 한 달을 살고 있는 건 아닌지 뒤돌아봐야 할 때이다. 돈, 월급, 상여금에 구체적인 목표를 부여해야 한다. 자신만의 재무 목표를 뚜렷하게 세우고 반드시 실행에 옮겨야 한다.

'티끌 모아 티끌'이라는 말이 나올 만큼 저축을 통해 큰돈을 벌 수는 없는 세상이긴 하다. 하지만 큰돈을 모으기 위해 저축이 우선시되어야 한다는 사실을 잊어서는 안 된다.

EP.02

저축 : 비과세 편
출자금 통장의 함정은 피하고, 혜택은 취하고!

이 세상에서 피할 수 없는 두 가지는
죽음과 세금이다.

100달러 지폐의 모델이자, '미국 건국의 아버지'라고 불리기도
하는 벤자민 프랭클린의 말이다. 일생은 세금의 연속이라고 해도
과언이 아니다. 우리는 알게 모르게 여러 종류의 세금을 내면서 살
아가고 있다. 그중 매달 급여에서 빠져나가는 근로 소득세와 저축
을 통해 발생되는 이자에 대한 이자 소득세는 사회 초년생에게 가
장 친숙한 세금일 것이다.

종잣돈을 만들기 위해서 적금을 하고 만기가 되어 돈을 찾을 때
도 세금을 뗀다. 하지만 찾아보면 세금을 100% 면제해주는 비과세
상품도 있다. 한때 보험 계약을 10년 이상 유지(보험료는 5년 이상
매월 적립)하면 보험 차익에 대해서는 비과세 혜택을 받을 수 있어,
직장인의 필수 가입 상품으로 꼽혔던 연금 보험이나, 7~10년 만기

의 재형저축 등 장기 저축성 상품들이 대표적인 예이다.

돈이 눈에 보이면 어떻게든 쓰게 된다. 그리고 돈이 없으면 소비는 자연스럽게 줄어든다. 가장 좋은 저축 전략은 통장에 돈이 '마르게' 하는 것이다. 돈을 다 쓰라는 것이 아니라 돈을 한 통장에 넣어두지 말고 분산하는 것이 좋다는 이야기이다. 그렇기 때문에 비상금 통장을 따로 만들면 여러모로 좋은 점이 많다. 앞서 설명했듯이 비상금이 확보되지 않은 채로 재테크를 시작하는 건, 면허증 없이 운전하는 것과 다름없다. 사고가 발생했을 때 손을 쓸 수 없게 된다. 만약 비상금을 넣어둔 통장이 이자 소득세를 떼지 않는 비과세 통장이거나 혹은 원래 내야 할 세금보다 적게 내는 세금 우대 저축 상품이라면 좋은 걸까? 그럴 수도 있고, 아닐 수도 있다. 몇 년 전 개인 종합 자산 관리 계좌인 ISA에 가입하는 것이 유행이었던 시기가 있었다. ISA는 5년간 수익을 합해 200만 원 한도(단, 연봉 5,000만 원 이하인 자는 250만 원 한도)까지는 비과세가 적용되지만 200만 원을 초과하는 수익에 대해서는 이자 소득세 9.9%가 적용되는 분리 과세 상품이다. 언뜻 좋아 보이지만, 정작 ISA 계좌를 적극 활용한다는 사람을 주변에서 찾아보기란 쉽지 않다. 상품에 대한 명확한 이해도 없이 너도나도 무작정 '비과세'라는 말만 듣고 덥석 가입한 결과이다. 무엇이든 조건을 세세히 살펴보는 것이 우선이다.

예금이나 적금에 가입할 때 이자율만 따지는 것은 세전 수익률에만 연연하는 것과 다름없다. 세후 수익률에 더 민감해질 필요가 있다. 특히 요즘과 같은 초저금리 시대에는 이자 소득세로 세금을 얼마나 떼는지, 이자 소득세율을 따져보는 것이 더 생산적이다. 큰 돈의 시작은 늘 푼돈부터라고 하지 않는가. 상품 가입 시, 이자 소득세율은 다음과 같은 순으로 유리하다고 보면 된다.

비과세 > 저율 과세(1.4%) > 분리 과세(9.9%) > 일반 과세(15.4%)

단위 농협이나 수협 또는 새마을 금고 등 친숙하긴 하지만 2030세대들에게 비교적 접근성이 낮은 제2금융권에 비상금을 모으고 불리기에 좋은 출자금 통장과 세금 우대 저축 상품이 있다. 비과세 혜택을 최대한 살릴 수 있는 출자금 통장의 활용법과 시중 은행보다 금리는 높고, 세금은 적게 낼 수 있는 세금 우대 저축 상품들을 활용하는 저축 전략을 정리해보자.

출자금 통장의 기본

⊘ 이자가 아니라 배당을 주는 출자금 통장

출자금 통장은 제2금융권과 관련이 있다. 새마을 금고, 단위 농협 (우리가 알고 있는 농협 중앙회와 다르다.)이나 수협, 신협 등 상호 금융 조합에서만 만들 수 있는 통장이기 때문이다. 출자금 통장을 만드는 방법은 간단하다. 최소한의 가입금(1만 원부터 2만 원까지 조합마다 상이)을 내고 출자금 통장을 개설하면 회원 혹은 조합원이 되어, 각종 세금 우대형 예적금 상품에 가입할 수 있고 대출을 받을 수 있는 자격도 부여된다.

여기서 알아야 할 것은 출자금의 개념이다. 시중 은행처럼 통장을 만들고 돈을 맡기는 개념이 아니라, 말 그대로 해당 기관에 돈을 출자, 즉 투자한다는 의미이다. 상호 금융 조합들은 이 돈을 받아, 돈이 필요한 곳에 대출을 해주거나 다양한 사업에 투자를 하며 경영 활동을 한다. 이때 발생한 경영 실적에 따른 이익을 배당의 형태로 조합원들에게 나누어 준다. 그래서 출자금은 이자가 아니라 배당금을 얻는다. 배당금은 해당 조합의 운용 수익률을 나누어 주는 것이기 때문에 배당률이 확정되어 있지 않고, 사업 성과에 따라 매년 달라진다. 그래서 같은 새마을 금고이더라도 지점마다 배당률이 다르다. 많은 이익을 낸 조합에 투자했다면 높은 배당률을 얻고, 반대로 사업 성과가 저조한 조합에 투자했다면 배당률이 기대에 미치지 못하게 된다. 이러한 이유로 출자금 통장을 개설할 때는 각 기관의 홈페이지에 접속해, 일정 기간 동안 어느 정도의 배당을 조합원들에게 주었는지를 알 수 있는 배당 공시를 잘 살펴봐야 한다. 배

돈 팁

제1금융권과 제2금융권, 그리고 제3금융권

- **제1금융권:** 금융 기관 중 일반적으로 예금 은행을 지칭한다. 일반 은행, 지방 은행, 외국계 은행을 비롯해 카카오뱅크, 케이뱅크 등의 인터넷 은행이 이에 속한다.
- **제2금융권:** 은행을 제외한 금융 기관을 통칭한다. 증권사, 카드사, 보험사, 캐피탈, 여신 전문 금융 회사, 저축 은행, 상호 금융 조합 등을 가리킨다.
- **제3금융권:** 대부업이나 사채업을 말한다. 사회 초년생들은 제3금융권은 모르고 살 것을 권장한다.

당률이 해마다 줄거나 은행 이자보다 낮다면 사실상 출자금 통장의 의미가 없다. 배당률은 매년 결산 총회가 끝난 2~3월에 결정되고, 배당금은 2개월 이내에 출금이 가능하다.

⊘ 1,000만 원까지 비과세 혜택이 주어진다

출자금 통장은 한도 1,000만 원까지 발생하는 배당금에 대해서 14%의 배당 소득세가 면제된다. 시중 은행의 예금 상품에 가입해 만기 시 50만 원의 이자를 받는다고 가정했을 때, 실수령액은 50만 원에서 15.4%의 이자 소득세 7만 7,000원을 제외한 42만 3,000원이 된다. 그런데 출자금 통장의 배당금이 50만 원이라면 세금을 한 푼도 떼지 않고 50만 원을 받는다. 게다가 출자금 통장을 개설하면 다른 예탁금(예적금) 상품을 가입할 때 세금 우대를 받을 수도 있다. 최대한도 3,000만 원까지 발생한 이자에 대해 지방세(또는 농어촌 특별세) 1.4%만 내면 된다.

다만 해당 혜택은 2020년까지만 적용되고, 2021년부터는 세금 우대율이 단계적으로 축소될 예정이다. 정부는 조세 특례 제한법을 개정해 비과세 혜택과 세금 우대 혜택을 줄이려고 하지만 매번 연장해주고 있는 실정이므로, 관련 소식을 계속 확인하는 것이 좋다. 설사 혜택이 축소된다고 해도 시중 은행들의 이자 소득세와 비교하면 꽤 쏠쏠한 혜택임은 분명하다.

단계별 세금 우대율 축소 계획
1. 2020년까지 발생하는 소득
이자 소득세 0% + 농어촌 특별세 1.4% → 세금 합계 1.4%
2. 2021년 1월 1일부터 2021년 12월 31일까지 발생하는 소득
이자 소득세 5% + 농어촌 특별세 0.9% → 세금 합계 5.9%
3. 2022년부터 발생하는 소득
이자 소득세 9% + 농어촌 특별세 0.5% → 세금 합계 9.5%

비과세와 세금 우대 혜택 덕분에 상호 금융권 회원은 2,000만 명이 넘을 만큼 인기다. 단, 농협, 수협, 신협, 새마을 금고 등을 모두 합쳐 혜택을 받을 수 있는 한도가 3,000만 원이기 때문에, 지역 농협에서 3,000만 원짜리 예금에 가입하고 또 새마을 금고에서 예적금을 추가로 가입하면 세금 우대는 한 곳에서만 적용받을 수 있다.

⊘ 출자금 통장의 특징

출자금 통장은 장점과 단점이 너무나 뚜렷하기 때문에 제대로 알고 접근할 필요가 있다. 먼저 가장 치명적인 단점은 보통 은행과는 다르게, 5,000만 원까지 원금을 보장받을 수 있는 예금자 보호법이 적용되지 않는다는 점이다. 출자금은 주식과 같은 투자금이므로, 가입한 조합이 이익을 내지 못하면 배당을 받을 수 없는 건 당연하고 경영 손실로 조합이 파산하면 출자금을 한 푼도 건질 수 없다. 또 다른 단점은 수시 입출금 통장이 아니기 때문에 돈이 필요할 때 즉시 인출할 수 없다는 점이다. 조합의 입장에서는 출자금이 자본금이므로 조합원이 갑자기 돈 쓸 일이 생겼다고 해서 은행처럼 아무 때나 돈을 줄 수 없다. 출자금 인출을 위해서는 조합을 탈퇴하고 출자금 환급 신청 절차를 밟아야 한다. 탈퇴하더라도, 당시 회계 연도의 결산 총회(다음 해 2~3월) 이후에 환급을 청구할 수 있다. 탈퇴부터 환급까지 최장 2년이 소요될 수 있기 때문에, 당장 쓸 일이 있는 돈을 출자금 통장에 넣어서는 곤란하다.

그럼에도 불구하고 사회 초년생이 노려볼 수 있는 혜택은 분명히 있다. 즉시 인출이 불가능하다는 단점은 관점에 따라 장점이 될 수 있다. 쉽게 통장을 깰 수 없다는 특징 때문에 충동적으로 예적금에 가입하고, 쉽게 해지하는 이들에게 돈을 지킬 수 있는 묘책이 되기도 한다.

⊘ 안정성을 가늠할 수 있는 BIS 비율

원금을 지키지 못할 가능성 때문에 출자금 통장에 가입하기가 주저된다면, 원금 손실 위험을 줄일 수 있는 방법이 있다. 가입하려는 조합의 BIS 비율을 미리 알아보면 된다. BIS 비율이란, 국제 결제 은행(BIS)의 기준에 따른 각 은행의 자기 자본 비율을 말한다. 그럼

자기 자본은 무엇일까? 대출 이자를 통해서 돈을 벌어들이는 은행이 대출을 해주는 돈은 크게 두 가지로 구분된다. 첫째는 고객이 예금한 돈이고 둘째는 은행이 가지고 있는 돈인데, 후자를 자기 자본이라고 한다.

제1금융권의 은행들은 보통 BIS 비율을 두 자릿수로 유지하고 있고, 제2금융권인 상호 금융 조합들은 BIS 비율을 8% 이상 유지해야 부실하지 않은 것으로 판단하고 있다. 다시 말해, 은행이 위험 자산에 대하여 최소 8% 이상의 자기 자본을 유지하고 있다면 안전하다고 볼 수 있다.

BIS 비율은 은행의 건전성과 안전성을 점검하는 핵심 지표이다. 보통 국제 결제 은행에서는 BIS 비율을 8% 이상 유지하도록 권고하고 있다. 출자금 통장을 만들기로 했다면, 해당 조합의 홈페이지에 접속해 BIS 비율이 8% 기준에 부합하는지를 비롯해 전년도의 BIS 비율 등을 확인하면 된다. 이 조건이 충족된다면 해당 조합의 출자금 통장에 돈을 넣어도 크게 무리가 없다. 물론 파산하는 경우도 있지만, 한 곳의 상호 금융 조합이 문을 닫으면 가까운 상호 금융 조합에 흡수되거나 통합되는 경우가 많기 때문에 원금 손실 가능성은 낮은 편이다.

BIS 비율을 확인하는 방법

모든 금융 기관은 경영에 관한 내용을 공시하게 되어 있으므로, 각 기관의 홈페이지에서 그 내용을 확인할 수 있다. 새마을 금고를 예로 들어보자.

1. [전자 공시] → [정기 공시]에 들어간다.

2. 기준 년도, 검색 조건, 금고명 등을 입력한다.

3. 공시 자료 중에 '경영 지표' 내에 단순 자기 자본 비율을 확인한다.

25-29. 경영지표

(단위:백만원, %)

구분		당기(2019년12월)	전기(2018년12월)	증감
25. 자본적정성	위험가중자산대비자기자본비율	16.13	18.54	-2.41
25. 자본적정성	순자본비율	8.6	9.49	-0.89
25. 자본적정성	단순자기자본비율	8.09	8.96	-0.87
26. 자산건전성	손실위험도가중여신비율	0.18	1.58	-1.4
26. 자산건전성	순고정이하여신비율	0.01	0.6	-0.59
26. 자산건전성	연체대출금비율	0.02	0.35	-0.33

출처: 새마을 금고 웹 사이트

⊘ 이자 대신 배당, 어떤 차이일까?

출자금은 주식처럼 일 년에 한 번씩 원금에 대한 배당금을 받는다. 조합원들이 출자한 금액에 대한 대가로 지급하는 배당금이 출자 배당금이며, 출자금 통장에 넣어둔 금액에 대해서 이자 대신 배당금을 받게 된다. 배당금은 배당 고시가 되고 난 후, 정해진 기간에 수령이 가능하고, 수령하지 않으면 다시 출자금 통장으로 들어간다.

조합마다 차이는 있지만 이용고 배당금을 따로 주는 곳도 있다. 이용고 배당금이란 개인의 대출, 예적금, 카드 사용을 실적화하여 제공하는 배당금이다. 쉽게 말해 '이 조합을 얼마나 이용하고 있는지'에 대한 일종의 고객 점수를 기준으로 배당금을 주는 것이다. 출자금 통장을 개설한 뒤, 조합의 대출을 이용하거나 각종 예적금 상품에 가입하거나, 해당 조합의 입출금 통장을 월급 통장으로 지정하거나, 각종 공과금 납부를 자동 이체로 설정하는 등 조합을 많이 이용할수록 이용고 배당금을 많이 받게 된다. 이용고 배당금은 예적금 상품에 가입한 사람보다는 대출을 많이 받은 사람에게 좀 더 높은 배당률이 매겨진다. 그러므로 이용고 배당금을 준다고 해서 무조건 더 좋은 것은 아니다. 이용고 배당금은 출자 배당금 외에 추가적으로 주는 것이 아니라, 조합마다 한정된 배당금을 어떻게 나누는지에 대한 분배 문제이다. 출자한 금액만 많은 사람은 오히려 이용고 배당금 때문에 출자 배당률이 줄어 손해를 볼 수 있다. 단순히 출자금 통장의 비과세 혜택만 누릴 사람이라면, 출자 배당금만

주더라도 배당률이 높은 곳을 선택하는 것이 유리하다.

또 알아두어야 할 것이 있다. 거주지에서 정해진 거리 내에 있는 지점이나 직장 근처의 상호 금융 조합에서만 통장 개설이 가능하다는 점이다. 제2금융권의 특성상 지점마다 조금씩 다른 배당률을 보이기 때문에 운이 따라야 높은 배당률을 보이는 지점에서 좀 더 많은 이자를 받을 수 있다.

출자금 통장 핵심 정리

- 가입할 때. 가입비 명목으로 최초 1만~5만 원 정도 납입해야 한다.
- 예금자 보호법이 적용되지 않는다. 다시 말해. 원금이 보장되지 않는다.
- 이자가 아닌 배당금으로 수익을 받는다.
- 배당금에 대해 1,000만 원까지는 비과세 혜택이 있다.
- 예적금 상품을 가입하면 3,000만 원까지 세금 우대 혜택이 있다. (2020년까지 농어촌 특별세 1.4%만 부과)
- 가입 시점에 이자율이 정해지는 예적금과 달리, 배당률은 매년 2~3월 결산 총회를 거쳐 정해진다.
- 배당률은 일반적인 예금 이자보다 높은 경우가 많고, 조합마다 추가적인 배당금 (이용고 배당금)이 나올 수 있다.
- 출자금은 만기 개념이 아니다. 원금을 찾으려면 조합원 탈퇴를 해야 하고, 탈퇴부터 환급까지 최장 2년까지 소요될 수 있다.

출자금 통장의 심화

⊘ 출자금 통장의 활용법

출자금 통장을 활용하는 방법은 크게 두 가지로 나눌 수 있다.

첫째, 출자금 통장의 비과세 혜택을 적극 활용하는 것이다. 앞서 저축의 단계 중 제일 먼저 할 일은 비상금 확보라고 설명했다. 비상금 통장은 생활비가 빠져나가는 통장과 분리되어야 한다. 돈을 인출하고 싶은 충동이 꿈틀대지 않도록 접근성이 떨어지는 곳이면 더 효과적일 것이다. 비상금 통장으로 적절한 상품이 무엇일까? 바로 출자금 통장이다. 여기에는 다음과 같은 이유가 있다.

• 1인당 한도 1,000만 원까지 비과세가 적용된다.

- 은행 이자보다 출자 배당률이 높다.
- 즉시 인출되지 않는다.

물론 전 재산을 모두 출자금 통장에 넣어서는 안 된다. 1,000만 원의 목돈이 있다면, 처음부터 1,000만 원을 넣는 대신 300만 ~500만 원 정도만 넣는 전략을 추천한다. 300만 원 미만은 은행보다 효율적이라고 할 만큼 큰 의미를 따지기 어렵고, 500만 원 이상은 당장 돈이 필요할 때 인출할 수 없다는 위험성이 있다. 스스로 생각했을 때, 출자금 통장의 돈은 앞으로 2년 내에 쓸 일이 없거나, 이 돈이 없어도 생활이 가능한 수준이어야 한다. 그렇기 때문에 출자금 통장에 처음부터 목돈을 넣는 것보다 매달 일정 금액씩 넣으면서 비상금을 모아가는 것이 좋다. 입금은 수시로 가능하므로 여윳돈이 생길 때마다 출자금 통장에 넣으면 된다. 일 년에 한 번씩 받는 배당금까지 다시 통장에 넣어 돈을 불리면 더욱 좋다.

둘째, 출자금 통장에는 최소 가입 금액만 유지하고 세금 우대형 예적금 상품을 적극 활용하는 방법이다. 비과세 혜택을 포기하고 3,000만 원까지 1.4% 지방세(혹은 농어촌 특별세)만 내는 세금 우대 혜택만 얻는 것이다. 세금 우대 혜택은 어느 정도일까? 목돈 3,000만 원을 금리 2.5%의 시중 은행 예금 상품에 넣어두었을 때와 세금 우대를 받을 수 있는 금리 2.5%의 제2금융권 예금 상품에 넣어두었을 때를 비교해보자. 1년 만기 시, 이자는 각각 다음과 같다.

시중 은행과 제2금융권의 이자 금액 비교		
	시중 은행	제2금융권
발생 이자	75만 원	75만 원
이자 소득세	11만 5,500원(15.4%)	1만 500원(1.4%)
실제 이자	63만 4,500원	73만 9,500원

실제 이자가 10만 5,000원이나 차이가 난다. 저금리 시대에 결코 적다고 할 수 없는 금액이다. 세금 우대형 예적금 상품은 비상금 통장의 용도는 물론 비상금이 확보되고 난 다음 1년 치 연봉 정도의 종잣돈을 모으는 데에 활용하면 좋다.

3,000만 원까지 세금 우대 혜택이 있기 때문에 금액을 잘 배분하는 것이 중요하다. 적금 상품의 경우, 큰 금액을 하나의 적금에 넣기보다는 적은 금액을 여러 개의 적금에 넣는 것이 적금을 유지하는 데 더 유리하다. 출자금이 아닌 상호 금융 조합의 예탁금(예적금) 상품들은 은행에 적용되는 예금자 보호법과 동일하게 원금과 이자를 합하여 5,000만 원까지 보호받을 수 있다. 게다가 비상시에는 예금을 해지하고 인출하는 것이 가능하기 때문에 유동성을 확보할 수 있다는 장점이 있다. 1.4%의 지방세(혹은 농어촌 특별세)만 내는 세금 혜택은 해마다 연장되고 있긴 하지만 가입을 서둘러야 해당 세금 혜택을 누릴 수 있다.

⊘ 상호 금융 조합의 예금자 보호법

은행 혹은 상호 금융 조합이 파산해 고객이 맡겨둔 돈을 돌려주지 못하는 상황이 생겼다고 가정해보자. 두 가지 상황 모두 원금과 이자를 합해 1인당 5,000만 원 한도 내에서 보장받을 수 있다. 다만 보장을 해주는 주체가 다르다. 은행은 예금 보험 공사가 보장을 해주지만, 상호 금융 조합은 그렇지 않다. 각각의 조합들은 대부분 중앙회에서 예금자 보호 기금을 조성하여 운영하고 있다. 만일 A 조합에서 조합원의 예금을 지급하지 못하게 되었을 때, A 조합의 중앙회가 가지고 있는 예금자 보호 기금으로 보장을 해준다.

돈 팁

여러 개의 조합을 가입한 경우, 예금자 보호법이 어디까지 적용될까?

같은 조합이지만 지점이 다른 A 조합과 B 조합을 모두 이용하고 있다면, 예금자 보호법의 보장 범위는 어떻게 될까? 각각의 영업점은 독립적인 금융 회사이다. 그러므로 영업점마다 예금 보호 한도를 5,000만 원씩 적용받을 수 있다. 다만 본점과 지점의 예금은 합산하여 적용된다.

처음부터 과한 욕심을 부리지 말고,

조금씩 그리고 꾸준히 모으는 것에 집중하자.

이 과정을 통해 재테크에 대한 판단력을 터득하게 될 것이다.

비과세는 득이 되기도 하고
독이 되기도 한다

비과세 상품이라고 하면 무조건 좋다고만 생각한다. 하지만 비과
세 상품에는 함정이 있다. 대개 조건이 걸려 있는데, 때로는 이 조
건들이 단단히 발목을 잡는다.

예를 들어, 7년 만기 재형저축은 오직 비과세 혜택을 위해 7년 동
안 돈을 모으기만 해야 한다. 우리나라 3년 만기 적금의 유지율이
30% 정도라는 통계가 있다. 오랜 기간 동안 돈을 묶어두는 일이
현실적으로 어렵다는 사실을 보여준다. 재형저축에 가입을 하더라
도 중도 해지하게 되는 경우가 많아, 실제로 비과세 혜택을 얻는
사람이 적다는 사실을 추정할 수도 있다. 중도 해지 시 이자율은
다르게 적용되므로, 만기를 채우지 못하면 재형저축의 혜택은 유
명무실해진다. 마침내 7년을 채운 경우에도 물가 상승률을 감안한
다면, 과연 큰 이익이 맞는 것인지 헷갈린다. 같은 기간에 재형저축
에 넣었던 돈을 다른 곳에 투자했다면, 수익률은 어땠을까? 장기간
돈을 불입해야 비과세 혜택을 받을 수 있는 상품이라면 한번쯤 더
생각해보고 결정해야 할 것이다.

EP.03

신용 카드와 체크 카드 편

슬기로운 카드 생활

월급이 200만 원이라면,
어떤 카드가 좋을까?

그간 애용했던 '엄카'를 뒤로하고, 번듯하게 자신의 명의로 된 카드를 발급받게 된 사회 초년생들. 과연 얼마나 똑똑하고 현명하게 쓰고 있을까?

결제가 쉽고, 빠르고, 편리한 세상에 살다 보니, 소비 역시 쉽고, 빠르고, 편리해졌다. 카드 사용의 보편화가 이러한 현상을 일으키는 데 한몫했다. 대부분의 사람들이 한두 장씩의 카드를 가지고 있을 만큼 카드는 대표적인 결제 수단으로 꼽힌다. 카드는 혜택이 다양한 신용 카드와 소득 공제에 유리한 체크 카드로 나눌 수 있다. 요즘에는 다양한 종류와 각기 다른 혜택 때문에 적절한 카드를 선택하는 데 어려움을 겪는 사람들도 적지 않다. 그렇다면 어떤 카드를 써야 경제적인 측면에서 좀 더 나을까? 결론부터 말하자면, 신용 카드와 체크 카드를 혼용해서 사용하는 것이 좋다. 이는 두 마리 토끼를 잡는 방법이 존재한다는 뜻이다.

매일같이 카드를 이용하고 있음에도 불구하고 제휴 할인이나 적립과 같은 분명한 목적이 있는 게 아니라면, 그때그때 기분에 내키는 카드를 사용하게 된다. 혜택이 좋은 카드를 발급받고도 전월 실적을 제대로 계산하지 못해 혜택을 놓치기도 하고, 잘 사용하지 않는 카드의 연회비만 내기도 한다. 이 와중에 카드사들은 소비자가 혹하기 쉬운 여러 혜택들을 내걸며 계속 새로운 카드를 출시하고 있다. 언뜻 보면 좋아 보이지만 카드사들은 혜택을 거저 주지 않는다. 반드시 조건들이 덧붙여져 있기 마련이다. 요즘의 밀레니얼들은 예쁜 디자인의 카드가 출시되면 일단 발급부터 받기도 한다. 그러다 보니 일일이 다 사용할 수도 없는 카드들이 지갑만 차지한다. 결제를 할 때 어떤 카드로 써야 할지 매번 난감해지기도 한다. 하지만 현금 대신 카드를 사용하는 가장 큰 이유는 포인트 적립이나 할인 혜택을 받는 등 소소한 지출이라도 줄이기 위해서다. 그러므로 카드의 이점을 잘 알고 활용할 수 있을 때 현금보다 이득일 수 있다.

워낙 수많은 카드가 나와 있기 때문에, 자신에게 딱 맞는 신용 카드 혹은 체크 카드가 무엇일지 고민되는 것은 당연하다. 그렇다면 카드를 선택할 때에는 무엇을 고려해야 할까? 우선 본인의 지출 성향을 파악해야 한다. 가장 많이 지출하는 항목이나 분야에 무이자 할부나 부가 서비스 등의 혜택이 많은 카드를 선택하는 것이 좋다.

그다음 본인의 월평균 지출 규모를 따져야 한다. 혜택을 받기 위해서 전월 사용 금액이 일정액 이상이 되어야 한다는 조건이 걸려 있는 경우가 많기 때문이다. 본인의 소득과 월평균 지출 규모를 감안하지 않고 여러 장의 카드를 발급받는다면, 카드별로 실적 조건을 채우기가 어려워 혜택을 받을 수 없게 된다. 또 필요 이상으로 카드가 많다면, 계획적인 소비 지출이 어려워질 수 있기 때문에 반드시 주의가 필요하다. 사회 초년생의 슬기로운 카드 생활을 위해서 반드시 알아야 할 내용을 정리해보자.

신용 카드

⊘ 신용 카드파 vs 체크 카드파

금융 감독원의 설문 조사 결과에 따르면, 신용 카드 선호도는 69%, 체크 카드 선호도는 16%라고 한다. 신용 카드만 쓰는 사람들은 일정 부분 연회비를 내고, 일상 소비 생활에서 누릴 수 있는 각종 할인과 적립 혜택을 챙기는 데 초점을 둔다. 반면, 현금과 체크 카드로만 생활하는 사람들은 신용 카드는 무조건 빚이라고 생각한다. 신용 카드의 혜택들은 충분히 매력적이지만 씀씀이가 커질 가능성에 대해 걱정하기도 한다.

신용 카드와 체크 카드의 가장 큰 차이는 결제 방식에 있다. 신용 카드는 외상으로 거래하는 결제 방식으로, 본인이 사용한 카드 대금을 익월에 일괄적으로 정산한다. 카드사에서는 개인의 신용을 바탕으로 결제할 능력이 있는지를 따져본 뒤 발급 여부와 결제 가능 한도를 정한다. 반면 체크 카드는 개인 신용과 관계없이 만 14세 이상이면 누구나 발급받을 수 있다. 통장 잔액만큼 돈이 인출되는 시스템으로, 과소비를 예방한다. 또 체크 카드의 소득 공제율은 30%로 신용 카드의 소득 공제율인 15%보다 높다는 장점도 있다.

⊘ 신용 카드 발급 시, 체크해야 할 사항

1. 연회비

무료로 발급해주는 체크 카드와는 달리 신용 카드는 유료 발급이 원칙이다. 바로 연회비 때문이다. 연회비는 적게는 4,000원에서 많게는 200만 원까지 다양하게 분포되어 있다. 연회비가 비싸다는 것은

가성비 좋은 신용 카드(2020년 5월 기준)		
카드 종류	연회비	주요 혜택
씨티 클리어 카드	4,000원	• 대중교통 10% 할인 • 통신비 7% 할인 • 영화 예매 30% 할인
현대카드 ZERO (할인형)	5,000원~1만 원	• 전월 실적 조건 없음 • 결제 시 0.7~1.2% 할인
현대카드 M 시리즈 (통신사 연계형)	1만 5,000원~2만 원	• 통신비 1만 7,000원 ~2만 원 할인

그만큼 제공되는 혜택이 많다는 뜻이다. 사회 초년생에게는 5,000원~2만 원 정도의 연회비를 내야 하는 카드가 적절하다. 혜택 대비 가성비가 좋은 카드를 고르는 것이 좋다.

2. 전월 실적 기준

전월 실적은 직전 달의 카드 사용액을 말한다. 신용 카드의 다양한 할인 혜택을 누리기 위해서는 최소한의 결제 금액이 전제되어야 한다. 전월 실적 기준은 보통 30만 원이지만, 카드에 따라서 20만~50만 원까지 다양하다.

통신, 대중교통, 카페 등 본인에게 가장 필요한 한 가지 할인 혜택을 정하고, 그에 맞는 카드를 고르면 된다. 이때 전월 실적 기준이 적을수록 좋다. 예를 들어, 한 달 카드 소비액이 30만 원인 사람이 통신비 할인을 받기 위해 매달 50만 원씩 써야 한다면, 이는 카드 선택을 잘못한 것이다. 전월 실적을 채우는 것 때문에 불필요한 소비를 하지 않도록 전월 실적 기준을 반드시 체크해야 한다.

3. 최대 할인 한도

신용 카드의 솔깃한 할인 혜택 뒤에 숨겨진 통합 할인 한도에 주목해야 한다. 신용 카드의 할인 혜택은 무한정으로 주는 것이 아니다. 반드시 한도가 정해져 있기 때문에 실제 할인 금액은 기대했던 금액보다 적다. 예를 들어 '스타벅스 할인' 혜택을 누리고자 매일같이 스타벅스를 이용했는데 알고 보니 한 달에 1회의 횟수 제한이 있거나, 최대 할인 한도가 겨우 1,000원일 수도 있다. 이렇듯 변변찮은 혜택에 속지 않도록 주의해야 한다.

⊘ 할부 결제, 분할 결제, 선결제

신용 카드의 좋은 점 중 하나는 무이자 할부 결제가 가능하다는 것이다. 할부 결제는 결제 시 선택한 개월 수에 걸쳐, 돈을 나누어 납부하는 방식이다.

분할 결제라는 것도 있다. 이를 할부 결제와 같은 개념이라고 생각하는 사람들이 있는데, 전혀 다른 결제 방식이다. 이미 청구된 카드값을 나누어 내겠다고 신청하는 게 분할 결제다. 카드사가 이를 공짜로 가능하게 해줄까? 당연히 그럴 리가 없다. 카드사마다 다르지만, 보통 분할 결제 수수료는 기본 수수료보다 높은 편이다. 게다가 할부 개월 수가 길어질수록 할부 이자는 증가한다.

신용 카드를 쓰면 돈이 빠져나가는 날짜가 정해져 있는데, 선결제는 결제일이 되기 전에 먼저 금액을 납부하는 것이다. 실적을 채우고 바로 선결제를 하면, 불필요한 소비를 하지 않는 데 도움이 될 뿐만 아니라, 개인 신용 점수를 관리하는 데에도 좋다. 카드사마다 다르지만 선결제 시 일정 금액을 할인해주는 혜택도 있다.

⊘ 카드 혜택을 다 챙기기 힘들다면?

요즘은 카드 실적을 체크해주는 앱이 매우 잘 나와 있다. 대표적으로, '뱅크샐러드', '시럽 월렛', '브로콜리' 등을 꼽을 수 있다. 여러 장의 카드 사용 실적을 실시간으로 체크해주기 때문에, 다수의 카드를 보유하고 있다면 꼭 이용하길 추천한다. 앱을 통해 실적을 체크하고, 모자란 실적을 채워나가면 된다. 반대로 실적이 채워진 카드는 쓰지 않는 습관을 들일 때도 유용하다.

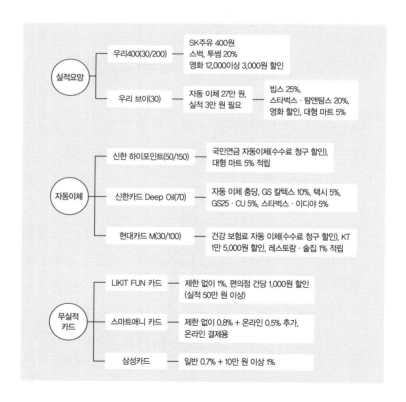

꼭 앱이 아니더라도 어떤 카드를 우선적으로 써야 하는지 우선순위를 정하고, 할인 혜택, 전월 실적 등을 아래와 같이 간단하게 정리해 휴대폰에 저장해도 좋다. 이러한 작은 일들은 카드를 효율적으로 쓰는 것은 물론 현명한 소비를 하는 데 큰 도움이 된다.

신용 카드를 해지하면, 연회비는 어떻게 될까?

카드를 해지해도 연회비는 돌려받을 수 있다. 단, 전액은 아니다. 신용 카드를 해지한 날부터 잔여기간 동안의 연회비 중 실비를 제외하고 일할 계산해 반환할 금액을 산정한다. 이때 실비는 카드 발급 비용, 부가 서비스 사용액 중 연회비에 포함된 비용 등을 뜻한다.

연회비가 이미 납부되었더라도, 일정액의 연회비를 환불받고 해지할 수 있으니 불필요한 카드는 해지하는 것이 맞다.

신용 카드를 발급받으면 돈을 준다고?

카드 설계사를 통해 신용 카드를 발급받으면 일정 금액의 현금을 받을 수 있는 페이백 혜택이 있다. 카드 설계사는 신규 카드 발급 실적에 따라 카드사로부터 건당 40만~50만 원의 수당을 받는다. 카드사가 카드 설계사에게 지급하는 수당의 일부를 고객에게 나누어 줌으로써, 더 많은 고객을 유치하겠다는 일종의 마케팅 전략으로 볼 수 있다.

현재 관련법에 따르면, 대면 모집 시 연회비의 10%, 온라인 모집 시 연회비까지만 현금 지원이 된다. 연회비에 비해 과도한 현금 지원을 해준다는 광고가 있다면, 이는 의심해봐야 한다. 불법이거나 개인 정보를 빼내려는 사기인 경우도 많다.

체크 카드

⊘ 내가 가진 현금, 체크 카드

체크 카드는 계좌에 있는 금액만큼만 일시불로 사용 가능하다. 신용 카드와 달리 연회비가 없고, 전월 실적 조건이 없는 경우도 많다. 또한 통장에 있는 금액 내에서만 결제가 이루어지기 때문에 과소비를 방지한다. 이에 반해 큰 금액을 결제해야 할 때 나누어 납부할 수 있는 할부 형태가 없다는 단점이 있다.

목돈이 많지 않을수록 체크 카드를 사용하는 것이 낫다. 지출할 때마다 통장의 잔액을 파악할 수 있기 때문에 소비를 조절할 수 있다. 요즘에는 체크 카드도 신용 카드 못지않은 할인과 적립 혜택을 제공하고 있으므로, 체크 카드만 사용해도 아쉬울 것은 없다.

⊘ 갑자기 카드 잔액이 부족하다면?

체크 카드만 쓰는 사람들은 가끔 다음과 같은 민망한 상황에 직면하기도 한다. 친구들 앞에서 "오늘은 내가 쏠게!" 하고 시원하게 카드를 긁었는데, 체크 카드의 잔액이 부족한 상황이 발생하는 것이다. 이때 대처가 가능하도록 체크 카드에 '하이브리드' 기능이 생겼다. 쉽게 말해, 체크 카드에 신용 카드 기능이 추가된 것이다. 잔고가 없을 때 정해진 한도 내에서 신용 카드처럼 이용할 수 있다. 다만 이용 한도는 조금 낮으며, 연체 금액이 발생할 경우에는 연체 이자율이 부과된다. 체크 카드로 결제된 금액에 대해서는 당연히 30%의 소득 공제율이 적용되지만, 신용 결제가 이루어진 금액에 대해서는 15%의 소득 공제율이 적용된다.

⊘ 현금 IC 카드

가끔 다이소 같은 곳에서 '현금 IC 카드 결제 시, 결제 금액의 0.5% 현금 입금'이라는 문구를 종종 보게 된다. 현금 IC 카드를 체크 카드의 한 종류라고 오해하는 사람도 있다. 하지만 현금 IC 카드란, ATM 기계에서 현금 입출금이 가능한 카드다. 대부분의 체크 카드에는 현금 IC 카드 기능이 포함되어 있다. 카드 결제 시 현금 IC 카드 기능이 우선 결제되기 때문에 직불 결제 서비스처럼 처리된다. 단, 현금 IC 카드 결제 금액은 체크 카드 실적에 포함되지 않는다.

체크 카드와 현금 IC 카드의 차이점	
체크 카드	현금 IC 카드

• 카드사 거래로 분류된다.
• 영수증에 카드 번호가 찍힌다.
• 카드 거래 시 카드 수수료가 있다.
• 할인 혜택은 캐시백 형태이므로
  즉시 할인되지 않는다.
• 거의 모든 가맹점에서 사용
  가능하다.
	• 통장 계좌 거래로 분류된다.
	• 영수증에 통장 계좌 번호 앞자리가 찍힌다.
	• 결제 시 현금 IC 카드 결제 의사를 밝혀야
	  한다.
	• 가맹점 입장에서 수수료가 적다.
	• 소비자 입장에서 즉각적인 할인 혜택이 있다.
	• 한정적인 가맹점에서 사용 가능하다.
	  (신세계/이마트 계열, 현대백화점,
	  대구백화점, 그랜드백화점, AK 플라자,
	  CU, 다이소, 스타벅스 등)

⊘ 신용 카드와 체크 카드 사용 노하우

신용 카드와 체크 카드 중 한 가지만 고집하기보다는 적절하게 혼용하면 신용 관리에 도움이 된다. 체크 카드만 많이 사용하는 사람보다, 신용 카드를 가지고 있는데 체크 카드를 많이 사용하는 사람의 신용 등급이 높기 때문이다.

연말 정산 시에도 신용 카드와 체크 카드를 적절히 써야 더 많은 환급금을 받을 확률이 높아진다. 총소득에서 25%를 넘는 금액에 대해서는 신용 카드 15%, 체크 카드 30%의 소득 공제율이 적용되어 최대한도 300만 원까지 소득 공제가 된다. 일단 혜택이 많은 신용 카드로 총소득의 25%를 사용한 뒤에, 소득 공제가 적용되는 구간부터는 소득 공제율이 두 배 더 높은 체크 카드를 사용하면 절세 혜택을 최대로 누릴 수 있다. 총소득의 25%를 소비하지 않는 사람이거나, 연봉 대비 지출이 과도하게 높은 사람들은 혜택이 많은 신용 카드를 사용하는 것이 낫다.

사용 금액에 따른 카드 선택 방법	
사용 금액	신용 카드 vs 체크 카드
~ 급여액의 25%	신용 카드
급여액의 25% ~ 공제 한도 300만 원	체크 카드
공제 한도 300만 원 이상 ~	신용 카드

⊘ 고정 지출은 신용 카드, 변동 지출은 체크 카드

가장 추천하고 싶은 카드 사용 방법은 고정 지출과 변동 지출을 구분해 카드를 쓰는 것이다. 신용 카드의 혜택을 이용하기 위해서는 보통 30만 원 정도의 전월 실적을 채워야 한다. 매달 꼬박꼬박 나가는 고정 지출을 신용 카드로 결제하면, 비교적 쉽게 전월 실적 조건을 채울 수 있다. 고정 지출은 집세(임대료), 공과금, 통신비, 4대 보험 등이 있다. 또, 생수를 비롯한 식료품, 샴푸, 비누와 같은 생필품이나 반려동물이 먹을 사료 등 고정적으로 나가는 지출도 신용 카드로 결제하는 것이 좋다. 이때 카드사의 카드 실적 인정 기준이 자주 바뀌는 편이니, 수시로 확인할 것을 권한다.

사회 초년생들은 잦은 구직과 이직으로 인해 수입 변동성이 큰 시기이므로 최대한 빚을 만들지 않는 것이 중요하다. 따라서 고정 지출을 제외한 나머지 변동 지출은 체크 카드를 사용하는 방식을 택하며, 충동구매와 과소비를 줄이는 것이 낫다. 또 값비싼 물건을 살 때는 웬만하면 일시불로 사는 것이 좋다. 무이자 할부는 결국 빚이며 카드 실적 반영 시에도 첫 달 결제 금액만 적용되므로, 무이자 할부의 유혹에 넘어가서는 안 된다.

대부분의 카드사에서 실적으로 인정하지 않는 내용
• 거래 취소 금액(매출 취소 금액) • 단기 카드 대출(현금 서비스)과 장기 카드 대출(카드론) • 연회비, 각종 수수료, 연체료 • 기프트 카드 및 상품권 구매 금액, 선불 카드 충전 금액 • 무이자 할부 이용 금액 • 포인트 사용 금액

⊘ 내게 맞는 카드 고르기

잘 알아보지도 않고서는 그럴듯해 보이는 카드사 광고에 현혹되거나, 디자인이 예쁘다는 이유로 카드를 선택하는 일은 없어야 한다. 카드사에서 제공하는 혜택을 중점적으로 따지는 것이 최우선이다.

누구나 혜택이 제일 좋은 카드를 사용하고 싶을 것이다. 그러나 이 세상에 그런 카드는 정해져 있지 않다. 혜택을 많이 받을 수 있는 카드는 사람마다 다르다. 영화 마니아, 커피 마니아, 대중교통 출퇴근족 등 개인마다 소비 패턴이 다르기 때문에 카드를 발급받기 전 본인의 소비 성향을 알아보고, 어떤 분야에서 가장 많은 소비가 이루어지고 있는지 파악하는 것이 필요하다.

하지만 본인에게 적합한 카드를 찾고 싶을 때 다음과 같은 방법을 활용하면 도움이 될 것이다.

| 방법 1 | 네이버 이용하기

네이버 검색창에 '신용 카드'라고만 검색하면, 혜택과 가맹점 등을 선택할 수 있는 카테고리가 나온다. 그중 원하는 항목을 선택하면 그 항목에 대한 이점이 있는 카드를 자동으로 추천해준다.

연회비, 가맹점 할인율, 통합 할인 한도 등을 확인하고 본인에게 가장 잘 맞는 카드를 선택해 발급받으면 된다. 운이 좋다면 연회비를 지원해주는 카드를 발견할 수도 있다.

| 방법 2 | 카드고릴라 이용하기

출처: 카드고릴라 웹 사이트

카드를 추천해주는 대표적인 웹 사이트가 있다. 바로 '카드고릴라(www.card-gorilla.com)'이다. 이곳에서는 여러 가지 신용 카드를 비교하고 분석해 정보를 제공한다. 현재 어떤 카드가 인기를 얻고 있는지도 알 수 있다. 카드 타입별, 인기 혜택별, 카드사별, 연회비별, 전월 실적별 순위 등을 파악할 수도 있으며, 조건별 혹은 키워드별 검색으로 적합한 카드를 찾을 수 있다. 또 금융 트렌드, 카드 활용 꿀팁 등의 콘텐츠도 나와 있으니 이를 적극적으로 활용해도 좋다.

현명한 카드 선택만으로
쓸 것 다 쓰면서도 아낄 수 있다.

돈은 없는데,
사고 싶은 건 많은 이들에게

갖고 싶은 것도 많고, 필요한 것도 많을 것이다. 사회 초년생뿐만 아니라, 모든 이들이 다 그럴 것이다. 돈을 버는 일은 쉽지 않은데, 돈을 쓰는 일은 너무나 쉽다. 특히 신용 카드를 쓰면 더 쉬워진다. 신용 카드는 무이자 12개월, 더 나아가 무이자 24개월의 혜택을 내세우면서 과소비를 부추기고 있다. 그 혜택이 진정한 '혜택'인지는 의문이지만 말이다.

바쁜 일상과 끊임없는 경쟁, 소모적인 인간관계까지 이 모든 굴레에서 자유롭지 못한 사회 초년생들은 버거운 직장 생활의 스트레스를 무엇이든 '지를 수 있는' 용기를 주는 신용 카드에 기대어 버티고 있는 게 아닐까? 소비가 최고의 힐링이 되어버린 시대이니까. 돈을 아예 안 쓸 수 없다면 슬기로운 카드 생활을 통해 현명한 소비를 하는 것을 추천한다. 어차피 나가는 게 돈이라고 생각하지 말고, 이왕이면 똑똑하게 써야 하는 게 돈이라고 생각하길 바란다.

보험 편

반드시 알아야 할 보험 가입 순서

보험, '눈탱이' 맞지 않고 제대로!

대부분의 사회 초년생들은 직접 보험에 가입해본 경험이 없을 것이다. 어렸을 때 부모님이 대신 가입하는 경우가 일반적이기 때문이다. 이제 보험이 무엇인지 생각할 때이다. 간단히 말하면, 보험은 미래에 닥칠 수 있는 경제적 위험에 대비하여, 보험사에 일정 금액의 보험료를 내고 보험사로 경제적 위험을 넘기는 것이다. 저축이나 투자의 수단이 아니라 위험에 대한 방어 수단이다. 그러므로 매달 나가는 통신비, 관리비처럼 '비용'으로 보는 것이 합리적이다. 어느 날 갑자기 큰 병에 걸렸을 때, 치료비와 생활비로 인해 발생할 수 있는 생계의 위험을 미리 대비하는 비용으로 생각해야 한다.

연령대와 소득 수준에 맞는 보험의 가입 순서 그리고 적정 보험료까지 보험에 가입할 때 알아두어야 핵심적인 내용을 알아보자.

보험의 개념과 종류

⊙ 매달 나가는 보험료를 계산해보자

우리나라의 GDP 대비 연간 보험료의 비중은 세계 4위일 정도로 높은 편이다. 버는 돈에 비해 과도한 보험료를 내고 있다는 뜻이기도 하다.

미국 국제공인재무분석사협회(CFA)에서는 적정 보험료를 소득의 8% 수준으로 권장하고 있다. 이 기준대로라면 급여가 200만 원인 경우 보험료는 16만 원 정도로 산정된다. 자동차 보험, 암 보험, 실비 보험 등 모든 보장성 보험료를 모두 합해 16만 원 이내로 해결하는 것이 적절하다. 하지만 이 수치는 미국인들의 생활을 고려한 것이고, 우리나라에서는 소득의 5~8% 정도면 알맞다고 본다.

권장 사항이기 때문에 반드시 지켜야 할 필요는 없지만, 매달 소득의 8%가 넘는 보험료를 내고 있다면 보험 다이어트를 고려해야 하는 상황이다.

헷갈리기 쉬운 보험 용어

- **계약자와 피보험자, 보험 수익자:** 계약자는 보험 가입 후 보험료를 납부하는 사람이고, 피보험자는 보험 가입 후 실질적인 보장을 받는 사람이다. 보험 수익자는 보험금을 수령하는 사람으로, 생존 시 수익자는 계약자, 사망 시 수익자는 법정 상속인이다. 수익자는 상황에 따라 지정할 수도 있다.
- **보험료와 보험금:** 보험료와 보험금은 엄연히 다른 개념이다. 보험료는 매월 꾸준히 내는 보험 비용이며, 보험금은 사고가 발생했을 경우 보험사가 보험 수익자에게 지급하는 비용이다.
- **무배당과 유배당:** 보험 광고에서 들어본 단어일 것이다. 보험사는 고객의 돈을 받고 그 돈을 투자해 돈을 불린다. 만약 이익이 발생하면 배당의 형태로 고객에게 돌려주어야 한다.

  무배당 상품은 수익이 생겨도, 이를 가입자에게 정산하거나 환급해주지 않는다. 법적으로 반드시 고객에게 무배당 상품이라는 점을 고지해야 할 의무가 있기 때문에, 광고에서 특히나 강조하는 것이다. 그렇기 때문에 종종 무배당 조건이 붙는 상품을 좋은 것이라고 오해하기도 하는데, 전혀 그렇지 않다. 반면 유배당 상품은 배당금을 주는 형태인데, 요즘은 유배당 보험이 거의 없어지고 있다. 이러한 이유로 무배당 보험은 유배당 보험보다 보험료가 저렴한 편이다.
- **갱신형과 비갱신형:** 갱신형은 보험가 일정 기간마다 인상되는 상품으로 보험료를 내고 있는 동안에만 보장 혜택을 받을 수 있다. 반면에 비갱신은 초기 보험료가 고정되는 상품이다. 예를 들어 20년 납입, 100세 만기인 상품의 경우 20년 동안 보험료를 똑같이 내고 100세까지 보장을 받는 상품이라는 의미이다.

20~30대의 경우, 단독 실비 보험과 암 보험을 합해도 보험료가 3만 원 이내에서 해결되는 시대이다. 어떤 보험에 가입되어 있는지, 매달 나가는 보험료는 얼마인지 반드시 계산해보자.

⊘ 최소한의 보험료로 최대한의 보장받기

보험 가입에도 우선순위가 존재한다. 과도한 보험료를 내고 있는 사람들 중에는 지금 가입할 필요가 없는 보험 상품에 가입되어 있거나, 비슷한 보험이 여러 개이거나, 진단비를 높게 설정한 경우가 대부분이다.

특히나 사회 초년생들은 아무리 잘 설계된 보험이더라도, 유지하기가 어렵거나 돈을 저축하지 못하면서 보험료만 내고 있는 상황이라면 다시 보험 설계를 해야 한다. 반드시 알고 있어야 하는 세 가지 보험에 대해 살펴보자.

1. 실비 보험

실비 보험(실손 보험)은 병원 혹은 약국에서 실제로 사용한 의료비를 보상해주는 보험이다. 국가에서 실시하는 건강 보험에서 대부분의 의료비를 부담해주고 있지만, 실비 보험은 급여 항목의 90%, 건강 보험이 적용되지 않는 비급여 항목에 대해서도 80% 가량의 의료비를 돌려받을 수 있기 때문에 많은 사람들이 가입하고 있다.

20~30대의 경우 한 달에 2만~3만 원, 특약이 붙지 않는 단독 실비 보험은 1만 원 미만의 보험료만 내도 되는 상품도 많은 만큼 보험료가 저렴하다. 다른 보험에 비해 상대적으로 이용할 일이 많으므로 가장 먼저 준비해야 하는 보험이다.

예전에는 의료비를 청구하는 절차가 번거롭다는 이유로 실비 보험을 활용하지 못하는 사람들이 많았지만, 요즘에는 앱을 통해서 1만 원대의 소액 의료비도 손쉽게 청구 가능하다. 가입일 기준으로 5년 내의 질병 및 사고 이력이 중요한데, 중대한 질병이나 만성 질

돈 팁

잘못 처리된 비급여 진료비, 돌려받을 수 있을까?

일반적으로 건강 보험 혜택이 적용되는 진료 항목을 급여, 그렇지 않은 항목은 비급여라고 한다.

의료 시스템을 보완하는 차원에서 비급여 항목을 급여 항목화하고 있다. 그럼에도 병원에서는 제때에 반영하지 못할 때가 있다. 급여 처리가 되어야 하는 것을 비급여로 잘못 판단해서

출처: 건강 보험 심사 평가원 웹 사이트

환자에게 비용이 과다 청구가 된 경우, 건강 보험 심사 평가원(심평원)의 '비급여 진료비 확인 요청 서비스'를 이용하면 된다. 해당 기관의 웹 사이트(www.hira.or.kr)를 통해 확인 가능하다. 비급여 항목이 아니라 건강 보험 대상으로 확인되면, 병원에서 환불받을 수 있다.

환이 있으면 일반 실비 의료 보험은 가입이 어려울 수 있다.

2. 암 보험

한국인의 사망 원인 1위는 암이다. 4인 가족 중 1명이 암 진단을 받을 정도로 암은 흔한 질병이지만, 의학 기술의 발달로 암 사망률은 점점 낮아지고 있다. 그럼에도 불구하고 매년 10만 명에 가까운 암 환자들이 목숨을 잃고 있다고 하니, 암은 여전히 두려운 질병이다. 그래서 암에 대한 보장을 해주는 보험을 준비하면 좋다.

암 치료 기간은 1년 이상의 장기적인 경우가 일반적이다. 치료비는 물론 투병 기간에 발생하는 생활비까지 합하면, 경제적 비용에 대한 부담이 만만치 않다. 따라서 평소 암에 대한 최소한의 대비는 해야 할 것으로 보인다. 암 보험 역시 한 달에 1만 원대의 가성비 좋은 상품들이 출시되어 있으므로 잘 살펴보길 권한다. 특히나 가족력이 있는 사람들은 더 철저하게 준비하는 것이 좋다.

3. 종신 보험

종신 보험은 피보험자가 죽었을 때 보험금을 지급하는 생명 보험으로, 사망했을 때 남겨진 가족들에게 보험금이 지급된다. 이러한 이유로 종신 보험은 가족의 생계를 실질적으로 책임지고 있는 경제적 가장들에게 필요한 보험이다. 자신의 부재가 가족의 생계로 직결될 수 있는 사람이라면, 남녀노소 누구나 고민해볼 수 있다. 하지만 그렇지 않은 사람들 중 실비 보험이나 암 보험은 제쳐두고, 덜컥 종신 보험부터 가입하는 사람들이 있다. 그게 꼭 나쁘다는 건 아니지만 순서가 뒤바뀐 것만은 확실하다. 종신 보험은 결혼을 해서 가정을 이루고, 아기가 태어났을 때 가입해도 늦지 않다.

사망 원인에 관계없이 평생 보장하는 보험이기 때문에 다른 보험에 비해 보험료가 비싸다. 또 납입 기간이 20년 정도이거나 종신(사망 시까지)인 경우도 많다. 납입 기간이 길어질수록 한 달 보험료

내 명의로 가입된 보험 상품 찾기

자신이 가입한 보험을 찾아주는 웹 사이트가 있다. 생명 보험 협회와 대한 손해 보험 협회가 공동 개설한 '내보험 찾아줌(cont.insure.or.kr)'이 바로 그것이다. 별도의 회원 가입 절차 없이, 공인 인증서나 휴대폰 인증만 거치면 가입되어 있는 보험 목록을 확인할 수

출처: 내 보험 찾아줌 웹 사이트

있다. 보험사는 물론, 상품명, 보험 계약 상태, 보험 기간 등이 상세히 나와 있다.

요즘에는 '토스', '뱅크샐러드', '굿리치', '보맵' 등 금융 앱을 통해서도 간편하게 보험 가입 내역을 확인할 수 있다. 토스와 뱅크샐러드의 경우, 맞춤형 서비스를 제공하기도 한다. 토스에서는 나이를 기준으로 어떤 항목에 대한 보장이 부족하고, 어떤 항목이 중복 보장되어 있는지 알 수 있다. 뱅크샐러드는 건강 검진 결과를 분석해서 강화가 필요한 보장 항목을 알려주기 때문에 보험을 새로 설계할 때 도움이 된다.

는 줄지만, 긴 납입 기간이 부담스러운 것은 사실이다. 물론 중도 해지가 가능하나, 오랜 기간 납부해도 해지 환급금이 많지 않아 원금 손실이 발생한다는 문제도 있다.

최근에는 40~58세 사이에 연금으로 전환이 가능한 종신 보험 상품도 있다. 그러나 납부한 보험료의 총액이 아닌 해지 환급금 내에서 연금을 주는 경우가 많기 때문에 세부 내역을 잘 살펴봐야 한다.

장기간 납부하는 보험이므로 만기 시 물가 상승에 따른 화폐 가치 하락 또한 생각해야 할 문제다. 20년 동안 열심히 보험료를 내고 1억 원을 받았다고 가정해보자. 1억 원의 가치는 20년 사이에 많이 달라져 있을 것이다. 경제 성장률을 정확히 예측할 수는 없지만 시간이 지날수록 돈의 가치가 떨어지는 건 분명하다. 만일 종신 보험을 보장이 아닌 저축의 목적으로 가입한 사람들이 있다면, 다른 방법을 모색하는 것이 낫다. 분명히 말하지만 종신 보험은 저축도, 연금도 아니다.

⊘ 보험 가입에도 순서가 있다

앞서 설명한 실비 보험, 암 보험, 종신 보험 이 세 가지 보험을 기반으로, 보험 가입 순서를 추천하고자 한다. 물론 이 기준은 최소한의 가이드라인으로 정답은 아니다.

경제 활동 단계에 따른 보험 가입 단계			
	실비 보험	암 보험	종신 보험
비경제적 활동기 (학생/취준생)	○	△	×
경제적 활동기 (미혼자/비혼자)	○	○	×
경제적 활동기 (기혼자)	○	○	△

1. 비경제적 활동기(학생/취준생)

경제 활동을 하고 있지 않는 학생이나 취준생, 혹은 백수의 경우 딱한 가지 보험에 가입해야 한다면, 무조건 실비 보험을 추천한다. 과거에는 실비 보험을 포함해 다양한 보장 특약들이 함께 구성되어 있는 종합 보험 형태가 대부분이었지만, 지금은 가성비 좋은 단독실비 보험이 다양하게 출시되고 있다. 1만~2만 원대의 단독 실비보험만 가입해도 감기나 몸살, 골절 등 가벼운 치료에 대해 보장받을 수 있다. 특약으로 암, 뇌혈관, 심혈관 등 우리나라 3대 질환에 대한 진단비를 추가로 구성하는 것도 좋다. 치료비는 물론 생활비까지보장받을 수 있으므로, 실속 있는 혜택을 받을 수 있다. 20~30대는대개 3만~4만 원대의 보험료를 내는 상품이면 충분하다.

2. 경제적 활동기(미혼자/비혼자)

경제 활동을 하고 있지만 아직은 미혼으로 부양해야 할 가족이 없는 사람들은 실비 보험과 암 보험에 가입하면 좋다. 암과 같은 중병에 걸렸을 때 가장 큰 문제는 경제 활동이 중단된다는 점이다. 치료비는 실비 보험을 통해 어느 정도 보장받더라도, 치료 기간 동안의 생활비는 부담될 것이다. 이 같은 경우를 대비하기 위해, 암 보험에 가입해 진단비를 받으면 경제적 부담을 조금이나마 덜 수 있다. 암 진단비 금액을 정할 때는 자신의 연봉을 기준으로 삼으면 된다. 치료 기간을 최소 1년 정도로 잡고 이 기간 동안 경제 활동을 할 수 없다고 가정해보면, 본인의 1년 치 연봉 금액 정도를 진단비로 준비하는 것이 합리적이다.

암 보험에 가입할 때에는 두 가지를 반드시 체크해야 한다. 보장 내용에 소액암(유방암, 남녀 생식기암, 대장 점막내암)이 포함되어 있는지, 또 유사암(갑상선암, 상피내암, 경계성 종양, 기타 피부암)의 보장은 얼마큼 받을 수 있는지 살펴야 한다. 최근에는 많은 보험사가 보장 범위와 보장 금액을 줄이는 추세이다. 특히 발병률이 높은 암은 보장 범위를 축소하기도 하고 교묘하게 보장 범위를 제한하는 것도 있으니 주의해야 한다.

3. 경제적 활동기(기혼자)

부양해야 할 가족이 생겼다면 종신 보험 가입을 고려해도 괜찮다. 이때부터는 종신 보험 외에도 실비 보험이나 암 보험 등에서 암, 뇌혈관, 심혈관 등에 대한 대비를 강화해도 좋다. 또 가족력을 중심으로, 질병에 걸릴 확률이 높은 부분에 대한 진단비를 상향 조정하여 보험을 리모델링을 하는 것도 추천한다.

단, 보험을 해지할 때는 주의가 필요하다. 예전에 가입한 보험이 새로 출시된 보험보다 보장 범위가 넓은 경우도 많기 때문이다. 그러므로 무조건 해지하기 전에 현재 가입되어 있는 보험에서 부족한 부분을 보완할 수 있는지 찾아보자.

보험 가입 요령

⊙ 보험 가입 시 고려해야 할 것

1. 보장 기간 80년과 보장 기간 100년

요즘에는 가입 조건으로 20년 납입, 100세 만기로 지정되어 있는 보험 상품이 대부분이다. 100세까지 보장 기간이 필요하냐고 되묻는 사람들도 있지만 수명이 점점 길어지고 있다는 점을 반영했을 때는 합리적이라고 볼 수 있다. 또, 우리나라 암 발병률을 살펴보면 40대는 18%, 50대는 29%, 60대는 30%, 70대는 16.3%로, 50~60대가 가장 위험에 노출되어 있다. 그러므로 보장 기간이 60~70대로 비교적 짧다면 좀 더 길게 전환하는 것이 좋다.

2. 갱신형과 비갱신형

갱신형은 월 납입금이 비교적 낮은 대신 갱신 시 보험료가 상승될 뿐만 아니라 평생 동안 납부해야 된다는 부담감도 있다. 비갱신형은 상대적으로 보험료는 비싸지만, 납입 기간이 정해져 있어 일정 기간만 부담하면 보장 혜택을 길게 받을 수 있다.

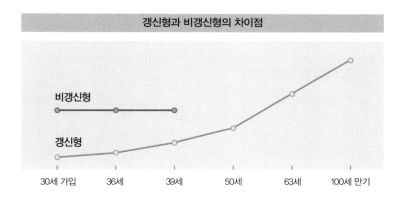

갱신형과 비갱신형의 차이점

갱신형과 비갱신형의 특징

	갱신형	비갱신형
초기 보험료	저렴함	상대적으로 비쌈
보험 기간	1년, 3년, 5년 단위로 갱신	갱신 없음
납입 기간	만기까지 납입	10년, 20년 등 가입 시 설정한 특정 기간 납입(보장 기간보다 납입 기간이 짧은 경우가 많다.)
보험료 변동	갱신 시 보험료 변동	납입 기간 동안 변동 없음
선호 계층	보험료가 부담되는 40~50대 이상	경제 활동이 왕성한 20~30대

일반적으로 보험은 주계약과 몇 개의 특약 형태로 운영되므로 주계약은 비갱신형으로 가입해 평생 보장받고, 일부 특약은 갱신형으로 가입하는 것을 추천한다.

노년층은 갱신형이, 청년층이나 중년층은 비갱신형이 유리할 수 있다. 하지만 다양한 보험 상품이 설계되고 있는 만큼 비교 및 분석해보고 보험에 가입하길 추천한다.

⊘ 보험 나이가 따로 있다

보험 설계사에게 보험 견적을 받을 때 "○○세까지 가입하지 않으면 보험료가 더 비싸진다."는 말을 들어본 적이 있을 것이다. 소비

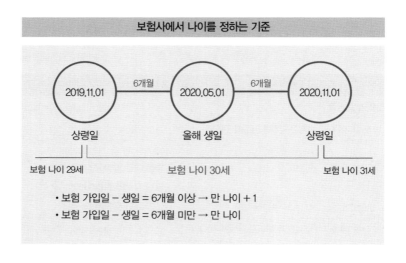

보험사에서 나이를 정하는 기준

2019.11.01
상령일
보험 나이 29세

6개월

2020.05.01
올해 생일
보험 나이 30세

6개월

2020.11.01
상령일
보험 나이 31세

• 보험 가입일 − 생일 = 6개월 이상 → 만 나이 + 1
• 보험 가입일 − 생일 = 6개월 미만 → 만 나이

심리를 자극해 당장 보험에 가입시키려는 목적도 있겠지만, 보험에는 보험 나이 즉 '상령일'이 따로 있기 때문이기도 하다. 보험사에서는 한국식 나이도 아니고, 만 나이도 아닌 보험 나이를 쓰고 있다. 보험 나이는 6개월을 전후로 바뀌게 된다.

보험 나이가 증가하면 평균 보험료가 5~10% 정도 증가한다. 연령대에 따라 보험 가입이 되지 않을 수도 있고, 하루 차이로 보험료가 달라지기도 하므로 자신의 보험 나이를 꼭 알고 있는 것이 좋다.

⊙ 비대면 가입과 대면 가입

사회생활을 시작하면 보험 한두 개쯤은 얼떨결에 가입하게 된다. 엄마 친구, 아무개의 지인, 선배, 후배, 친척, 사돈의 팔촌 등 주변의 부탁이나 권유를 받으면 그렇게 된다. 물론 지인이 내 소득 수준이나 가족력 등을 고려해 좋은 혜택만 쏙쏙 뽑은, 잘 설계된 보험 상품을 소개해줄 수도 있다. 하지만 보험 설계사를 도와준다는 마음이다 보니, 나이에 맞지 않거나 과한 보장 내용이 포함된 상품에 가입해 과도한 보험료를 내고 있는 사람들도 적지 않다. 보험 역시 잘 알아보고 가입해야 해야 그 혜택을 제대로 누릴 수 있다.

요즘은 보험도 비대면으로 가입할 수 있다. 꼭 보험 설계사를 통하지 않더라도 TV, 홈쇼핑, 온라인 홈페이지 등을 통해 혼자서 가입이 가능하다. 대면 수수료가 없기 때문에 보험료가 조금 낮아지는 경향도 있다.

다만, 모든 보험을 비대면으로 가입하는 게 유리하지는 않다. 비대면 가입과 대면 가입의 장단점을 살펴보고 보험의 종류에 따라 선택하면 된다. 보험에 가입한 이후 관리가 더 중요하다면 보험 설계사와 대면해 가입하는 것이 좋고, 보험에 가입한 이후 관리가 필요하지 않다면 비대면으로 가입하는 것이 좋다.

보험 설계사의 관리가 필요한 보험과 그렇지 않은 보험	
가입 후 관리가 더 중요한 보험	관리가 필요하지 않은 보험
실비 보험, 자동차 보험 실비 보험과 자동차 보험은 다른 보험에 비해 상품 설계 차이가 크지 않다. 하지만 질병, 상해, 자동차 사고는 사후 보상을 받을 때 숙련된 보험 설계사의 조언이 필요하다.	**질병 종합 보험, 종신 보험** 표준화된 실비 보험과 달리 수많은 특약을 선택할 수 있는 질병 종합 보험의 경우, 가입 전에 가족력이나 원하는 보장 등을 충분히 살펴본 다음 그에 맞는 상품을 선택하면 된다.
변액 보험 변액 보험은 이름 그대로 금액이 변하는 보험이다. 펀드에 투자하는 보험이므로 계약자가 펀드를 선택하고 펀드의 종류와 비율을 변경할 수 있다. 이를 관리하는 것이 어려울 수 있으므로 적절한 조언을 해줄 수 있는 사람이 필요하다.	**저축성 보험** 보장보다는 저축을 목적으로 하는 보험을 저축성 보험이라고 한다. 펀드 관리가 필요한 변액 보험이 아닌 경우, 은행의 적금처럼 이자를 받는 형식이라 가입 이후에는 관리할 여지가 없다. 오히려 장기적인 저축이 가능하도록 금액을 잘 설정한 후 완납해, 비과세나 연금 수령과 같은 혜택을 누리는 것이 좋다.

보험의 함정

⊘ 종신 보험의 속임수

최근 SNS를 비롯한 온라인상에서 10년간 월 7~10만 원을 투자하면 쏠쏠한 수익을 얻을 수 있다는, 일명 '짠테크' 상품 가입을 권유하는 광고를 종종 볼 수 있다. 하지만 엄밀히 말하면, 종신 보험 가입을 권유하는 것이다. 과거에 종신 보험을 저축 상품으로 설명해 판매하던 시절이 있었는데, 이제는 종신 보험을 일종의 투자 상품으로 설명해 판매하고 있는 것과 다름없다. 납입 기간이 10년이고 10년이 지나면 낸 돈의 117%를 받을 수 있다고 홍보하고 있으니 말이다. 납입 기간이 늘어나면 더 높은 환급률을 받을 수 있다며 소비자들을 현혹하고 있다. 물론 사실 자체는 거짓말이 아니다. 종신 보험이기 때문에 보장도 받으면서 납입을 완료하면 낸 돈보다 많이 돌려받을 수 있으니, 언뜻 들으면 나쁘지 않은 조건이다.

하지만 해당 상품이 기존의 종신 보험과는 다른 무해지 환급형 종신 보험이라는 점에 주목해야 한다. 무해지 환급형 종신 보험은 납입 기간을 채우면 낸 돈보다 더 많은 돈을 받지만 그 사이에 해지를 하게 되면 해지 환급금이 전혀 없다. 이 때문에 기존의 종신 보험보다 보험료도 싸고 만기 후 환급금도 더 많은 것이다. 그러므로 장기간의 계약을 무조건 유지해야만 한다. 10년간 해약하지 않을 수 있을지 잘 생각해야 할 것이다. 10년간 17%의 이자율(연 1.7%)을 얻자고 원금을 모두 잃을 수 있는 위험을 짊어질 이유는 없다.

장점만 듣고 덜컥 보험에 가입했다가는, 돌아오는 건 후회뿐일 것이다. 보험에 가입할 때도 꼼꼼히 조건을 따져봐야 한다는 점을 잊어서는 안 된다.

✅ 변액 보험은 투자 상품이다

변액 보험은 납입하는 보험료에서 일정 금액을 제외한 보험료를 적립식 펀드로 구성해서 채권이나 주식 등에 투자한 후, 운용 실적에 따라 투자 수익을 받는 보험이다.

미국에서는 변액 보험 형태가 일반화되어 있고, 퇴직 연금 등 사회 보험도 변액 보험 형태로 운용되고 있다. 하지만 우리나라에서는 변액 보험을 바라보는 시선이 곱지만은 않다. 그 이유 중 하나는 수수료 때문이다. 변액 보험은 투자 상품이기 때문에 보험사가 사업비 명목으로 일종의 수수료를 징수하는데, 단기간 내에 계약을 해지하게 되면 수수료 징수로 인한 원금 손실이 발생할 수도 있다. 그러므로 단기 투자 목적이라면 변액 보험보다 예적금이 낫다.

또 변액 보험의 수익률이 기대에 미치지 못한다는 이야기도 있다. 하지만 국내 주식 시장에 투자하는 것이 일반적인데, 국내 주식 시장이 상승을 하지 못했기 때문에 일어난 결과이다. 만약 국내가 아닌 해외에 투자했다면, 좋은 수익률을 낼 수도 있었을 것이다. 변액 보험은 투자 상품이기 때문에, 투자 대상을 고르는 작업이 무엇보다 중요하다. 또 자산 배분을 적절히 조정하는 리밸런싱(재조정)도 중요하므로 반드시 전문가를 통해 변액 보험에 가입해야 한다.

⊘ 연금 저축 보험

직장인의 연금 저축 상품 중에 가장 인기가 좋은 연금 저축 보험은 원금이 보장될 뿐만 아니라, 수익률도 좋다고 알려져 있다. 과거에는 1년간 납부하는 연금 저축 보험료 중에 400만 원까지 소득 공제를 해줬기 때문에, 한 달에 33만 원씩 가입하는 것을 당연하게 여기기도 했다.

하지만 최근 몇 년 사이에 소득 공제가 아닌 세액 공제가 적용되고, 기준 금리까지 낮아지면서 이자도 줄었다. 이자가 낮아지니 복리 효과도 크게 약해졌고 비과세 혜택도 무색해졌다. 단, 수수료는 그대로이다. 무엇보다 매달 일정 금액을 납입해야 하는데, 행여 연체를 하게 되면 계약 효력이 없어진다. 그래서 지갑 사정이 어려워졌을 때 가장 먼저 해약하게 되고, 원금 회수조차 못 하는 상품이 되기도 한다.

연금 저축 보험을 유지하기 어려워, 해지를 고려하고 있다면 해지하지 말고 연금 저축 펀드로 전환하는 방법을 추천한다. 연금 저축 펀드로 전환하기 위해서는 금융사에 직접 방문해, 계좌를 개설하고 전환을 신청한 후, 'FOSS(펀드슈퍼마켓)(www.fundsupermarket.co.kr)' 웹 사이트에 접속해, 서비스를 신청하면 된다. 보험의 경우 지속적으로 납입해야 하지만, 연금 저축 펀드는 원할 때만 납입이 가능한 자유 적립식이기 때문에 일시적인 자금도 투자할 수 있다. 더불어 보험처럼 매달 납입하지 않아도 가입이 유지된다는 장점도 있다.

우리가 걱정하는 일의 90%는 일어나지 않는다.
그러니 10%는 대비하자.

보험에도
적절한 균형이 필요하다

보험은 언제 닥칠지 모를 위험을 효과적으로 대비할 수 있다. 다만, 의료비에 대한 지나친 걱정으로 과도한 보험 상품에 가입할 필요는 없다. 보험사는 100세 시대를 내세우며 지나친 공포 마케팅을 펼치고 있다. 하지만 노년에 의료비가 없어서 파산하는 경우보다 노후 자금 없어서 파산할 확률이 더 높다는 사실을 기억해야 한다. 한창 목돈 마련에 힘써야 할 때인 사회 초년생들이 당장 현재가 불안하다는 이유로 미래에 올인하는 일은 없어야 한다.

개인의 성향에 따라 아직 일어나지 않은 위험을 대비하는 자세는 다를 것이다. 아예 무시하기도 하고 과도하게 두려워하기도 한다. 전자의 경우, 그 위험에 그대로 노출되었을 때 치명적인 상황에 몰릴 수 있다. 후자의 경우, 보험 자체가 고정 지출 증가라는 또 다른 위험이 될 수 있다. 앞서 살펴본 내용을 토대로 자신에게 적합한 보험이 어떤 것인지 곰곰이 생각해보길 바란다. 삶의 균형을 잡아줄 수 있는 보험은 위기 발생 시 가장 효율적인 방패가 되어줄 것이다.

연말 정산 편

노려볼만한
연말 정산 핵심 포인트

알아두면 쓸데 있는 연말 정산

누군가는 '13월의 월급'을 받기도 하고, 또 다른 누군가는 돈을 더 내기도 한다. 바로, 연말 정산이다. 연말 정산은 기본적으로 한 해 동안 소득에 비해 세금이 적당하게 부과되었는지를 확인하는 절차다. 세금을 많이 냈다면 돌려받고, 덜 냈다면 더 내는 시스템 이다.

사회 초년생일 때에는 연말 정산에 크게 감흥이 없기 마련이다. 월급 200만 원의 월급쟁이라면, 연말 정산을 통해 돌려받을 세금 이 많지 않기 때문이다. 이와 같은 이유로 연말 정산을 꼭 해야 하 냐고 묻는 사람들도 있다. 물론 연말 정산을 안 했다고 해서 국세청 에서 쫓아오지는 않을 것이다. 직접 하지 않아도 회사에서 근로자 의 소득과 기본 공제만 체크해 일괄 처리할 것이기 때문이다. 연말 정산은 1년간의 소비 정도에 따라 세금을 줄여주는 것으로 이해하면 된다. 만일 신용 카드 공제를 많이 받았다면 결국 신용 카드 소비를 그만큼 많이 했다는 것을 의미한다.

연말 정산에서 생각해봐야 할 것은 궁극적으로 자신의 목표가 무엇이냐는 것이다. 돈을 벌고, 많은 돈을 저축해, 자산을 불리는 것이 목표인가? 아니면 연말 정산으로 세금을 많이 돌려받는 게 목표인가? 당연히 자산을 늘려가는 것이 목표이다. 그런데 연말 정산 후 세금을 많이 돌려받았다는 말은 1년간 지출이 그만큼 많았다는 것이다. 그러므로 세금을 많이 돌려받았다는 사실은 썩 달가운 일만은 아니다.

환급금을 얼마나 받았는지 따지기보다는, 공제 항목을 살펴보면서 1년 동안 카드를 얼마나 썼는지, 월세로는 얼마나 나갔는지, 병원비는 얼마나 지출했는지 등을 눈으로 확인하며 지난날의 생활을 돌아보는 시간으로 보냈으면 한다. 그것이 바로 올바른 자산 관리의 첫걸음이다.

사회 초년생일 때는 버는 게 다가 아니라는 사실을 깨닫는 것이 중요하다. 이때는 경험을 축적하고 사회의 시스템을 배워나가는 시기이기도 하다. 그 경험으로 평생을 살아가게 된다. 잘 알아두면 훗날 소득이 올랐을 때, 연말 정산의 수혜를 똑똑히 볼 수 있다. 물론 연말 정산을 꼼꼼하게 챙긴다면 남들보다 조금 더 환급금을 받을 수 있는 것은 명백한 사실이다. 13월의 월급까지는 아니더라도 생각지도 못한 돈이 통장에 들어오게 될 수도 있다. 귀찮다고 대충 하지 말고, 어렵다고 외면하지 말자. 개념만 잘 이해하면 연말 정산만큼 쉬운 것도 없다.

2020년, 달라진 연말 정산 공제 항목 미리 확인하기

- 미술관·박물관의 입장료에 소득 공제율 30%가 적용된다. (단, 신용 카드로 결제 시에 한함)
- 산후조리원 비용(최대 200만 원) 역시 의료비 세액 공제를 받을 수 있다.
- 소득세 감면 대상자 범위가 확대된다. (중소기업 취업자에 한함)
- 생산직 근로자가 받는 야간 근로 수당 등에 대한 비과세 혜택이 확대된다.
- 고액 기부금의 기준 금액이 1,000만원으로 초과 확대된다.
- 국민 주택 기준, 시가 3억 원 이하인 주택을 임차하고 월세를 지급한 경우에도 세액 공제가 가능하다.
- 취득한 주택(5억 원 이하 → 4억 원 이하로 공제 대상 확대)에 대해 금융 기관에 상환하는 주택 저당차 입금 이자의 경우 소득 공제를 받을 수 있다. (단, 무주택자·1주택 세대주의 경우에 한함)

직장인의 전략

⊘ 연말 정산의 개념

보통 직장인의 급여에서 가장 많이 떼는 세금은 소득세이다. 소득세는 사업주가 근로자에게 미리 징수하여 국가에 납부하는 세금으로, 이를 원천 징수라고 한다. 정부는 국민들의 세금을 걷어 1년 예산을 짠다. 하지만 개개인의 소득이나 소비를 정확하게 측정하기에는 너무 많은 시간이 소요되기 때문에, 일정한 세율에 따라 임시로 세금을 매긴다. 그러다가 연말이 되면 근로자가 얼마를 벌어서, 어디에 그리고 어떻게 썼는지 알 수 있게 된다. 이때 정산을 통하여 원천 징수액이 실제 내야 할 세금보다 많다면 돌려주고, 적다면 더 징수하는 것이다.

따라서 연말 정산은 세금을 개개인의 소득에 근로 소득 간이 세액표를 적용해 다시 계산하는 절차일 뿐, 무조건 세금을 돌려받는 것으로 생각하면 곤란하다. 실제로 세금을 추가로 내는 사람들도 적지 않다.

연말 정산의 기준
A. 기납부 세액: 매월 급여에서 미리 떼어간 돈(가추정) **B. 결정 세액:** 연말 정산 결과, 연간 총 부담해야 할 세금 ・A > B = 세금 환급, 13월의 월급 ・A < B = 세금 추가 징수, 13월의 폭탄

결국 연말 정산을 통해 세금을 환급받기 위해서는 결정 세액(1년간 실제 내야 하는 세금)을 줄이는 것이 관건이다.

⊙ 소득 공제란 무엇일까?

소득 공제와 세액 공제만 이해하면 연말 정산을 마스터했다고 해도 과언이 아니다. 먼저 소득 공제에 대해 살펴보자.

돈을 버는 과정에서 필연적으로 써야 할 기본적인 비용이 발생하게 된다. 그때마다 모두 세금을 매긴다면 너무 서글프지 않은가. 그래서 국세청에서는 근로 소득을 얻기 위해서 필요한 소비를 필요 경비로 인정해 소득을 공제해준다.

정리하자면 소득 공제란, 근로자의 소득액에 대해 세율을 곱해서 세금을 매기기 전에 일정 비용을 빼는 것을 말한다. 즉, 근로자의 소득을 줄여주는 것이 소득 공제다.

소득 공제 항목
1. 인적 공제: 기본 공제(본인, 배우자, 부양가족) 　　　　　　　　 추가 공제(경로 우대, 장애인, 부녀자, 한 부모) **2. 특별 소득 공제:** 보험료(건강 보험료, 고용 보험료, 노인 장기 요양 보험), 주택 자금 공제 **3. 주택 담보 노후 연금 이자 비용 공제** **4. 연금 보험료 공제** **5. 조세 특례 제한법상 소득 공제:** 개인 연금 저축, 주택 청약 저축, 신용 카드·체크 카드·현금 사용 금액, 소기업·소상공인 공제 부금 등

우선 연말 정산은 인적 공제를 챙기는 것부터 시작하면 된다. 인적 공제는 기본 공제와 추가 공제로 나뉜다. 기본 공제는 본인, 그리고 배우자나 부양가족이 있으면 해당되는 사람 수만큼 공제해주는 것으로, 1인당 150만 원씩 공제된다. 따라서 부양가족을 등록하면 세금을 더 많이 돌려받을 수 있다. 부양가족으로 등록되기 위해서는 소득과 나이, 두 가지 조건이 모두 충족되어야 한다. 단, 장애인에 해당하는 경우 나이 제한은 없다.

부양가족 기준				
관계	연령	소득	생계	
			주민등록상 동거	일시 퇴거 허용
본인	제한 없음	제한 없음	제한 없음	
배우자		연간 소득 100만 원 이하, 근로 소득만 있는 경우 500만 원 이하		
부양 가족 / 직계 존속 본인 또는 배우자	만 60세 이상		주거 형편상 별거 허용	
직계 비속 동거 입양자	만 20세 이하		제한 없음	
형제자매	만 20세 이하 만 60세 이상		필요	허용
기초 수급자	제한 없음		필요	허용
위탁 아동	만 18세 미만			

직계 존속은 조상으로부터 수직으로 나에게 이르기까지의 혈족이다. 할아버지, 할머니, 아버지, 어머니 등 친가나 외가 구분 없이, 내가 태어날 수 있게 해주신 윗분들로 이해하면 된다. 반면 직계 비속은 자기로부터 후손에 이르기까지의 혈족이다. 아들, 딸, 손자, 손녀가 여기에 포함된다.

올해 퇴직한 아버지의 경우, 나이가 만 60세 이상이고 전년도 소득이 100만 원 이하일 때만 부양가족으로 등록된다. 추가 공제는 기본 공제 대상자에 해당되면서 사회적으로 지원이 필요한 계층에 대해 추가로 공제해주는 것을 말한다. 만 70세 이상의 경로 우대자를 비롯해 장애인, 맞벌이 부부 중 여성, 세대주로서 부양가족이 있는 여성이 추가 공제 대상자에 포함된다. 기본적으로 100만 원이 공제되며 장애인은 200만 원, 맞벌이 여성은 50만 원이 공제 금액으로 적용된다.

연말 정산의 기본 사항인 인적 공제를 통해서 미혼은 150만 원(본인에 대한 기본 공제), 기타 가족이 있으면 공제 대상자 수가 늘어나므로 300만 원 이상 공제받을 수 있다.

⊙ 신용 카드, 체크 카드, 현금 중 뭘 써야 할까?

인적 공제 다음으로 중요한 건 무엇일까? 아마도 생활에서 가장 많이 사용하는 신용 카드, 체크 카드, 현금 영수증의 소득 공제율일 것이다. 소득 공제에 유리한 카드와 현금 사용 노하우가 있다. 우선 소득 공제를 위해서는 신용 카드, 체크 카드, 현금 영수증의 사용 금액을 모두 합쳤을 때, 총급여의 25%를 넘어야 한다. 한도는 최대 300만 원까지이다.

연봉이 2,400만 원인 직장인 A 씨의 경우를 살펴보자. 신용 카드 등의 소득 공제를 받기 위해서는 우선 2,400만 원의 25%인 600만 원 이상을 지출해야 한다. A 씨가 1,000만 원을 썼다고 가정해보자. 1,000만 원에서 600만 원을 제외한 400만 원에 대해 소득 공제가 적용된다. 최대한도가 300만 원까지이므로 나머지 100만 원은 공제 금액에서 제외된다. 소득 공제만 고려한다면, A씨는 900만 원 이하로 지출하는 것이 가장 현명하다.

　A 씨의 소득에서 25%, 즉 600만 원까지는 어차피 소득 공제에서 제외된다. 이때는 신용 카드를 사용하면서 신용 카드의 혜택을 챙기는 것이 낫다. 그러나 600만 원이 넘어가면 소득 공제가 적용되기 때문에, 이때부터 되도록 체크 카드와 현금을 사용하여 소득 공제율을 높이는 것이 좋다. 그러나 최대 300만 원까지만 소득 공제가 적용되기 때문에, 300만 원이 넘으면 다시 신용 카드를 사용하여 부가 서비스 혜택을 챙기는 것이 유리하다. 만약 카드나 현금 사용 금액이 최저 사용 금액(총급여의 25%)에 미치지 못할 것으로 예상된다면 신용 카드를 사용하여 혜택을 챙기는 것을 추천한다.

　지출액이 많은데 이것저것 계산하기가 귀찮은 사람이라면, 상반기에는 신용 카드를 주로 사용하고 연말에 가까워질수록 체크 카드나 현금의 비중을 늘리는 것도 전략이 될 수 있다. 사회 초년생이라면 대중교통 요금, 전통 시장 이용액, 도서·공연비처럼 추가 공제와 중복 공제가 가능한 항목도 노려볼만하다. 대중교통 요금과 전통 시장 이용액은 300만 원 한도와는 별도로 각각 40%씩, 100만 원까지 추가로 소득 공제를 받을 수 있다. 이에 따라 현금과 카드 사용액으로 최대 공제 한도인 300만 원에 추가 공제를 더해 최대 600만 원까지 소득 공제가 가능해진다.

항목별 소득 공제율		
항목	소득 공제율	소득 공제액
신용 카드	15%	• 최대 300만 원(총소득 7,000만 원 이하 적용)
체크 카드 및 현금 영수증	30%	• 총소득 7,000만 원 초과 1억 2,000만 원 미만인 경우에는 250만 원, 1억 2,000만 원 이상인 경우에는 200만 원
전통 시장, 제로 페이	40%	• 최대 100만 원
대중교통	40%	• 최대 100만 원
도서, 공연비, 박물관 및 미술관 입장료 등	30%	• 최대 100만 원 (총소득 7,000만 원 이하 적용)

이때 소득 공제 제외 항목도 있으므로 주의해야 한다. 예를 들어 대중교통 요금에는 버스, 지하철, KTX, 고속버스 요금 등은 포함되지만, 택시나 항공 요금은 제외가 된다. 또 신차 구입 비용은 소득 공제 대상에서 제외되지만 중고차 구입 금액의 10%는 공제가 가능하다. 이처럼 항목마다 소득 공제 적용이 상이하기도 하므로 잘 살펴봐야 한다.

소득 공제 제외 항목
• 택시 요금, 항공 요금
• 국민연금, 건강 보험료
• 통신비
• 세금·공과금, 아파트 관리비
• 톨게이트 비용
• 신차 구입 비용, 자동차 리스료
• 해외 결제 비용 및 면세점 이용 비용
• 상품권, 기프트 카드 구입 비용
• 현금 서비스

⊘ 주택 청약 종합 저축액도 소득 공제가 된다

사회 초년생이 노려볼만한 소득 공제 항목이 또 있다. 바로 주택 청약 종합 저축액과 주택 담보 대출 이자 상환액이다. 대한민국 국민이라면 누구나 청약 통장 하나쯤은 가지고 있지 않은가. 바로 이 청약 통장에 넣은 돈도 소득 공제가 적용된다.

연 납입 한도가 240만 원으로 정해져 있으며, 소득 공제 40%를 받을 수 있다. 예를 들어, 매달 청약 통장에 20만 원씩 넣고 1년간 최대한도 240만 원을 채웠다면 연간 최대 96만 원을 공제받을 수 있다. 매달 청약 통장에 너무 많은 금액을 넣는 것보다는 최대한도인 월 20만 원 이하로 넣어 소득 공제 혜택을 최대로 누리는 것을 추천한다. 사회 초년생에게 청약 통장은 납입 금액보다 납입 횟수가 더 중요하다. 꾸준히 납입하여 청약 가점을 쌓아야 하기 때문에, 매달 20만 원 이상을 넣지 않는 것이 낫다. 또 전세 자금 대출이나 주택 담보 대출을 이용하고 있다면 이자 상환 금액의 일부에 한해 소득 공제를 받을 수 있다. 단, 요건에 따라 공제 한도가 다르게 적용되기 때문에 꼼꼼한 체크가 필요하다.

지금까지 설명한 소득 공제 항목의 대부분은 총급여 7,000만 원 이하의 근로 소득자인 동시에 무주택 세대주여야 가능하다. 본인에

장기 주택 저당 차입금 이자 상환액의 소득 공제 요건

- 무주택자 혹은 1주택 세대주
- 기준 시가 5억 원 이하 주택
- 소유권 이전 등기, 보존 등기일로부터 3개월 이내에 차입
- 본인 명의 주택에 본인 명의 차입금

상환 기간	대출 종류	공제 한도
15년 이상	고정 금리 + 비거치식 분할 상환	1,800만 원
	고정 금리 또는 비거치식 분할 상환	1,500만 원
10년 이상	고정 금리 또는 비거치식 분할 상환	300만 원

이때, 세대주 여부는 과세 기간 종료일(12월 31일) 기준으로 판단하고, 세대 구성원 보유 주택을 포함하여 2주택 이상은 소득 공제가 적용되지 않는다. 세대주는 실거주 여부와 무관하게 적용, 세대주가 아닌 거주자는 실제 거주하는 경우에만 적용된다.

게 해당되는 소득 공제 항목을 자세하게 알고 싶다면 '국세청 홈택스' 홈페이지(www.hometax.go.kr)에 접속하면 확인 가능하다.

⊘ 세액 공제란 무엇일까?

세금은 소득에 세율을 곱해 계산하는 것이다. 당연히 소득이 줄면 내야 할 세금도 줄어든다. 이처럼 세금을 매기는 범위를 줄이는 것이 소득 공제라면, 세액 공제는 내야 할 세금에서 일정 금액을 차감하는 것이다. 소득을 줄여주면 소득 공제, 세금을 줄여주면 세액 공제라고 이해하면 쉽다.

소득 공제와 세액 공제는 모두 세금을 줄여준다는 공통점이 있지만 세금을 줄여주는 시점이 다르다. 우선 세금 계산 구조를 살펴보자.

소득 공제는 세금 계산 구조의 첫 단계에서, 세액 공제는 세금 계

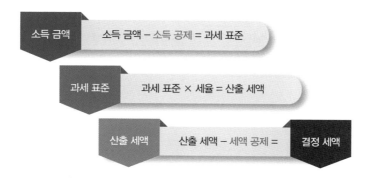

산 구조의 마지막 단계에서 공제된다. 그렇다면 소득 공제 100만 원과 세액 공제 100만 원은 각각 어떤 차이가 있을까? 소득 공제 100만 원의 경우는 소득에서 100만 원을 빼주는 것이므로, 세율이 15%라고 가정하면 실제 공제되는 세금은 15만 원이다. 한편 세액 공제는 최종적으로 내야 할 세금이 결정되면, 그 결정 세액에서 세금 100만 원을 차감해주는 것이다. 이렇듯 세액 공제로 인한 절세 효과가 훨씬 더 크기는 하지만 공제 한도가 작아서 환급액이 생각만큼 많지는 않다.

따라서 소득 공제가 더 좋은지 세액 공제가 더 좋은지 단순 비교는 할 수 없지만, 대체로 고소득자에게는 소득 공제가, 저소득자에게는 세액 공제가 유리하다.

소득 공제와 세액 공제 차이점	
소득 공제	세액 공제
소득 금액에서 공제	세금에서 공제
과세 표준의 크기를 줄임	결정 세액의 크기를 줄임
'공제 금액×세율' 절약	'공제 금액' 절약
고소득자에게 상대적으로 유리	저소득자에게 상대적으로 유리

⊘ 그 외의 세액 공제에 대하여

자동차 보험이나 실비 보험, 암 보험 등 보장성 보험료도 세액 공제가 적용된다는 점을 놓쳐서는 안 된다. 보장성 보험료는 연 100만원 한도 내에서 12%를 공제받을 수 있다. 한 해 동안 100만 원 이상의 보험료를 냈다면 최대 12만 원을 돌려받게 되는 것이다. 매달 나가는 보장성 보험료가 총 8만~10만 원 정도라면 절세 혜택을 최대로 누리는 것이 가능하다.

또 각종 기관이나 단체에 낸 기부금도 세액 공제를 받을 수 있다. 정치 후원금, 종교 단체 등 기부처에 따라 공제율은 다르지만 대략 15% 정도를 돌려받는다고 보면 된다. 국세청에 등록된 단체에 한해서만 공제가 가능하며, 국세청 홈택스 홈페이지에서 기부처가 등

대표적인 세액 공제 항목

- 특별 세액 공제(보험료, 의료비, 교육비, 기부금, 표준 세액 공제)
- 기장 세액 공제
- 외국 납부 세액 공제
- 재해 손실 세액 공제
- 배당 세액 공제
- 근로 소득 세액 공제
- 전자 신고 세액 공제
- 성실 신고 확인 비용 세액 공제
- 중소기업 특별 세액 감면

록된 단체인지 확인할 수 있다.

그 외 세액 공제 체크 포인트		
항목	대상자	세액 공제율
보장성 보험료	근로자가 기본 공제 대상자를 피보험자로 하는 보장성 보험료를 납입(연 100만 원 한도)	13.2%
교육비	근로자 본인의 대학원, 대학 등록금 전액	16.5%
	기본 공제 대상자의 교육비(대학생은 연 900만 원, 미취학 아동 및 초중고생은 300만 원 한도)	16.5%

⊘ 월세는 소득 공제일까? 세액 공제일까?

월세는 소득 공제와 세액 공제, 둘 다 가능하지만 동시에 적용되지는 않는다. 그러므로 본인에게 유리한 쪽으로 공제받으면 된다. 일단 월세가 총급여의 25% 이상이면 현금 영수증 발급을 통해 소득 공제를 받는 게 낫다. 대개 세액 공제를 받는 게 유리할 것이다. 단, 세액 공제는 조건이 충족되어야 한다. 급여가 7,000만 원 이하여야 하고, 전용 면적이 85m² 이하여야 한다. 주거 형태는 아파트, 단독·다세대·다가구 주택, 오피스텔, 고시원 모두 포함된다. 집주인의 동의가 없더라도 월세 임대차 계약서와 월세 납입 증명서(계좌이체 확인서)만 있으면 세액 공제를 신청할 수 있다. 이때 전입 신고는 필수지만, 확정 일자는 없어도 된다.

덧붙이자면 이미 세액 공제를 받은 월세 금액은 다시 현금 영수증 발급을 통해 중복으로 소득 공제를 받을 수 없다.

⌵ 놓치기 쉬운 안경 구입비

연말 정산에서 놓치기 쉬운 것 중에 하나가 바로 안경(렌즈) 구입비다. 1인당 50만 원까지 세액 공제가 적용되는데도 말이다. 세액 공제율은 지방 소득세를 포함해서 16.5%이므로 최대 8만 2,500원을 돌려받을 수 있다. 이를 위해서는 안경 구입비 영수증을 제대로 챙겨야 한다. 안경(렌즈)은 간소화 자료 의무 제출 항목이 아니므로 신고 대상에서 제외된다. 즉, 안경점에서 의무적으로 안경(렌즈) 구입 내역을 신고하는 것이 아니기 때문에 세액 공제를 적용받기 위해서는 개인이 안경 구입비 영수증을 내야 한다.

안경 구입 영수증에 포함되어야 하는 내용
• **구입 용도:** 시력 교정용(시력 보정용)
• **안경점의 기본 사항:** 상호, 사업자 등록 번호, 대표자 성명, 소재지 등
• **구입자의 기본 사항:** 성명, 주민 등록 번호 또는 휴대폰 전화번호
• **구입 일자**
• **구입 금액**

⊘ 연말 정산 절세 총정리

1. 신용 카드와 체크 카드, 현금을 적절히 활용하자

연봉액의 25%까지는 각종 할인과 포인트 적립 등 부가 서비스 혜택이 많은 신용 카드를 사용하고, 연봉액의 25%를 초과하면 체크 카드나 현금을 사용한 후 현금 영수증을 발급받는 것이 좋다.

2. 추가 공제를 받을 수 있는 항목을 확인하자

대중교통 사용액, 전통 시장 이용 금액, 제로페이 이용액은 40%나 공제해주며, 최대 100만 원까지 공제 가능하다. 또한 연봉 7,000만 원 이하의 근로자인 경우 공연, 박물관, 미술관 관람이나 도서를 구입할 때 30%까지 추가 공제가 적용된다. 이 역시 한도는 100만 원까지이다.

3. 따로 증빙 자료 등을 제출해야 공제받을 수 있는 항목을 챙기자

신용 카드나 체크 카드를 이용하면 대부분 연말 정산 간소화 서비스에서 자동으로 집계가 되지만, 영수증 등 지출을 증명할 수 있는 자료를 제출해야 공제를 받을 수 있는 경우도 있다. 이 항목에 대한 영수증 등의 서류는 스스로 챙겨야 한다.

추가 제출 서류가 필요한 항목	
항목	제출 서류
의료비	• 진료, 수술, 입원비 영수증 • 약제비 영수증(한약 포함, 보약 제외) • 시력 교정용 안경, 콘택트렌즈 구입 영수증 • 보청기, 휠체어 등 장애인 보장구 구입 확인서 • 난임 시술비 영수증 • 산후조리원비 영수증
교육비	• 교복 구입 영수증 • 취학 전 아동이 있다면, 학원, 체육 시설 교육비 납입 증명서 • 국외 교육 기관에 지출한 교육비 납입 증명서 • 학점 인정 교육비 납입 증명서
기부금	• 기부금 영수증
월세	• 주민 등록 등본, 임대차 계약 증명서, 월세 입금 증빙 서류(계좌 이체 영수증 등)

4. 월세 세액 공제를 받자

월세에 대한 세액 공제를 받을 때는 전입 신고가 필수이다. 또한 월세 납입 증명 서류가 연말 정산 신청인의 명의로 된 경우에만 공제가 가능하다. 즉, 자신의 명의가 아닌 가족 등 다른 사람 명의의 계좌에서 월세가 나가고 있다면 세액 공제는 불가능하다.

총급여 5,500만 원 이하인 무주택자는 12%, 총급여 7,000만 원 이하인 무주택자는 10%까지 공제 가능하다.

5. 기혼자라면, 소득 공제에 유리한 배우자의 카드를 사용하자

맞벌이 부부라면 한 명의 카드를 집중해서 사용하는 것이 이득이다. 총급여와 카드 결제 금액은 부부간 합산되지 않고 각각 산정되기 때문이다.

- **부부의 연봉 수준이 비슷할 때:** 총급여의 25%를 넘기기 위해 둘 중에 소득이 적은 사람의 카드를 우선 사용하는 것이 유리하다.
- **부부의 연봉 금액의 차이가 클 때:** 각자 다른 소득세율을 적용받는다면, 소득이 높은 쪽의 카드를 사용하는 것이 소득 공제 금액 측면에서 유리하다.

퇴사했을 경우, 연말 정산을 안 해준다면 어떻게 해야 할까?

원칙적으로 중도 퇴사자는 퇴직하는 달의 급여를 지급받을 때 회사에서 연말 정산을 하게 되어 있다. 만약 회사에서 연말 정산을 하지 못했을 경우, 다음 해 5월에 종합 소득세 신고 기간이 있으므로 그때 개인이 별도로 신고하면 된다.

이직했을 경우, 연말 정산은 어떻게 해야 할까?

이전에 근무했던 회사로부터 근로 소득 원천 징수 영수증 서류를 받아 현재 다니고 있는 회사에 제출하면 된다.

프리랜서의 전략

⊙ 퇴사자, 프리랜서, 개인 사업자라면 종합 소득세 신고

종합 소득세는 지난 1년 동안 발생한 다양한 종류의 소득에 대해 납부하는 세금이다. 근로 소득 외에도 이자 소득, 배당 소득, 사업 (부동산 임대) 소득, 연금 소득, 기타 소득이 포함된다. 일반 직장인들은 연초에 연말 정산이 끝나지만 중도 퇴사자, 사업 소득이 있는 개인 사업자, 프리랜서 등은 5월에 종합 소득세 신고를 하게 된다.

종합 소득세 신고를 하지 않거나 과소 신고를 하면 가산세가 부과될 수 있고, 소득을 더 크게 신고하는 경우에는 건강 보험료, 국민연금 등을 더 많이 납부할 수 있으므로, 소득에 대한 정확한 신고가 필요하다.

근로 소득만 있는 직장인은 연말 정산 결과가 종합 소득세 신고 결과와 같기 때문에 따로 종합 소득세 신고를 할 필요가 없지만, 근로 소득 외에 투자나 다른 사업을 통해 별도로 얻는 소득이 있다면 종합 소득세 신고를 반드시 해야 한다.

종합 소득세 신고 대상
• 3.3%의 원천 징수 소득이 있는 프리랜서 • 사업자 등록 번호를 보유한 개인 사업자 • 연 소득 2,000만 원 이상의 이자 혹은 배당 등의 금융 소득자 • 급여 외 연 300만 원 이상의 기타 소득자 • 중도 퇴사하여 근로 소득 신고를 못 한 자 • 사정상 연말 정산을 하지 못한 직장인

⊘ 종합 소득세 신고의 종류

연말 정산을 하는 직장인들은 때가 되면 회사가 알아서 신고 절차를 진행하지만, 개인 사업자나 프리랜서들은 직접 종합 소득세 신고를 진행해야 한다. 이들을 위해 국세청 홈택스에서는 '신고 도움 서비스'를 운영하고 있다.

발생한 수입과 지출에 대해 장부를 작성하고 이 장부를 근거로 소득세 신고를 하는데, 이를 '기장 신고'라고 한다. 그러나 장부를 작성하지 못하거나 사업 규모가 작아 장부 작성이 불필요한 경우가 있다. 이때는 국세청에서 만든 제도인 '추계 신고(단순 경비율, 기준 경비율 제도)'를 하면 된다.

전년도 수입 금액	종합 소득세 신고 방법	
	기장 신고	추계 신고
2,400만 원 미만	간편 장부	단순 경비율
2,400만 원 이상 ~ 7,500만 원 미만	간편 장부	기준 경비율
7,500만 원 이상	복식 부기	×

1. 기장 신고(장부 작성 신고)

• 복기 부기 신고: 계정 과목에 기업의 자산과 자본의 증감, 손익 변

동을 차변과 대변에 나누어 기록한다.

- 간편 장부 신고: 거래 건별로 지출 내역과 고정 자산 등을 기재하는 것으로, 주로 소규모 사업자나 영세 사업자가 이용한다.

2. 추계 신고

- 기준 경비율: 수입 금액이 기준 금액 초과 시 적용된다. 증빙 가능한 주요 경비(매입, 인건비, 임차료)가 추가 차감된다.
  소득 금액 = 총수입 금액 - 주요 경비 - (총수입 금액 × 기준 경비율)
- 단순 경비율: 수입 금액이 기준 금액 미달 시 적용된다.
  소득 금액 = 총수입 금액 - (총수입 금액 × 단순 경비율)

⊘ 종합 소득세 신고 - 기장 신고

본격적으로 종합 소득세 신고를 하기 전, 대상자들은 먼저 본인의 신고 유형을 알아야 한다. 신고 유형은 A형, B형, C형 등 총 9가지 유형으로 나뉜다. 국세청에서 자택으로 보내는 신고 안내문에 신고 유형이 표기되어 있지만, 신고 안내문을 받지 못했다면 국세청 홈택스 홈페이지에서 확인할 수 있다.

기장 의무는 복식 부기와 간편 장부로 나누어진다. 직전년도 소득 금액이 7,500만 원 이상이라면 복식 부기 신고 대상자, 7,500만 원 이하라면 간편 장부 신고 대상자가 된다. 모든 사업자는 복식 부기 장부 작성을 하는 것이 원칙인데, 복식 부기 장부는 작성하기가 매우 까다롭기 때문에 해당 대상자는 세무사를 통해 신고하는 것이 낫다. 반면, 간편 장부 대상자는 복식 부기가 아닌 간편 장부 작성으로 대체할 수 있다. 만약 간편 장부 대상자임에도 불구하고 간편 장부 작성이 아닌 복식 부기로 신고를 한다면 100만 원 한도 내에서 기장 세액 공제를 받을 수 있다.

⊘ 종합 소득세 신고 - 추계 신고

직전년도 소득 금액이 2,400만 원 미만이면 단순 경비율 대상자에 해당되고, 직전년도 소득 금액이 2,400만 원 이상~7,500만 원 미만이면 기준 경비율 대상자에 해당된다.

소득 금액 2,400만 원 미만의 단순 경비율 대상자는 별도의 증빙이 없어도 단순 경비율로 많은 비용을 인정받을 수 있기 때문에 세금 부담이 낮다. 해당자는 세무서를 통하지 않고 직접 신고하는 편이 낫다. 국세청 홈택스 홈페이지를 이용하면 복잡한 서류를 따로 준비하지 않아도 자동으로 정보가 입력되고, 자동 입력이 되지 않는 인적 공제나 추가 공제 사항만 추가하면 간단하게 종합 소득세 신고가 가능하다. 소득 금액이 2,400만 원 이상~7,500만 원 미만이라면 단순 경비율보다 낮은 기준 경비율(10~30%)이 적용된다.

비용으로 쓴 금액이 많다면, 세무사에게 맡겨 장부를 작성하는 게 절세에 유리할 수 있다. 또 소득 금액이 7,500만 원 이상이라면 복식 부기로 기장 신고를 해야 하는 복식 부기 의무자이기 때문에 세무사에게 맡겨야 한다. 만약 장부 기장 없이 추계 신고를 할 경우에는 무기장 가산세가 붙고, 소득세 신고 자체를 하지 않은 것으로 보기 때문에 벌금을 내야 한다.

⊘ 종합 소득세 신고 방법

종합 소득세를 신고하는 방법은 세 가지가 있다.

| 방법 1 | 홈택스를 통해 직접 신고하기

스스로 소득세 신고를 할 경우 추가 비용이 들지 않는다. 국세청 홈택스 홈페이지에서 본인의 아이디와 비밀번호, 공인 인증서로 로그인만 하면 된다. 다만, 잘못된 내용을 기재하거나 서류를 미지참하는 등 실수가 발생한다면, 가산세 부과 대상이 된다.

| 방법 2 | 세무서 방문하기

신고 안내문을 받고, 단순 경비율, 기준 경비율을 확인하는 순간부터 머리가 아프다. 이럴 때는 가까운 세무서를 방문해도 좋다. 따로 비용이 들지 않는다. 하지만 세무서에서는 추계 신고만 가능하다.

따라서 기준 경비율 대상자이거나, 복식 부기 의무자라면 세무서 방문보다 세무사를 통해 신고하는 편이 낫다.

| 방법 3 | 세무사를 통한 신고 대행 이용하기

프리랜서의 경우 소정의 수수료를 지급하고 세무사를 통해 신고 대행을 하는 경우가 많다. 세무사에게 본인의 홈택스 아이디, 비밀

돈 팁

믿을만한 세무사를 찾는 노하우

세무사와 세무서는 다르다. 세무서는 국가에서 세금을 걷기 위해 만든 기관이다. 반면, 세금 대리 신고를 맡길 수 있는 사람이 세무사다. 세무사 수수료는 법적으로 정해진 건 없지만, 보통 환급액의 10% 이상을 책정하는 경우가 많다. 정확한 비용은 직접 전화를 해보거나, 홈페이지 등에서 알아볼 수 있다.

일반적인 종합 소득세 신고 대행 가격(변동 가능)
• 단순 경비율 적용 대상자: 5만 원~
• 종합 소득세(일반) 대상자: 8만 원~

'세무통(www.semutong.com)' 혹은 '찾아줘! 세무사(www.findsemusa.com)' 등의 웹 사이트를 통해서도 세무사 정보를 알아볼 수 있다. 하지만 무조건 세금을 환급해주겠다는 말에 속지 말아야 한다. 모든 세무사가 그런 것은 아니지만, 허위 경비, 가공 경비를 적용해서 소득세를 신고하는 경우가 있다. 이는 절세가 아니라 탈세다. 만약 탈세를 한 사실이 밝혀졌을 땐 원래 내야 할 세금뿐만 아니라 어마어마한 가산세를 내야 한다. 이때 입증 서류가 없다면 합법적인 구제가 어렵다.

번호와 몇 가지 정보만 알려주면, 환급액을 알려준다. 직접 신고하거나 세무서를 방문해서 신고하면 수수료를 아낄 수 있지만, 세무사를 통하면 환급받는 금액이 훨씬 큰 경우가 많다. 세무사는 기장 신고를 하기 때문에 기장 세액 공제 혜택도 받을 수 있기 때문이다.

안 쓰면 100% 할인이다.

연말 정산도 그렇다.

1년 내내 준비해야 하는
연말 정산

대다수의 사람들이 연말에 와서야 연말 정산 노하우에 대해 궁금해한다. 단언컨대, 연말은 실질적으로 세금을 아낄 수 있는 전략을 세울 수 있는 시기가 아니다. 연초부터 미리 계획을 잘 세워서 1년간 수입과 지출을 꾸준히 관리하며 절세를 노려야 연말 정산의 진가가 발휘될 수 있다. 한마디로, 연초부터 연말 정산을 준비해야 한다는 뜻이다. 게다가 연말 정산의 경우, 매년 세부 내용이 조금씩 달라지기 때문에 수시로 바뀐 내용들을 체크하고 이를 본인의 소비 생활에 적용시키는 습관이 필요하다.

사회 초년생이라면 '어떻게 잘 쓸까?'라는 고민을 하기보다 '어떻게 안 쓸까?'라는 궁리를 하는 것이 최고의 연말 정산임을 기억해야 한다. 더불어 지금의 사회 초년생이 머지않아 고소득자가 되길 진심으로 응원한다. 13월의 월급을 기대하지 않고 아무리 소득 공제를 철저히 해도 소득이 많아서 돌려받을 환급금이 아예 없는 그런 고소득자 말이다.

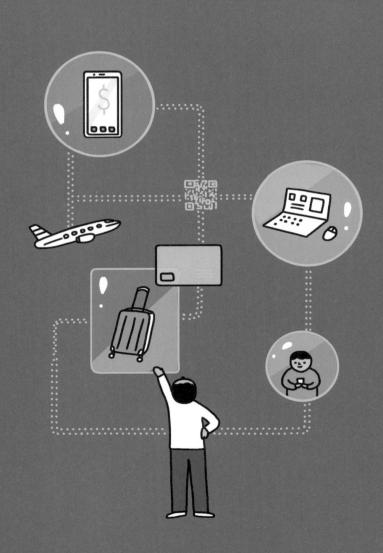

3교시

쓸 때 쓰고도
남기는 소비

통신비 편
무제한 요금제와 알뜰폰,
통신비 줄이기

아끼거나, 제대로 본전을 뽑거나!

고정 지출을 줄이는 것은 좀처럼 쉽지 않은데, 특히 통신비는 꽤 큰 비중을 차지한다. 매달 일정 금액이 당연하게 나가고 있다. 데이터 사용량이 초과될까 봐 조마조마해서 낮은 요금제를 쓸 수만도 없는 노릇이다. 많은 사람들은 마음이라도 편하자고 데이터 무제한 요금제를 선택하게 된다. 실제 그 요금제의 혜택을 얼마나 누리고 있는지는 의문이지만 말이다. 휴대폰 기기를 살 때는 꼼꼼하게 사양을 따지면서, 요금제를 고를 때는 그 수고의 반의반도 들이지 않는다. 워낙에 요금제가 자주 바뀌는 탓도 있겠지만, 어떤 요금제가 새로 출시되었는지 관심을 갖고 찾아보는 일이 드물다. 심지어 어떤 요금제를 쓰고 있는지 모르는 사람들도 있다. 어차피 2년 약정으로 한 통신사에 묶여 있으니 처음 가입한 요금제를 어쩔 수 없이 사용해야 한다고 생각하니까 그렇다. 하지만 이는 잘못된 생각이다. 월세는 못 줄여도, 통신비는 직접 줄일 수 있다.

48만 1,212원. 우리나라 국민 한 사람이 1년에 사용하는 평균 통신비(2016년 1분기 이동 통신 3사 평균 기준)이다. 꽤나 부담스러운 금액이다. 그렇다면 통신비는 왜 이렇게 비싼 것일까? 전문가들은 우리나라 통신 산업의 불합리한 구조가 그 원인이라고 보고 있다. 유통 구조를 보면 SK Telecom, KT, LG U 등 이동 통신 3사는 삼성전자나 LG전자, 애플 등 단말기 제조사로부터 휴대폰 단말기를 구매하고 여기에 통신사가 설계한 통신 요금제를 부가해 소비자들에게 판매한다. 문제는 바로 이 과정에서 발생한다. 일반 소비자들이 다가가기 어렵게 통신비를 복잡하게 구성하는 것이다. 통신비는 다음과 같이 이루어져 있다.

- 통신 서비스 이용 금액(가입비+유심비+월정액 통신비+부가 서비스 비용) + 단말기 가격(단말기 할부금+단말기 할부 이자)

위의 항목을 모두 더한 뒤 요금제의 종류에 따라 약정 할인 금액 등의 비용을 빼면 소비자의 통신비가 된다. 또 이동 통신 3사 모두 음성 통화와 문자, 데이터를 포함한 패키지 형태로 요금제를 구성한다는 점 역시 문제다. 데이터를 주로 이용하는 젊은 층의 소비자는 음성 통화 시간이나 문자 건수 등은 많이 필요하지 않음에도 불구하고, 요금제에 포함되어 있기 때문에 무조건 비용을 지불해야 한다. 요금 산출 방식이 복잡하다 보니, 어떤 상품과 어떤 서비스에 얼마큼의 비용을 치르고 있는지 파악하는 것이 어렵다. 그래서 대부분 판매점 직원이 권유하는 요금제를 선택하게 된다.

지금 당장 통신비 고지서를 꼼꼼하게 확인해보자. 내역 중 가장 많은 금액을 차지하고 있는 건 무엇인지, 또 어떤 내역이 엉뚱하게 새어나가고 있는지 보일 것이다. 통신사 멤버십 할인 혜택과 데이터 무제한을 절대 포기할 수 없는 사람이라면, 통신사의 프리미엄 요금제를 선택해 제대로 활용하고 다양한 결합 상품을 통해 요금을 최대한 줄여나가면 된다. 반면 멤버십 혜택은 필요 없고 통신비를 줄이고 싶은 사람이라면, 최고의 가성비를 자랑하는 알뜰폰 요금제로 실속을 챙기면 된다.

TV와 인터넷까지 통신비 범주에 들어가면서, 언제부턴가 통신비는 4인 가족 기준으로 한 달에 20만 원 이상 빠져나가는 골치 아픈 고정 지출이 되고 있다. 분명한 건 통신비는 아는 만큼 줄일 수 있다는 사실이다.

프리미엄 요금제

⊘ 교묘하고도 애매한 요금제

휴대폰이나 요금제를 바꾸기 위해서 통신사의 매장을 방문하기 전에 미리 자신의 평균 데이터 사용량을 알아보는 것이 좋다. 데이터 사용량에 따라 요금제를 선택해야 하기 때문이다. 데이터 사용량을 조회하면 최근 3개월간의 사용 패턴을 볼 수 있다. 체크해야 할 것은 3개월 평균 데이터 사용량과 그 3개월 중에서 데이터를 가장 많이 이용했을 때의 데이터 사용량이다.

요즘은 대부분 데이터 무제한 요금제를 쓰고 있다. '데이터가 모자라서 나중에 요금 폭탄을 맞는 것보단 마음 편히 쓰는 게 낫지.'라는 생각으로 비싼 요금제에 가입한다. 여기에는 통신사들의 상술도 있다. LTE 무제한 요금제는 한 달에 기본 데이터 100GB를 제공하고, 모두 소진 시 5MB 속도 제한으로 데이터를 무제한 제공하는 것이 일반적이다. 한 통신사가 발표한 통계에 따르면 2019년 기준 가입자의 월평균 데이터 사용량은 8.2GB로 나타났다. 대략 10GB 내외를 쓴다고 해도, 무제한 요금제가 제공하는 100GB의 1/10 정도만 쓰고 있는 셈이다. 실제 1인당 평균 데이터 사용량은 8~10GB인데 통신사가 내놓은 요금제 중에는 이 구간에 해당하는 요금제를 찾아보기 어렵다. 이보다 낮은 데이터를 제공하여 아쉬움을 주거나, 무제한 요금제를 내놓고 대대적인 홍보 마케팅을 펼친다.

5G는 또 어떤가? 본격적인 5G 시대가 개막됨에 따라 통신 3사들도 프로모션 요금제로 내놨던 5G 무제한 요금제를 정식 요금제로 개편했다.

통신 3사의 5G 요금제별 가격(2020년 5월 기준)		
통신사	요금제 상품	한 달 요금
SK Telecom	5GX 프라임	8만 9,000원
KT	슈퍼 플랜 베이직	8만 원
LG U	5G 스마트	8만 5,000원

이제 데이터 걱정 없이 5G를 쓰려면 월 8만 원 이상 내야 하는 요금제에 가입해야 한다. 또 다른 조사에 따르면 2019년 기준 5G

소비자들의 데이터 평균 사용량은 25GB 내외였다. 기존 7만 5,000원 요금제에 제공되던 150GB의 1/5 수준밖에 미치지 못하는 사용량이다. LTE 요금제가 됐든, 5G 요금제가 됐든 실제 사용량에 비해 과도한 데이터가 기본값으로 설정되어 있는 요금제에 꼬박꼬박 돈을 내고 있는 것이다. 평소 데이터를 유난히 많이 사용한다면 몰라도, 평균 데이터 사용량만 보면 손해가 많은 것은 분명하다.

이때 할 수 있는 선택은 두 가지이다. 다른 요금제로 갈아타든지, 기존의 요금제를 유지하되 매달 쓰지도 않는 데이터에 대한 보상을 반드시 받아내든지. 그저 데이터 사용량만 확인했을 뿐인데, 조금 억울한 생각마저 들 것이다. 그럼 변화할 준비가 되었다는 뜻이다.

⊘ 최신 요금제를 쓰면 '호갱'이 되는 걸까?

통신사들도 고객들을 유치하기 위해 고객의 다양한 요구들을 수용할 수밖에 없다. 게다가 수시로 요금제를 낮추라는 정부나 시민 단체의 눈치도 살펴야 한다. 과연 진짜 눈치를 보고 있는지는 의문이지만 말이다. 그럼에도 요금제는 사람들의 라이프 스타일이나 소비 트렌드를 반영하여 변화한다. 1년 전 5만 원대 요금제가 데이터 5GB를 제공했다면, 1년 후에 출시된 5만 원대 요금제는 데이터를 두 배 가까이 제공하는 것처럼 말이다.

새로 출시된 요금제의 조건들을 찾아본 적이 있는가? 대부분 새로 출시된 요금제가 있는지도 모를 뿐더러, 몇 년 전에 가입한 요금제를 그대로 쓰고 있을 만큼 요금제 트렌드에 둔감하다. 맞지 않는 요금제를 쓰고 있거나 새로 출시된 요금제가 지금 사용하고 있는 요금제보다 득이 될 경우, 통신사에서는 고객에게 전화나 문자를 통해 알려주고 있다. 하지만 이를 스팸 광고로 취급하기 십상이다. 가끔은 도움이 되는 내용일수도 있으니 알림을 받으면 직접 찾아보고, 요금을 얼마나 줄일 수 있는지 따져볼 필요도 있다.

⊘ 부가 서비스 혜택을 사수하자

이동 통신 3사 요금제가 제공하는 큰 혜택 중에 하나는 멤버십 포인트 제도이다. 멤버십 포인트로 영화를 무료로 예매하거나 카페, 편의점, 레스토랑은 물론 각종 쇼핑 사이트에서 할인도 받을 수 있다.

문제는 혜택들을 꼬박꼬박 챙기지 못한다는 데 있다. 데이터 무제한 요금제처럼 프리미엄 요금제를 사용하면 각 통신사의 VIP 고객이 된다. 일반 요금제를 사용하는 사람들보다 훨씬 더 많은 멤버십 포인트가 주어진다. 그럼에도 불구하고 바쁘거나 혹은 귀찮다는 이유로 혜택을 놓치고 만다. 심지어 이를 아까워하지도 않는다. 하지만 영화 무료 예매나 카페 할인 혜택 등 일생생활과 밀접한 내용은 의지만 있으면 챙길 수 있다. 대부분 멤버십 포인트를 사용해야 한다는 생각 자체를 잊어 혜택을 누리지 못하기 때문에, 휴대폰 달력에 '영화 예매' 혹은 '카페 할인' 등을 기록해 알림 설정을 해두면 좋다. 이 작은 행동 하나는 매달 멤버십 포인트를 버리지 않는 결과를 가져올 것이다.

휴대폰 요금에는 부가 서비스 혜택 비용까지 모두 포함되어 있다는 사실을 잊어서는 안 된다. 이를 전혀 활용하지 못하면서 프리미엄 요금제를 쓰고 있다면, 이것이야말로 통신사의 호갱이라 할 수 있다.

⊘ 소소하지만 쏠쏠한 재테크

다양하게 부가 서비스 혜택을 누리는 방법이 있다. 다소 번거롭다고 생각할 수도 있다. 하지만 이 방법은 나만 몰랐던, 많은 사람들이 이미 실천하고 있는 것들이다.

| 방법 1 | 멤버십 포인트를 현금화한다

요즘에는 각종 커뮤니티를 통해 멤버십 포인트를 거래하기도 한다. 멤버십 포인트로 영화 예매를 대신 해주고 돈을 받는 방식이다. 파는 사람의 입장에는 멤버십 포인트를 현금화할 수 있어서 좋고, 영화 티켓을 구매하는 사람은 일반적인 방법으로 예매하는 것보다 싸게 살 수 있다는 장점이 있다. 강조하고 싶은 건, 이렇게라도 매달 포인트를 쓰겠다는 의지를 키워야 한다는 것이다.

|방법 2| 남는 데이터를 거래한다

무제한 요금제를 사용하지 않는 사람이라면, 데이터가 부족할 때도
있다. '딱 500MB만 더 있으면 좋을 텐데….' 통신사의 데이터 충전
서비스를 이용하면 100MB당 2,000원 정도의 비용이 발생한다. 이
보다 훨씬 저렴하게 데이터를 충전하는 방법이 있다. 바로, 커뮤니
티를 통한 직접 거래이다. 각종 커뮤니티에서 데이터 1GB는 대략
2,000원 정도에 거래되고 있다. 통신사보다 시세가 저렴하다 보니
수요도 많고, 공급도 많다.

중고 거래 및 재테크 관련 카페(중고나라, 스사사, 짠돌이카페 등)에
서 '데이터 팔아요'라고 쓰고 남는 데이터를 거래하면 된다. 통신사
에서 제공하는 '데이터 선물하기' 기능을 이용하는 것이다. 물론 같
은 통신사끼리만 데이터 거래가 가능하다.

⊘ 결합의 힘으로 통신비를 줄이자

과거에는 통신사를 변경하면 제공받을 수 있는 보조금이 많았다.
그때는 2년 약정이 끝나면 보조금을 많이 지원하는 통신사로 갈아
타는 것이 일반적이었다. 그러나 '단통법'이 시행된 이후로 고액의
보조금을 주는 것은 불법이 되었다. 물론 이동 통신사들은 엄청난

과징금을 내면서도 암암리에 불법 보조금 경쟁을 벌이고 있지만 예전보다 보조금이 많이 줄어든 것만은 확실하다. 이러한 이유로 약정 기간이 끝난 후에도 통신사를 이동하지 않고 기기 변경만 하는 사람들이 많아졌다.

그래서 통신사들은 '고객 뺏기' 방법에서 벗어나 '기존 고객 지키기' 방법을 모색하고 있다. 그중 하나가 결합 혜택을 점점 늘리는 것이다. 이를 잘 이용하면, 생각보다 많은 금액의 통신비가 줄어든다. 휴대폰과 TV, 인터넷의 통신사를 통일하면 통신비를 대폭 할인받을 수 있다. 또 가족 모두 한 통신사를 쓰면 할인율은 더욱 높아진다. 이때, 가족의 범위와 결합으로 인정되는 가족의 수는 통신사마다 다르기 때문에, 사전에 확인해야 한다. 통신사의 멤버십 혜택은 그대로 누리면서 월 3만~4만 원대의 알뜰폰 요금제 수준으로 요금을 대폭 낮추는 결과를 얻을 수 있을 것이다.

⊙ 단말기 할인 약정 vs 25% 요금 할인

"단말기 지원금을 받으시겠어요? 아니면 선택 약정으로 요금 할인을 받으시겠어요?" 보통 휴대폰을 바꾸러 가면 듣게 되는 말이다. 휴대폰을 사고 나서 24개월간 할부 노예가 되는 이유는 한 통신사에서 2년간 해당 단말기를 쓰겠다는 약정 조건 때문이다. 이 약정에도 두 가지 종류가 있는데, 하나는 단말기 할인 약정이고 또 다른

통신 요금 정보의 모든 것

'스마트초이스' 사이트(www.smartchoice.or.kr)는 개인에게 맞는 요금제를 추천하고, 단말기 지원금을 조회할 수 있는 등 통신 요금과 관련된 다양한 서비스를 제공한다. 이곳은 한국 과학 기술부, 통신 3사, 한국 통신 사업자 연합회가 함께 운영하고 있어 믿을만한 정보가 나와 있다.

특히 통신비 미환급금을 조회할 수 있는 서비스를 눈여겨보자. 오랜만에 꺼낸 옷의 주머니 안에서 잊고 있었던 돈이 발견될 때의 기쁨을 휴대폰 요금에서도 누릴 수 있다. 통신사의 서비스를 해지했을 때, 해지 시점까지의 이용 요금을 정산하게 된다. 이때 과납된 요금 등을 찾아가지 않아, 미환급금으로 남아 있는 경우가 있다. 실제로 통신비 미환급금은 70억 원이 넘는다. 밑져야 본전, 자신이 받아야 하는 통신비 미환급금은 없는지 한 번 조회해보길 바란다.

출처: 스마트초이스 웹 사이트

하나는 요금 할인 약정이다.

- **단말기 할인 약정**(공시 지원 약정): 휴대폰 기기 값에서 할인을 받는 것이다. 통신사와 제조사에서 각 단말기마다 혹은 요금제별로 할인 금액을 책정하기 때문에 할인율은 주기적으로 변동된다.
- **요금 할인 약정**(선택 약정): 매월 사용하는 요금제에서 할인을 받는 것이다. 매달 요금의 25%를 고정적으로 할인받을 수 있다.

대부분 두 가지 약정 중에 어떤 옵션이 더 유리할지 바로 알 수가 없기 때문에 판매 대리점에서 각각 결괏값을 비교해 보여주기도 한다. 공시 지원금이 선택 약정 할인 금액의 합산 금액보다 높을 때는 단말기 할인 약정이 유리하지만, 그렇지 않다면 보통은 요금 할인 약정이 좀 더 유리하다. 다만, 중간에 해지하여 약정 기간을 다 채우지 못할 경우, 요금 할인 약정은 단말기 할인 약정에 비해 위약금이 더 세다. 단말기 할인 약정은 단말기 출고가에서 할인받은 금액 중 일부가 위약금으로 계산되지만, 요금 할인 약정은 미사용 기간이 늘어나면 그만큼 위약금도 늘어나기 때문에 신중한 선택이 필요하다.

⊘ 소비자에겐 '이익', 카드사는 '적자'

가족 결합 할인 혜택과 선택 약정 할인까지 챙겨 통신비를 절반 가까이 줄였다면 이제 마지막 단계가 남았다. 통신비가 할인되는 신용 카드에 자동 이체를 설정하는 일이다. '매달 통신비 1만 7,000원 할인'과 같은 심플하고도 파격적인 혜택을 주는 신용 카드도 있다. 통신비 할인 혜택을 제공하는 신용 카드들이 점점 사라지고 있기는 하다. 신용 카드 발급이 중단되었다는 것은 카드사 입장에서는 이익보다는 손해가 더 컸기 때문일 것이다. 역설적으로 소비자에겐 이익이 크다는 의미이다. 잘 찾아보면 통신비 할인율이 높은 신용 카드들이 여전히 존재한다. 네이버 검색창에 '신용 카드'를 검색하면 통신비 할인이 가능한 카드를 쉽게 찾을 수 있다.

신용 카드의 혜택을 따질 때, 신용 카드의 피킹률을 유심히 봐야 한다. 피킹률은 해당 카드의 전체 사용 금액 중 할인이나 적립 등의 혜택을 받은 금액이 차지하는 비율을 의미한다. 일반적으로 5% 이상이면 매우 적절, 3~5%는 적절, 1~3%는 보통, 1% 이하는 부적절하다고 볼 수 있다. 피킹률은 신용 카드가 과연 제 몫을 하고 있는지 판단할 수 있는 중요한 지표이다.

출처: 네이버(2020년 5월 기준)

$$\text{피킹률} = \frac{\text{월평균 혜택 금액} - (\text{연회비} \div 12)}{\text{월평균 사용 금액}} \times 100$$

계산 결과

• 1% 미만: 해지가 답이다.

• 1~2%: 해당 카드만의 혜택이 있다면 괜찮지만, 그렇지 않다면 해지하는 것이 낫다.

• 3~5%: 적당하다.

• 5% 이상: 아주 훌륭한 선택이다.

통신비 혜택을 주는 A 카드의 이용 조건을 예로 들어 피킹률에 대해 자세히 살펴보자.

• 30만 원 이상 쓰면 통신비 1만 6,000원 할인 → 피킹률 5.3%

• 70만 원 이상 쓰면 통신비 2만 1,000원 할인 → 피킹률 3%

• 120만 원 이상 쓰면 통신비 2만 6,000원 할인 → 피킹률 2.2%

이용 실적이 높을수록 통신비는 더 많이 할인이 된다. 그런데 과연 A 카드로 얼마를 써야 최고의 효율을 볼 수 있을까? 피킹률을 따져서 판단해보면 된다. 이용 실적이 높을수록 피킹률은 점점 낮아진다. 따라서 A 카드로 30만 원만 쓰고 통신비를 1만 6,000원 할인받았을 때 가장 효율적으로 사용 가능한 것이다.

또 통신비를 자동 이체로 등록할 때 휴대폰과 TV, 인터넷 요금을 분리해서 다른 카드를 사용하면, 각각의 카드마다 통신 비를 할인받을 수 있다. 다시 말하면, 다 같은 통신비라고 한 카드에 몰아서 자동 이체를 해두면 할인 혜택은 한 번뿐이지만, 구분하면 모두 할인 혜택을 받을 수 있다는 이야기이다.

돈 팁

단말기 요금도 무조건 할부로 결제해야 할까?

통신사 가입 계약 시 2년 약정이 기본 조건이기 때문에 단말기 할부금 역시 24개월 분할 납부로 선택하는 경우가 많다. 이때 매달 할부 이자가 발생하는데도 말이다. 형편이 된다면 단말기는 일시불로 구매하는 것이 좋다. 그게 어렵다면, 할부 개월 수를 최대한 줄이는 것이 중요하다.

알뜰폰 통신사

⊘ 알뜰 요금제, 품질도 알뜰할까?

혜택은 필요 없고, 무조건 요금을 저렴하게 이용하고 싶은 사람들은 알뜰폰 요금제에 관심을 기울여보자. 사실 가성비의 끝판왕은 알뜰폰 요금제이다. 처음 알뜰폰이 등장했을 때는 "데이터가 잘 안 터지는 거 아냐?", "전화도 잘 안 걸린다던데…." 등등 온갖 소문이 무성했지만, 이제 그런 걱정은 할 필요가 없다.

알뜰폰 통신사들은 기존 통신사들의 통신망을 그대로 사용하기 때문에 품질에는 전혀 차이가 없다. 겉으로만 봐서는 알뜰폰인지 아닌지 알 수도 없다. 알뜰폰 사업자들은 통신 3사처럼 막대한 돈을 광고에 쏟아붓지 않아도 되고, 대부분의 업무도 온라인상에서 이루어지다 보니 부가 비용이 적게 든다. 게다가 정부 정책 덕분에 통신망 임대료도 원가의 절반 가격으로 제공받아, 저렴한 요금으로 품질 좋은 서비스를 제공할 수 있다.

⊘ 알뜰폰 요금제 이용 방법

알뜰폰 요금제를 이용하는 방법은 간편하다. 우선 자급제 휴대폰이 필요하다. 자급제 휴대폰이란 통신사에서 기계 판매와 개통을 모두 담당하지 않고, 판매와 개통이 분리되어 있는 휴대폰이다. 쉽게 말하면, 공기계이다. 해외에서는 자급제 휴대폰 이용률이 높은 편이지만 국내에서는 최근에서야 이용률이 증가하고 있다. 예전에는 보급형 모델이나 구형 모델로만 출시되었지만, 현재는 최신 모델들도 자급제 휴대폰 형태로 출시되고 있다. 자급제 휴대폰을 산 다음 알뜰폰 통신사 홈페이지에서 요금제를 고르면 된다. 알뜰폰 통신사

알뜰폰 '인기' 요금제 비교 (2020년 5월 기준)		
SKT 통신망	'LTE 음성 다 유심 11GB' (SK 세븐모바일)	기본료: 4만 9,060원/월 프로모션 할인가: 3만 3,000원/월
KT 통신망	'유심 LTE 데이터선택 10GB' (알뜰폰 티플러스)	기본료: 3만 4,000원/월 제휴 카드 혜택가: 1만 2,000원/월
LG U+ 통신망	'유심 데이터 · 통화 마음껏' (U+ 알뜰모바일)	기본료: 4만 9,390원/월 프로모션 할인가: 3만 3,000원/월

3교시 | 쓸 때 쓰고도 남기는 소비

홈페이지에 들어가면 3사 통신망에 대한 다양한 요금제가 출시되어 있다. 먼저 알뜰폰 통신사(SK 세븐모바일, 알뜰폰 티플러스, U+ 알뜰모바일 등 다양하다.) 중 한 곳을 선택한 다음 SKT, KT, LG U+ 중에서 어떤 통신망을 이용할 것인지 선택하면 요금제를 고를 수 있다. 이렇게 신규 개통 신청 절차를 마치면 집으로 유심 칩이 배송된다. 유심 칩을 자급제 휴대폰에 꽂기만 하면 된다. 물론 오프라인에서도 알뜰폰 개통 절차를 진행하는 것이 가능하다.

앞의 표는 사람들이 많이 이용하는 대표적인 데이터 무제한 요금제를 소개한 것이다. 각종 프로모션이나 제휴 카드 할인 이벤트가 매달 시행되고 있어, 실제로는 더욱 저렴한 가격으로 통신비를

출처: 인터넷 우체국 웹 사이트

해결할 수 있을 것이다. 신용 카드가 제공하는 통신비 할인 혜택이 적용되지만 알뜰 통신사는 선택 약정 할인, 가족 결합 할인 등이 제공되지 않는다. 그러므로 통신 3사의 가족 결합과 선택 약정 할인을 모두 적용한 금액보다 알뜰폰 요금이 더 합리적인가를 고민해야 한다.

⊙ 알뜰폰에 대한 오해는 그만

알뜰폰에 대해 아무것도 모르는 사람도 있고, 알고 있더라도 편견을 가진 사람들도 많다. 알뜰폰과 관련된 몇 가지 잘못된 생각들을 짚어보자.

알뜰폰의 모든 것

- **최신 휴대폰은 알뜰 요금제를 쓸 수 없다:** 단말기에 유심 칩만 넣으면 되기 때문에, 개통이 불가능한 기기는 거의 없다고 봐도 무방하다.
- **고객 센터가 없어서 불편하다:** 고객 센터가 엄연히 존재한다.
- **소액 결제가 안 된다:** 충분히 가능하다. 물론, 일반 통신사와 동일한 방식이다.
- **멤버십 혜택이 없다:** 부가 서비스 혜택이 부족한 건 사실이지만, 자체 멤버십 서비스가 존재한다.

선택 약정 + 가족 결합 + 제휴 카드가 아니라면
알뜰폰으로!

매달 당연하게
나가도 되는 돈은 없다

혜택도 부지런해야만 챙길 수 있다. 다르게 말하면, 부지런해야 돈을 모을 수 있다는 이야기이다. 스마트폰을 스마트하지 않게 사용하고 있는 대다수의 사회 초년생들이 통신비에 대해 생각해봄으로써, 마음의 고삐를 한번 다잡을 수 있었길 바란다.

지금의 휴대폰 시장에서 최신 휴대폰이 갖는 의미는 예전만큼 크지 않아 보인다. 한철 지난 중고 휴대폰도 너무나 훌륭한 사양을 갖추고 있고, 거품이 잔뜩 껴 있던 통신비도 나름 합리적인 가격대로 다양하게 출시되어 있는 덕분이다.

통신비를 줄일 수 있는 다양한 방법들은 여기저기에 있다. 귀찮다는 이유로, 금액이 많지 않다는 이유로, 통신비 납부 고지서에 적혀 있는 금액을 곧이곧대로 내고 있다면 지금 당장 자신에게 맞는 휴대폰 요금제를 알아보길 추천한다. 월급 200만 원의 사회 초년생이 돈을 모으기 위해서는 통신비를 비롯한 고정 지출비를 줄여야 한다는 점을 기억하고 또 기억해야 한다.

간편결제 편

간편한 결제 세상,
어떤 '페이'를 사용해야 할까?

간편결제 서비스 중 어떤 '페이'가 갑?

현금을 들고 다니는 사람을 보기가 쉽지 않다. 가진 걸 뽐내는 '플렉스'의 세상이 되었지만 언제부턴가 명품 지갑에 지폐를 가득 넣고 다니며 돈 자랑을 하는 사람들도 사라졌다. 지갑은 필요한 카드 몇 장과 신분증만 넣고 다니면 될 정도로 간소화되었고, 이제는 그마저도 사라져 휴대폰 하나만 달랑 들고 외출하는 사람들도 많아졌다. 휴대폰에 신용 카드와 체크 카드, 계좌 번호 등을 등록할 수 있게 된 덕분이다. 또 할인과 적립 혜택이 많은 간편결제 서비스는 관련 앱만 깔아두면, 비밀번호 혹은 지문 인식만으로도 손쉽게 결제가 이루어진다. 공인 인증서, OPT 보안 카드, 생각만 해도 끔찍한 액티브 엑스 등 온갖 번거로운 결제 절차들로부터 해방된 것이다. 이 얼마나 간편한 결제 세상인가.

그런데 쉽고 간편한 것이 꼭 좋은 것만은 아니다. 결제에 걸리는 시간이 줄어든 만큼 소비에 대한 죄책감도 찰나의 순간이 되어버렸다. 돈에 대한 감각은 둔해져 현금으로 5만 원을 내면 비싸다고 생각하면서, 간편결제를 할 때는 지출 금액 자체를 생각할 겨를조차 없다. 게다가 평소 적립해둔 포인트와 할인 혜택을 받을 수 있고 카드 무이자 할부가 대부분 6개월, 길게는 12개월까지도 가능하기 때문에 더욱 거침없이 돈을 쓰게 된다. 5만 원이라는 가격을 한 달에 1만 원도 안되는 돈이라고 재해석하면서, 그렇게 씀씀이는 점점 더 커져만 간다.

일명 시발비용(스트레스를 받아서 쓴 돈), 멍청비용(쓰지 않아도 될 돈), 쓸쓸비용(쓸쓸해서 쓴 돈), 홧김비용(화나서 쓴 돈), 탕진잼(소소하게 탕진하는 재미), 욜로 라이프 등 마케팅 시장은 사람들이 돈을 쓰게 만들기 위해 갖가지 변명거리로 소비를 포장하느라 바쁘다. 간편결제 시장은 점점 더 많은 혜택을 제공하며, 돈을 쓰는 데 주저함이 없는 환경을 만들기 위해 고군분투하고 있다. 돈을 벌기는 힘든데 쓰기는 너무나 쉽다.

2020년 '코로나19'로 인해 온라인 쇼핑 시장이 폭발적으로 성장하면서 간편결제 시장 역시 그 수혜를 똑똑히 누리고 있다. 금융 감독원 자료에 따르면, 2019년 국내 간편결제 거래액은 약 100조 ~120조 원 이상의 규모이며 국민 1명당 평균 3개의 간편결제 서비스 플랫폼을 이용하고 있다고 한다. 오픈 뱅킹으로 금융업의 무한 경쟁 시대가 열렸다. 간편결제 사업에 진출한 국내 업체수도 크게 늘어 간편결제업에는 128개사, 간편 송금업에는 46개사가 진출해 있다. 기업들은 간편결제 시장을 단순히 사업 영역 확대 차원을 넘어 본격적인 금융업으로 전환하는 발판으로 삼으며, 새로운 수익 모델을 만들기 위해 출혈 경쟁을 벌이고 있다. 여기에 기존의 카드사들 역시 간편결제 시장에 뛰어들고 있는 상황이다. 그 결과 각종 '페이'가 우후죽순 생기고 있고, 사람들은 지갑을 없애고 있다. 급속하게 지갑 없는 사회, '월렛리스 사회'로 진입하고 있는 것이다.

소비자 입장에서는 이러한 변화가 반갑기도 하고, 다소 혼란스럽기도 하다. 선택지가 많아진 지금, 어떤 간편결제 플랫폼을 써야 좋을까? 자신에게 적합한 간편결제 플랫폼을 생각해보고, 당장이라도 그 혜택들을 활용할 수 있도록 주요 서비스 플랫폼에 대해 알아보자.

간편결제의 등장

⊙ 네이버페이 vs 카카오페이

간편결제 시장을 이끌어나가는 쌍두마차가 있다. 바로 네이버페이
와 카카오페이. 네이버페이는 2015년 6월 25일에 서비스를 개시
했고, 카카오페이는 그보다 빠른 2014년 9월 5일에 서비스를 시작
했다. 국내 양대 인터넷 기업인 네이버와 카카오가 간편결제 시장
에 본격적으로 뛰어들면서, 국내에 간편결제 플랫폼 전쟁이 시작되
었다고 해도 과언이 아니다.

대한민국 국민이라면 누구나 네이버 검색 엔진과 카카오톡 서비
스를 사용하고 있기 때문에, 둘 중에 어떤 간편결제 플랫폼을 골라
야 할지 결정하기가 좀처럼 쉽지 않다. 물론 둘 다 사용해도 되지만

한정된 돈을 어느 플랫폼에서 써야 효율적일지 판단하기가 어렵다. 출시 초반에는 두 서비스의 특성이 달라 소비자들이 각자 취향에 맞는 플랫폼을 선택할 수 있었지만, 경쟁을 통해 제공하는 서비스가 거의 비슷하게 되었다. 그러나 온라인과 오프라인, 모바일 등 각각의 이용 영역마다 서로 다른 강점을 가지고 있고, 장점과 단점이 분명하기 때문에 좀 더 상세한 비교를 통해 알아볼 필요가 있다.

⊘ 온라인 결제 마니아들이라면, 네이버페이

네이버페이의 강점은 단연, 포인트가 팍팍 쌓인다는 점이다. 게다가 네이버 쇼핑 서비스는 10원 단위로 최저가 검색을 해주기 때문에 가장 저렴한 가격으로 원하는 것을 얻을 수 있다. 검색한 상품에 'NPay' 표시가 되어 있으면, 네이버페이로 결제가 가능하다는 의미이다. 약 30만 개의 온라인 가맹점에서 사용이 가능하고 기본 결제 금액의 1%가 네이버 포인트로 적립된다. 또 구매 확정을 하거나 텍스트 리뷰, 사진 및 동영상 리뷰를 남기면 50~150포인트까지 추가 적립되므로, 포인트 적립 혜택만 해도 꽤 쏠쏠한 편이다.

이렇게 적립된 네이버 포인트는 온라인 쇼핑몰에서 사용 가능하다. 뿐만 아니라 배달의민족, 요기요, 아시아나항공, 진에어, 제주항공, 온라인 서점 등 다양한 가맹점을 비롯해 네이버 뮤직, 영화, 웹툰 등 디지털 콘텐츠를 결제할 때에도 현금처럼 사용할 수 있다. 무엇보다 편리한 점은 네이버 아이디만 있으면 소규모 온라인 가맹점의 회원 가입 절차를 거치지 않고도 쇼핑, 결제, 배송이 이루어진다는 점이다.

네이버페이의 송금 수수료는 횟수 제한 없이 무료이다. 상대방의 계좌 번호를 직접 입력하거나, 휴대폰 연락처 혹은 네이버 아이디를 입력하면 간편하게 송금이 가능하다. 사전에 공인 인증서를 등록하거나 본인 명의로 된 계좌를 등록해두면, 공인 인증서 없이도 송금할 수 있다. 상대방이 '포인트로 받기' 혹은 '은행 계좌로 받기' 중 하나를 선택하면 바로 송금 절차가 마무리된다.

네이버페이의 가장 큰 장점은 포인트 적립이지만 네이버 포인트는 현금화할 수 없기 때문에 네이버페이를 사용하지 않는 사람들에게는 매력적인 혜택이 아니다. 다만 네이버 포인트를 선물하는 것도 가능하기 때문에 친구들이나 지인들에게 주는 것도 좋다.

⊘ 다양한 포인트 적립 찬스를 노려라

그렇다면 네이버페이는 어떻게 써야 제대로 쓰는 것일까? 먼저 다양한 포인트 적립 찬스들을 잘 살려서 포인트를 쌓는 데 집중하면 된다. 그다음 매달 꼭 필요한 것들을 네이버페이로 결제하면 된다. 물론 온라인 최저가 검색을 활용해서 말이다.

네이버페이로 결제가 안 되는 곳이 거의 없기 때문에 네이버 포인트를 현금이라고 봐도 무방하다. 네이버페이를 자주 사용하는 이들을 위해 네이버 포인트 적립 방법들을 소개한다.

| 방법 1 | 리뷰, 잊지 말고 꼬박꼬박 쓰자

상품 구매 평의 경우 텍스트 리뷰는 50포인트, 사진이나 동영상 리뷰는 150포인트가 적립된다. 한 달 내에 리뷰를 작성하기만 하면 포인트 적립이 가능하다. 50원, 150원 등 푼돈이 우습게 보일지 몰라도 이게 쌓이면 은근히 쏠쏠하다.

출처: 네이버 My 플레이스

상품뿐만 아니라 장소에 대한 리뷰도 '네이버 My 플레이스' 서비스에 등록하면 포인트 적립이 가능하다. 식당이나 카페 등 다녀온 장소의 영수증을 올리고 리뷰를 남기면 500포인트로 되돌아온다. 앉아서 500원을 버는 셈이다. 이때 영수증은 종이가 아니라 500원짜리 동전이 된다.

출처: 네이버 지식iN 룰렛

| 방법 2 | 포인트 쌓는 '지식iN' 룰렛

네이버 지식인에 질문 세 가지를 올리거

나, 답변 세 개를 올리면 지식iN 룰렛 이용권 한 장을 준다. 재미 삼아 해보면 좋다. 은근히 포인트 적립에 도움이 된다.

| 방법 3 | 포인트 충전하면 1.5% 적립 혜택

네이버페이를 많이 쓴다면, 네이버페이를 미리 충전해서 사용하는 방법을 추천한다. 짠내 나는 은행 이자 대신 네이버페이 충전으로 적립 재테크를 하는 사람들도 많다 보니, '네테크'라는 말이 생기기도 했다. 네테크의 핵심은 1.5% 포인트 적립에 있다. 5만

출처: 네이버

원 이상을 충전하면 충전 금액의 1.5%를 적립해준다. 예를 들어, 한 달에 네이버페이로 10만 원 정도를 쓴다고 가정해보자. 미리 10만 원을 충전했을 때, 1,500원을 더 준다. 적은 금액이라고? 10만 원을 연이율 1.5%의 은행 예금 상품에 넣어두면, 이자 1,500원에서 이자 소득세 231원을 뺀 1,269원을 더 준다. 이것조차 1년 내내 넣어두었을 때 가능한 금액이다. 그러므로 네이버페이 충전은 절대 손해 보는 장사가 아니다. 네이버페이를 충전한 후, 쓸 일이 없어져도 괜찮다. 아예 사용하지 않았거나 60% 이상 사용했으면 환급도 가능하다. 이때, 적립 혜택은 사라지긴 하지만 원금은

보존된다.

| 방법 4 | 그 외의 적립 혜택

- 네이버페이로 구매 시 1% 추가 적립
- 단골 스토어에서 결제 시 2% 추가 적립(단골 스토어 지정 시)
- 월 30만 원 이상 사용 시 1% 적립

⊘ '케네카드'로 네이버 포인트 챙기기

케네카드는 인터넷 뱅크인 케이뱅크와 네이버페이가 제휴해 만든 체크 카드이다. 줄여서 케네카드로 불리고 있다.

전월 실적에 관계없이 매달 24만 원 이상 사용하면 사용액의 1.2%가 네이버 포인트로 적립된다. 최대 3만 원까지 적립이 가능하고, 기준 실적인 24만 원만 사용해도 매달 2,880원을 포인트로 챙길 수 있어 적립률이 비교적 높은 편이다. 단, 케이뱅크와 네이버 계정이 연동되어야 적립이 가능하다. 최소 실적이 24만 원이기 때문에 카드의 월 사용액이 많지 않은 사람에게 적합하다. 특히 서브 카드로 활용할 카드를 찾는 이들에게 케네카드를 추천한다. 첫 달은 실적 유예 기간으로 24만 원 이상 사용하지 않아도 지출한 금액의 1.2%가 네이버 포인트로 적립된다.

✅ 온라인 간편 송금의 절대 강자, 카카오페이

카카오페이의 강점은 국민 메신저인 카카오톡과 무서운 속도로 성장하며 인터넷 은행의 강자로 떠오른 카카오뱅크를 기반으로 한 간편 송금, 간편결제에 있다. 간편결제 시장의 사용자들을 대상으로 한 조사에 따르면, 편리성과 안정성 측면에서 카카오페이에 대한 만족도가 높은 것으로 나타났다. 부가 서비스 혜택이 아니라 결제 과정 자체에 충실한 서비스에 긍정적인 반응을 보였다는 것은 카카오가 가진 브랜드 파워와 위상을 가늠하게 하는 대목이다.

카카오페이는 서비스 개설 초반엔 직불 결제 형태였지만 현재는 카카오페이에 사용자의 계좌를 등록한 후, 해당 계좌에서 페이머니를 충전하여 쓰는 방식으로 진화했다. 페이머니가 부족해도 결제가 이루어지는 건 바로 이 시스템 때문이다. 또 네이버페이와 마찬가지로 계좌나 카드를 미리 등록해두면 비밀번호 입력만으로 송금이나 결제를 손쉽게 할 수 있다. 송금 수수료는 무료지만 받는 사람의 특정 계좌로 송금하는 경우에는 횟수가 월 10회로 제한된다.

카카오페이와 제휴를 맺고 있는 대형 가맹점이 많은 덕분에 오프라인 간편결제 시장에서 점유율이 높은 편이다. 해피포인트, CJ ONE 포인트, H 포인트 등 거의 모든 포인트 적립처가 카카오페이의 제휴처이다 보니, 카카오페이 바코드만 보여주면 포인트 적립이 가능하다. 카카오페이에 개별 멤버십을 연동해두면 흩어져 있던 멤버십이 한데 모아진다는 강점도 있다. 카카오페이의 포인트 적립률은 네이버페이에 비해 약하지만 현금화가 가능하다는 강점이 있다.

⊘ 카카오페이 활용 방법

| 방법 1 | QR 코드로 각종 공과금 납부하기

인터넷 뱅킹이나 모바일 뱅킹을 이
용해 각종 공과금을 납부하려면,
가상 계좌 번호나 자동 납부 번호
를 입력하고 납부 금액을 일일이
입력해서 송금해야 하는 번거로움
이 있었다. 하지만 카카오페이 내
에서는 세금 고지서의 QR 코드만
찍으면 쉽고 편리하게 각종 공과금
을 납부할 수 있다. [My] 메뉴에
들어가서 [청구서]만 누르면 10초

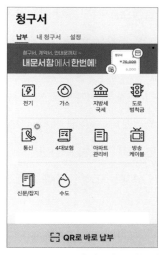

출처: 카카오톡 청구서

내에 납부 가능하다. 종이 고지서 납부의 불편함을 개선한 카카오
페이의 청구서 QR 코드 납부 서비스는 매년 이용 건수가 증가하고
있을 만큼 인기이다.

| 방법 2 | 카카오페이 P2P 투자 서비스 이용하기

기존 금융권이 제공하는 투자 상품은 많지만 이 중 사회 초년생이

쉽게 접근할 수 있는 상품은 그리 많지 않다. 카카오페이는 이러한 틈새 시장을 공략하고자 2019년 중위험·중수익을 내세운 대출 채권을 팔아 인기몰이를 했다. 스마트폰으로 간편하게 이용할 수 있는 P2P 투자로 인한 수익금이 입금될 때마다 카카오톡 알림이 오기 때문

에 투자하는 재미도 맛볼 수 있다. 연 8% 이상의 고수익률을 기대하기보다는 은행 예적금보다 조금 나은 수준의 수익률을 노려본다면 P2P 투자를 추천한다. 소액으로 분산 투자한다는 전제하에 사회 초년생들도 해볼만한 재테크 방법이다.

카카오페이 내 P2P 투자 시, 유의해야 하는 세 가지

· 금융 감독원에 등록된 업체인지 확인해야 한다. 현재 영업 중인 P2P 업체는 약 200개인데, 금융 감독원에 등록된 업체는 20개 정도이다. 금융소비자 정보포털 '파인' 웹 사이트(fine.fss.or.kr)에서 확인하면 된다.

· 최고·최저 수익률인 상품은 피해야 한다. 최고 수익률은 위험성이 높을 가능성이 많고, 최저 수익률은 세금을 감당하면서 투자할 필요가 없는 상품이다.

· 분산 투자를 해야 한다. 다시 말해, '10만 원' 상품 1개보다는 '1만 원' 상품 10개가 낫다.

⊘ 헷갈리기 쉬운 카카오페이 체크 카드

카카오페이 체크 카드는, 일반 은행과 카드사들이 카카오페이와 제휴한 체크 카드와 카카오페이가 자체적으로 내놓은 체크 카드로 분류된다. 전자의 경우에는 이용 실적에 따라 캐시백을 받을 수 있어 큰 금액을 결제할 때 좋다.

카카오페이 체크 카드는 선불식이다. 페이머니를 충전해야 결제가 가능하지만, 사용 방식은 사실상 체크 카드와 동일하다. 사용자가 등록한 은행 계좌에서 자동으로 돈이 인출되어 페이머니가 충전되는 방식으로, 카카오뱅크를 비롯한 모든 은행의 계좌와 연결이 가능해 일반 체크 카드보다 훨씬 사용하기 편리하다.

카카오 관련 체크 카드 종류 및 특징(2020년 5월 기준)		
체크 카드명	특징	혜택
카카오뱅크 프렌즈 체크 카드	카카오뱅크가 내놓은 카드	• 주말 이용 금액의 0.2~0.4% 캐시백 • 생활 속 다양한 분야에서 월 최대 6만 1,000원 캐시백 또는 할인 혜택 • 전월 실적 조건 없음
카카오페이 신한 체크 카드 (무지앤콘)	카카오페이에 신한카드를 등록하여 사용하는 카드	• 전월 실적이 없어도 페이머니 2% 적립(월 한도 1만 원) • 전월 실적이 30만 원 이상인 경우, 통합 적립 한도 내에서 대중교통 및 통신비 3% 적립 • 첫 결제 시 페이머니 5,000원 적립
카카오페이 체크 카드	카카오페이가 자체적으로 내놓은 카드	• 연동만 하면 모든 은행의 체크 카드로 사용할 수 있는 만능 체크 카드

☑ 같이 쓰면 천하무적, 삼성페이 × 페이코(PAYCO)

삼성페이는 오프라인에서 휴대폰으로 결제하기가 편리하다는 장점이 있다면, 페이코는 적립 혜택이 쏠쏠하다는 장점이 있다.

특히 삼성페이는 오프라인 결제는 물론이고 휴대폰만 있으면 버스나 지하철과 같은 대중교통에서도 사용할 수 있으니 확실히 편하다. 삼성페이의 기존 고객들은 삼성페이에 대한 충성도가 굉장하다. 이 서비스에 길들여지면 절대로 다른 스마트폰을 쓸 수 없다고 할 정도다.

삼성페이가 페이코를 만나면 더욱 천하무적이 된다. 삼성페이를 지원하는 휴대폰이라면, 페이코 앱을 설치하고 삼성페이를 결제 수단으로 등록하면 좋다. 삼성페이의 다양한 오프라인 가맹점 혜택과 페이코의 적립 혜택을 모두 챙길 수 있다.

삼성페이×페이코 혜택

- 가맹점에서 페이코 오프라인 결제 시 결제 금액에 상관없이, 1% 페이코 포인트 적립
- 3회 결제 시마다 100% 당첨 쿠폰 발급, 최소 100포인트 추가 적립 가능
  (단, 매달 이벤트에 따라 조건과 혜택이 변동될 수 있다.)

카드 포인트를 사용할 곳이 없다면?

매년 사라지는 카드사 포인트를 돈으로 환산하면 1,300억 원 규모이다. 돈이라면 분명 악착같이 챙겼을 텐데, 포인트는 아무래도 무심히 잊게 된다. 하지만 이제 포인트도 현금처럼 쓸 수 있는 시대이다.

법이 개정되어 소비자가 요청하면 모든 신용 카드사는 액수에 관계없이 포인트를 무조건 현금으로 바꿔주어야 한다. 해당 카드사 홈페이지 및 콜센터, 앱 등을 통해 포인트 현금화를 신청하면 카드사는 포인트를 카드 대금 출금 계좌로 입금해준다.

나도 모르는 내 카드 포인트가 있다고?

카드사 홈페이지에 일일이 들어가 포인트를 조회한다는 게 여간 번거로운 일이 아니다. '여신금융협회' 사이트(www.crefia.or.kr)나 앱 '카드포인트조회'를 이용하면 포인트를 한꺼번에 조회할 수 있다. 이를 통해 나도 모르게 잠자고 있던 숨은 포인트들을 발견할 수 있을 것이다.

간편결제 비교 분석

⊘ 간편결제 서비스의 장단점

앞서 살펴본 네이버페이부터 카카오페이, 삼성페이, 페이코까지 네 가지 간편결제 방식의 장단점을 간략하게 정리해보자. 각각의 특징을 살펴보고 자신에게 맞는 플랫폼을 찾으면, 보다 효율적인 소비를 하는 데 도움이 될 것이다.

간편결제 서비스 특징

	장점	단점	포인트
네이버 페이	• 중소 규모의 온라인 가맹점이 많다. • 별도의 회원 가입 없이 네이버 아이디로 쇼핑과 결제가 가능하다. • 다양한 방식으로 포인트가 적립된다.	• 가맹점이 제한적이다. • 오프라인 결제에 취약하다. • 포인트 현금화가 불가능하다.	네이버 포인트
카카오 페이	• 카카오톡과 연계 가능한 간편 송금 기능이 탑재되어 있다. • QR 코드 결제로 공과금을 납부할 수 있다. • 앱 설치 시, 오프라인 결제 방식이 간편하다. (앱을 설치 하지 않아도 사용 가능하다.) • 페이머니는 현금화가 가능하다.	• 다른 서비스에 비해 낮은 포인트 적립률을 가지고 있다.	카카오 페이머니
삼성 페이	• 오프라인 가맹점을 많이 보유하고 있다. • 오프라인 결제가 간편하다.	• 아이폰 유저는 이용이 불가능하다. • 포인트 사용처가 제한적이다.	삼성페이 리워드
페이코	• 온라인 쇼핑몰 및 온라인 게임, 키오스크, 각종 해외 직구 사이트 등 다양한 사용처를 가지고 있다. • 오프라인에서 사용이 가능하다. • 삼성페이 등록 시 삼성페이×페이코로 결제하면 적립 혜택에서 더 유리하다.	• 가맹점이 제한적이다.	페이코 포인트

결제는 빠르게 하더라도 결정은 느리게 하자!

결제도 4시간 후에 다시 봅시다.

결제하기 전에 갖는
잠깐의 시간은 돈을 벌어준다

얼마 전 공인 인증서만 가지고 있던 '공인 인증'의 지위가 폐지됐다. '깔고, 깔고, 또 깔아야 하는' 불편함을 비롯해 여러 문제들이 대두되면서 결국 역사 속으로 사라지게 된 것이다. 공인 인증서는 여전히 사용 가능하지만, 다른 인증 수단을 통해서도 본인 인증이 가능해졌다.

최근까지도 국세청 홈택스 홈페이지나 정부24 홈페이지, 금융 업무 등을 이용할 때는 공인 인증서를 써야 했다. 그런데 온라인 쇼핑몰에서는 공인 인증서를 쓰지 않아도 결제가 가능했다. 공인 인증서 관련법이 개정되기 전에도 말이다. 이는 온라인 쇼핑몰들이 나름의 인증 시스템을 개발해 적용한 덕분이다. 대표적인 예로 네이버페이, 페이코 등의 간편결제 서비스를 꼽을 수 있다. 간편결제 서비스는 왜 공공 부문 혹은 은행 등보다 온라인 쇼핑몰에 먼저 적용됐을까? 당연히 구매 및 결제 절차가 번거로우면 그만큼 온라인 쇼핑몰의 매출이 안 나오기 때문이다. 즉, 간편결제와 같은 편리한 플랫폼이 대중화된다는 사실이 무조건 좋은 것만은 아니라는 말이다.

결제부터 배송까지 참 빠른 시간 내에 진행되고 있다. 그래서 꼭 사야만 하는 '참 쇼핑'과 그렇지 않은 '거짓 쇼핑'을 구분할 겨를조차 없다. 자잘하게 물건을 사다 보니 카드값은 늘 생각보다 많이 나오고, 주문한 물건들은 생각보다 요긴하지 않은 것도 많다. 그렇다고 해서 다시 공인 인증서를 쓰자는 이야기는 아니다. 대형 쇼핑몰의 조사에 따르면, 장바구니에 넣은 상품 중에 한두 시간 안에 결제가 이루어지지 않은 상품은 절반 이상이 실제 구매로 연결되지 않는다고 한다. 그렇다면 마음에 드는 상품을 바로 '간편결제' 하지 않고, 우선 '장바구니'에 담아두는 습관을 길러보는 건 어떨까? 다음 날 다시 장바구니를 살펴봐도 충동구매가 아니라고 판단되면 상품을 사는 것이다. 작은 소비 하나도 신경 쓰는 일은 내 계좌 속 돈을 늘리는 방법이 될 것이다.

여행 경비 편
여행 경비를 확
줄여줄 방법 총정리

여행의 고수?
여행 경비까지 줄이는 고수!

각종 커뮤니티와 SNS에는 숨은 여행 고수들이 가득하다. 하지만 시간과 돈을 아끼는 데에도 고수인지는 알 수 없다. 보통 시간을 들이면 돈이 절약되고 돈을 들이면 시간이 절약되는 것이 여행인데, 과연 돈과 시간을 모두 절약할 수 있는 여행 노하우가 있을까?

물론, 있다. 이른바 여행 경비를 확 낮춰줄 확실한 방법! 첫 번째는 여행 계획 자체를 경제적으로 짜는 것이고, 두 번째는 여행에 드는 고정 비용을 최대한 절약하는 것이다.

이왕 마음먹고 돈을 들여 즐겁게 여행하기로 했다면, 여행을 다녀와서도 돈 문제로 허덕이지 않고 즐거울 수 있도록 여행 경비를 최대한 줄여보자.

경유 여행

⊘ 가성비 끝판왕, 경유 여행

유럽이나 미주, 호주, 뉴질랜드 등 장거리 비행을 해야 하는 곳으로 떠나기로 정했다면, 항공권을 예매할 때 고민이 될 것이다. 직항으로 갈 것인가, 경유로 갈 것인가에 대해 말이다. 이에 따라 가격 차이가 제법 난다. 물론 시간이 곧 돈인 직장인은 기회비용을 고려하면 직항이 더 나을 수도 있지만, 요즘엔 경유 항공권으로 경유지 한 곳을 더 여행할 수 있는 스톱오버 여행이 가성비를 챙기는 여행족들 사이에서 각광받고 있다.

스톱오버란 1회 이상 경유할 때, 경유지에서 24시간 이상 단기 체류하는 것을 말한다. 환승 시간을 아예 늘려 경유지에서 짧은 여행을 하는 것이다. 스톱오버를 무료로 제공하는 항공사도 있지만, 대개 약간의 추가 요금을 내면 이용이 가능하다. 항공사마다 규정이 다르기 때문에 항공권을 예매하기 전 항공사에 문의해보면 된다.

스톱오버와 레이오버	
스톱오버 (경유지에서 24시간 이상 체류)	**레이오버** (경유지에서 24시간 미만 체류)
• 모든 항공사가 스톱오버 서비스를 제공하는 것은 아니므로 발권 시 확인해야 한다. • 왕복 항공권의 경우, 종종 1회에 한해 무료 스톱오버를 제공하는 항공사가 있다. • 수하물이 최종 목적지까지 연결되지 않으므로, 수하물을 직접 챙겨 입국 수속을 해야 한다.	• 수하물은 최종 도착지에서 받을 수 있다. • 비자 문제 확인 등으로 입국 심사를 거쳐야 한다.

스톱오버의 가장 큰 장점은 여행 경비 중 가장 큰 비중을 차지하는 항공권에서 돈을 아낄 수 있다는 점이다. 대체로 미주 국가에 갈 때 중국을 경유하거나 유럽에 갈 때 러시아를 경유할 경우, 항공권 가격이 낮아진다. 뿐만 아니라 약간의 추가 비용만 내면 한 국가를 더 여행할 수 있어 인기이다.

항공권 한 장으로 두 번의 여행을 할 수 있는 스톱오버. 때로는 여행지보다 잠깐 스쳐가는 도시가 기억에 남을 때도 있다. 다구간 항공권 검색과 항공사가 제공하는 경유지 프로그램을 통해 항공료 부담을 줄이면서도 실속까지 챙기는 것이 가능하다. 스톱오버하기 좋은 도시 다섯 곳을 소개하고자 한다.

1. LA · 뉴욕 등 미주 여행 시, 상하이

중국, 일본을 경유하는 항공편을 이용하면 인천-미주 노선의 항공권 가격 부담을 줄일 수 있다. 중국남방항공, 동방항공 등 중국 국적기를 타고 상하이 푸둥 국제공항을 거쳐 미국으로 가면 항공료를 최대 40%까지 줄일 수 있다.

2. 파리 · 로마 등 유럽 여행 시, 모스크바

유럽 여행 최적의 경유지는 러시아 모스크바다. 오래전부터 모스크바 셰레메티예보 국제공항은 유럽 각국으로 통하는 주요 관문으로 통했다. 모스크바를 거쳐 파리, 로마로 갈 경우 15~20시간 동안 머무르며, 러시아 고유의 역사와 문화를 엿볼 수 있다.

3. 프라하 · 자그레브 등 동유럽 여행 시, 두바이

체코 프라하와 크로아티아 자그레브 여행을 계획 중이라면 아랍에미리트 두바이를 거쳐 가면 좋다. 세계에서 가장 큰 항공기 정거장으로 불리는 두바이 국제공항은 공항 규모가 크고, 취항 노선도 많아 이미 경유 여행지로 유명하다.

3교시 | 쓸 때 쓰고도 남기는 소비

4. 바르셀로나·마드리드 여행 시, 이스탄불

터키 이스탄불은 유럽으로 통하는 주요 관문 중 하나이다. 스페인과 이탈리아, 영국 등을 잇는 다양한 노선을 저렴한 가격에 선택할 수 있다. 게다가 노선이 많아 원하는 일정으로 선택하기도 수월하다.

5. 호주나 뉴질랜드 여행 시, 싱가포르

호주나 뉴질랜드 혹은 동남아시아 국가를 여행할 때는 싱가포르가 경유 여행지로 제격이다. 국토 면적이 부산과 비슷한 싱가포르는 도시가 곧 나라이기 때문에 짧은 시간 내에 여행하기도 좋다.

여행 준비 전략

✅ 항공권 예매는 포커페이스로 할 것

항공권을 예매할 때 '스카이스캐너', '트립닷컴', '플레이윙즈' 등 항공권 비교 사이트에 접속해 검색할 것이다. 항공권 예매가 어렵게 느껴지는 이유는 성수기와 비성수기, 예매 시점, 출발 시간 및 도착 시간 등 다양한 조건에 따라 가격이 달라지기 때문이다.

동일한 목적지와 동일한 날짜로 계속 검색하다 보면 운 좋게 저렴한 가격대의 항공권을 건질 수도 있지만, 조금 전에 봤던 항공권인데도 다시 검색을 하면 종종 가격대가 올라 있는 경험을 하기도 한다. 다이나믹 프라이싱 때문이다. 다이나믹 프라이싱이란, 시장 상황에 따라 제품 가격을 탄력적으로 책정하는 것을 뜻한다. 성수기와 비성수기가 뚜렷한 항공이나 호텔 업계에서 많이 사용하는 방식으로, 아마존과 같은 온라인 쇼핑 업체들도 다이나믹 프라이싱을 적용하고 있다. 수요와 공급에 따라 자연스럽게 책정되었던 가격이 소비자의 구매 이력과 경제적 상황에 맞게 달라지는 것이다.

특정 웹 사이트에 접속해 동일한 항공권을 계속 검색했다면 해당 웹 사이트에서는 특정 항공권을 구매할 의사가 있다고 판단하고, 검색할 때마다 좀 더 높은 가격의 항공권을 제시한다. 컴퓨터에 검색 내역이 남을 뿐만 아니라 과거 구매 이력, 신용 카드 결제 내역 등의 개인 정보가 가격 조정 알고리즘에 반영돼 동일한 제품의 가격이 구매자에 따라 다르게 보이는 것이다. 컴퓨터는 알게 모르게 개인 정보를 아주 성실히 축적하고 있다. 이를 두고 흔히 '인터넷 쿠키'가 쌓였다고 말한다. 가격 검색을 할 땐 마치 처음 검색하는 사람처럼 포커페이스를 유지하는 것이 중요하다.

인터넷 검색 기록 남기지 않는 방법

- 검색하기 전 브라우저의 모든 쿠키 삭제
- 메인으로 쓰는 브라우저(사파리, 크롬, 익스플로러) 말고, 새로운 브라우저 사용
- 크롬에서 '시크릿 모드'로 설정한 후 검색
- 익스플로러에서 'InPrivate 브라우징'으로 설정한 후 검색

⊘ 예매 시점에 따라 달라지는 항공권 가격

저렴한 항공권을 찾기 위해서는 검색도 잘해야 하지만, 처음부터 저렴하게 항공권이 나오는 때를 공략할 필요가 있다. 항공사에서는 매번 부인하고 있지만, 각종 인터넷 커뮤니티에는 저렴한 항공권이 나오는 시기에 대한 논쟁이 끊이지 않는다.

특정 달, 특정일에 저렴한 시세가 형성된다고 하니, 조금이라도 항공권을 더 저렴하게 구매하고 싶은 사람들은 참고하길 바란다.

항공권 예매 노하우	
예매 가격	**예매 요일**
가장 저렴할 때	일요일(평균 대비 30% 이상 저렴하다.)
가장 비쌀 때	금요일(평균 대비 10% 이상 비싸다.)
1월 중순 ~ 3월 초, 휴가철이 끝난 9월 비수기에 저렴한 편이다.	

⊘ 숙박 예약은 완전 빨리하거나 완전 늦게 하거나

숙박 예약 역시 크롬의 시크릿 모드를 설정하고 검색하도록 하자. 그러지 않으면, '부킹닷컴', '아고다', '에어비앤비' 등에서 10만 원이었던 숙박 시설이 금세 15만 원, 17만 원, 30만 원까지 오르기도 한다. 시크릿 모드를 이용하면 기존 검색 기록이 애초에 저장되지 않아, 처음에 봤던 가격이 그대로 나온다.

항공권과 마찬가지로 숙박도 무조건 빨리 예약하는 것이 낫다.

그런데 예약을 늦게 했을 때 저렴한 경우도 있다. 일부 호텔에서 빈 방을 없애기 위해 마지막 순간에 요금을 낮추기 때문이다. 숙박 예약 사이트에서는 하루 전 특가, 당일 특가 같은 프로모션을 통해서 객실을 평소보다 훨씬 싼 가격에 내놓는다. 예약 취소가 가능한지 또는 체크인 시간이 밤 시간이 아닌지 등을 확인하고 조건이 맞다면 예약을 진행하면 된다.

⊘ 환전 수수료 쇼핑하기

요즘엔 휴대폰 앱으로 간편하게 환전을 할 수 있다. 환전 우대율 적용 횟수에 제한이 있긴 하지만, 달러나 엔화의 경우에는 90%의 환전 우대율을 적용받을 수도 있다. 출국 전날 환전 신청을 하고, 출

돈 팁

호텔 할인 코드를 적용받고 싶다면?

호텔 숙박 예약 사이트 내에서도 할인 쿠폰(코드)을 제공하고 있다. 예를 들어, 아고다에서 A 호텔이 최저가로 나왔다면 바로 예약하지 말고, 먼저 아고다에서 자체적으로 발급하는 할인 쿠폰이 없는지 확인하자. 이때 '나는 사이트 회원도 아닌데 쿠폰을 주겠어?'라고 생각하지 말 것. 포털 검색창에 '아고다 5월 할인 코드' 같은 키워드만 검색해도, 카페나 블로그 등에 할인 코드와 링크를 공유해놓은 게시글이 있다. 해당 페이지로 연결만 하면 자동으로 추가 할인을 받을 수 있다. 인터넷 쇼핑의 기본은 끝까지 최저가인지 의심하는 것이다.

국 당일에 공항에서 수령하는 방법도 있다.

환전 시 은행은 수수료를 챙기게 된다. 해당 통화의 환율과 살 때와 팔 때의 가격이 다른 것도 수수료 때문이라고 볼 수 있다. 환전 우대는 은행이 수수료를 일정 부분 깎아주는 것이다. 즉, 100% 환전 우대라면, 환전 시 발생하는 수수료를 받지 않는다는 의미이다. 은행별로 환전 수수료가 조금씩 다르기도 하고, 환전 우대율도 다르다. '마이뱅크(www.mibank.me)' 사이트를 통해 은행별 환전 수수료와 환전 우대 정보를 비교할 수 있다.

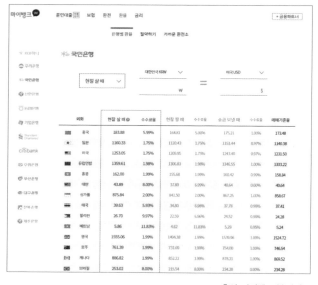

출처: 마이뱅크 웹 사이트

☑ 환전도 전략이다

여행 직전에 환전하는 것보다 여행 일정이 정해지고 난 후부터 계속 환율을 체크하면서 가장 저렴할 때 환전하는 것이 좋다. 하필이면 꼭 여행 직전, 환율이 최고조일 때가 있다. 이럴 때 환전을 하게 되면 다른 곳에서 아낀 보람이 없어진다.

환전 절차가 간편해진 덕분에, 은행 앱으로 신청하고 집 근처 은행에서 수령할 수도 있다. 다만 환전 서비스는 대부분 취소가 불가능하므로 충동적으로 결정해서는 안 된다. 환전 우대 혜택은 주거래 은행에서 가장 많이 받을 수 있지만 각 금융 앱마다 환율 우대 100%를 지원하기도 하므로, 주거래 찬스를 쓰기 전 검색을 통해 환전 우대 혜택을 비교해보기를 추천한다. 환전 우대를 해주는 앱으로는 '토스', '네이버페이', '삼성페이', '페이코', '트래블 월렛', '위

> **돈 팁**
>
> **환전 시, 고액권과 소액권은 어떻게 분배해야 할까?**
>
> 보통 환전할 때 은행에서 "돈은 어떻게 드릴까요?"라고 묻는다. 아주 잠깐이지만 머릿속이 하얘진다. 작은 단위로 받으면 휴대성이 용이하지 않아 큰 단위로 바꾸는 경우가 많지만, 큰 단위의 돈은 정작 여행지에서 불편한 경우가 많다. 큰 단위 화폐는 현지에서 아예 받지 않는 곳도 있기 때문에, 소액권으로 바꾸기 위해 불필요한 소비를 하는 경우도 있다. 그래서 환전을 할 때에는 돈의 단위별 피라미드 구조 즉, 작은 단위는 많이, 큰 단위는 적게 바꾸는 것이 좋다.

비뱅크' 등이 있다.

⊙ 여행을 위한 외화 예금 통장 개설

남은 달러는 어떻게 하면 좋을까? 얼마 되지 않는 금액이라면 공항에서라도 모두 쓰는 것이 낫지만, 10만 원 이상 남았다면 외화 예금 통장을 만들어 보관하는 방법을 추천한다. 언젠가 또 여행을 가게 될 텐데, 달러를 다시 되팔기 위한 수수료를 또 내고 원화로 바꾸는 것보다는 외화 예금 통장을 개설하여 소정의 입출금 수수료만 내고 달러를 모으는 것이 좋다. 외화 예금 통장에 넣어두면 이자가 발생하고, 환율이 오르기까지 한다면 뜻밖의 환차익을 얻을 수 있다.

환율이 떨어졌을 때와 환전 우대 100% 이벤트 등을 노려서 평소 환전을 해두고, 이 돈을 외화 예금 통장에 넣어두면 일종의 여행 적금이 되기도 할 것이다.

외화 예금 통장의 장점
• 환차익과 예금 금리 수익 발생 가능 • 환차익에 세금이 붙지 않는 혜택 • 예금자 보호법에 따라 최대 5,000만 원까지 보호 • 달러 강세 시 이득 • 해외 주식 구입 시 유리

- 외화 입출금 수수료 비교
- 외화 예적금 금리 비교
- 환전 수수료 우대율 체크

⊘ 환테크에 관심이 있다면?

금융 앱을 이용하면 환테크를 간편하게 할 수 있다. 이미 부자들 사이에서는 달러 예금 통장을 활용한 환테크가 인기이다. 지난 10년간의 환율 변동을 살펴보았을 때, 환율 최고치가 1,275원이고 최저치가 1,007원이다. 평균을 내보면 1,141원쯤 된다. 대략 1,100원 근처나 그 이하에서 달러를 사고, 1,200원대에서 팔아 원화로 바꾸면 환테크 수익이 난다는 이야기이다. 하지만 앞으로의 고점과 저점은 아무도 확신할 수 없는 신의 영역이기에, 일정 금액을 조금씩

돈 팁

남은 동전은 어떻게 처리할까?

쓰고 남은 동전은 진정한 골칫거리다. 은행에서 동전은 취급하지 않는 경우가 대부분이기 때문이다. '은행연합회 외환길잡이(exchange.kfb.or.kr)' 웹 사이트에서 남은 동전을 환전할 수 있는 은행 목록을 확인할 수 있으므로 해당 은행을 찾아 환전하면 된다.

분할 매수 혹은 분할 매도하는 것이 좋다.

하나은행은 환율이 낮을 때 환전한 뒤 하나은행 앱에 보관해두면, 가입자가 설정한 목표 환율에 도달했을 때 알림을 보내주는 서비스를 제공하고 있다. 또 국민은행 리브 앱에서는 원하는 환율에 도달했을 때 자동 환전되는 맞춤 환전 서비스를 운영하고 있다. 환테크에 관심이 있다면, 이러한 기능을 활용하길 바란다.

⊙ 현지에서는 카드와 현금 중에서 어떤 걸 써야 할까?

여행을 할 땐 돈에 대한 감각이 무척 둔해진다. 이는 생각 없이 돈을 쓰는 결과로 이어진다.

해외에서도 카드를 사용하는 경우가 늘고 있다. 무분별한 소비를 부추기기도 하지만 굉장히 편리하다는 장점이 있다. 사용 가능한 카드는 비자, 마스터, 아메리칸 엑스프레스 등이 있다. 해외에서 신용 카드 결제를 했다면 수수료는 두 군데로 빠져나가게 된다. 예를 들어 신한카드에 비자가 적혀 있다면, 신한카드와 비자 이 두 곳에서 모두 수수료가 발생하기 때문에 수수료 부담이 크다.

따라서 보유하고 있는 신용 카드의 해외 결제 수수료를 비교해보고 더 합리적인 카드를 사용하는 것이 좋다. 환전 수수료보다 카드 수수료가 저렴하다면 카드를 사용하는 것이 더 낫다. 하지만 그렇지 않은 경우에는 현금과 카드를 병행해서 사용하면 된다. 현금과 신용 카드 사용 비율이 고민된다면, 여행 경비 100% 중에서 70%는 현금(작은 금액 결제 시 우선 선택)으로 쓰고 나머지 30% 정도만 카드(큰 금액 결제 시 우선 선택)를 사용하는 것을 추천한다.

신용 카드의 경우, 환율은 카드 결제 시점이 아니라 전표 매입 시점으로 적용된다. 환율 변동에 따라 유불리는 달라질 수 있다는 점을 함께 기억하자.

✅ 해외 원화 결제 서비스에 대하여

해외에서 신용 카드로 결제할 때는 해외 원화 결제(DCC)와 현지 통화 중에서 선택할 수 있다.

해외 원화 결제는 해외 가맹점 등에서 원화로 결제할 수 있는 서비스를 뜻한다. 언뜻 들으면 친절하게 느껴지지만, 알고 보면 수수료 부담이 훨씬 더 크다. 현지 통화 결제는 약 1%의 수수료(카드사

해외 원화 결제 서비스 이용 시, 결제 과정		
1단계	현지 화폐	원화 결제 수수료 3~8% 발생
2단계	원화 환전	
3단계	국제 카드사가 달러로 환전	비자, 마스터 등 브랜드 수수료 1~1.4% 발생
4단계	국내 카드사가 원화로 환전	해외 이용 수수료 0.18~0.35% 발생
5단계	소비자에게 카드 대금 청구	

별로 상이)가 발생하며, 해외 원화 결제는 약 3~8%의 수수료가 발생한다. 그 이유는 해외 원화 결제 서비스를 사용하면 한 단계만 거치면 될 환전 과정을 2~3단계 더 거치게 되기 때문이다.

카드 영수증에 KRW(원화) 금액이 표시되어 있으면 해외 원화 결제 방식으로 결제가 진행되었다는 뜻이니, 일단 취소하고 다시 현지 통화로 결제 요청하면 된다. 이러한 번거로운 과정을 피하기 위해서, 여행을 떠나기 전에 카드사 홈페이지나 앱을 통해 해외 원화 결제 차단 서비스를 신청해도 좋다.

진정한 여행의 고수는
여행 비용을 줄일 줄 아는 사람이다.

여행 가려고
돈 버는 것 아니겠는가

요즘은 저가 항공도 많아졌고 항공권이나 호텔 숙박권 프로모션도 많기 때문에, 예전만큼 여행에 비싼 돈을 들여야 하는 시대는 아니다. 하루나 이틀 정도 연차를 내고 주말을 이용하여 짧은 여행을 다녀오려는 사람들로 공항은 늘 북새통이다. 세계 어디를 가도 한국인 관광객을 만날 수 있어, 이 나라가 진정 인구 5,000만 명의 작은 나라가 맞는지 의심스러울 정도이다.

여행을 돈과 연관 지어 이야기하면, 장기적으로 여행은 인생에 대한 투자이다. 여행을 통해 견문을 넓힐 수 있을 뿐만 아니라 한 나라의 경제 수준이나 문화 수준을 접했던 경험은 훗날 투자 감각으로 이어질 수 있다. "이 나라 사람들은 커피를 많이 마시는구나.", "여기는 소형 자동차가 인기네?", "아이폰은 계속 인기가 많구나." 등 여행에서 얻은 정보를 바탕으로 성공적인 투자처를 찾게 된다면 이것이야말로 금상첨화가 아닐까? 이렇듯 여행의 경험은 고스란히 자신의 자산이 될 것이다. 경비를 아낄 수만 있다면 여행은 무조건 다다익선이다.

4교시

투자를 저축처럼

EP.01

주식 편
일단 돈을 굴려보는 것부터
시작하자

성공한 투자자 = 워런 버핏

워런 버핏은 지금까지 연 20%의 수익률을 복리로 달성해 거대한 부를 축적한 것으로 잘 알려져 있다. 그의 업적을 이야기할 때는, '가치 투자'와 '복리'를 빼놓을 수 없다. 워런 버핏이 가치 투자와 복리를 강조하게 된 데에는 이유가 있다. 바로 어린 시절의 경험 때문이다.

워런 버핏은 11살 때부터 체중계로 돈을 벌었다. 그 당시만 해도 체중계는 흔치 않은 물건이었는데, 사람들은 체중계에 동전을 넣어야만 무게를 잴 수 있었다. 워런 버핏은 자신이 일을 하지 않을 때도 체중계가 돈을 벌고 있다는 사실에 아주 큰 매력을 느꼈다. 덕분에 "당신이 잠자는 동안에도 돈이 들어오는 방법을 찾아내지 못한다면, 당신은 죽을 때까지 일을 해야만 할 것이다."라는 명언이 나온 게 아닐까? 워런 버핏은 한 대의 체중계에 만족하지 않았다. 체중계로 번 돈을 다시 체중계에 재투자했다. 체중계가 늘어날수록 돈 버는 속도는 더 빨라졌고, 수익금으로 또 다시 체중계를 구매할 수 있었다. 수익을 재투자해서 같은 수익률에서도 수익을 더 늘리는 복리 구조를 만든 것이다. 이 일화에 워런 버핏의 메시지가 다 담겨 있다고 볼 수 있다. 사람들이 관심을 가질만한 것을 적당한 가격에 사고(가치 투자), 발생한 수익을 다시 재투자해서 자산을 늘려간다는(복리) 원칙이 다 녹아 있으니 말이다.

쉽게 말해, 투자를 하고 수익이 나면 그 수익금을 보태서 또 수익을 내는 것이 '복리'이다. 1만 원을 투자해 10% 수익이 나면 그 수익금인 1,000원을 보태서 1만 1,000원을 투자하는 것이다. 이때 동일하게 10% 수익이 나도 수익금은 1,100원이 된다. 물론 계속 수익을 내는 일은 쉽지 않다. 그렇기 때문에 투자를 할 때 현실적인 목표 수익률을 세우는 것이 도움이 된다. 사람들은 수익을 '많이' 내는 데에는 관심이 있으면서, 수익을 '자주' 내는 데에는 크게 관심이 없는 것 같다. 하지만 50%의 수익률을 기대하기보다는, 5~8%의 수익률을 목표로 삼되 자주 수익을 내는 것이 더 좋은 결과를 가져올 것이다. 예를 들어, 1만 원을 투자했을 때 50%의 수익을 한 번 내면 1만 5,000원이 되지만 10%의 수익을 다섯 번 내면 1만 6,105원이 된다. 후자의 경우가 일어날 확률도 더 높고, 수익금도 더 많다. 투자를 할 때는 적당한 수익률을 자주 내고, 그 수익금을 재투자해 복리 효과를 얻는 것이 낫다는 사실을 명심해야 한다.

그렇다면 가치 투자는 무엇일까? 간단히 말하면, 싼 주식을 사는 것이다. 정확한 기업 분석을 하기 어려운 사회 초년생들이 싼 주식을 살 수 있는 아주 간단한 방법이 있다. 주식 시장이 폭락할 때를 노리는 것이다. 주식 시장이 폭락하게 되면 당연히 주가도 떨어진다. 이는 싼 주식이 많아진다는 의미이기도 하다. 그러니까 지상파 9시 뉴스의 첫 소식이 주식 시장 폭락으로 보도될 때, 우량주를 저가 매수하면 된다. 이러한 일이 발생할 때를 대비해서 투자금으로 투입할 수 있는 현금을 보유하고 있어야 하겠지만 말이다.

투자를 시작하면 누구나 워런 버핏이 되기를 꿈꿀 것이다. 월급만으로는 먹고살기 빠듯한 오늘날, 사회 초년생이 가장 먼저 해야 할 것이 있다. 바로, 준비할 수 있는 '체중계'는 어떤 것일지 생각하는 일이다. 노동을 하지 않을 때도 수익을 얻을 수 있는 구조를 만드는 것에 대해 고민할 때이다. 비상금과 자신의 1년 치 연봉 정도를 모았다면, 이제부터는 슬슬 투자에 눈을 돌려보자.

마인드셋

⊘ 막막함과 두려움

투자를 할 때, 가장 걸림돌이 되는 것은 감정이다. 막막함은 아는 것이 늘어날수록 극복되기도 하는데, 두려움은 아는 것이 늘어난다고 해도 없어지지 않는다. 예금과 달리 투자에는 앞날을 예측할 수 없는 불확실성이 존재하는데, 이 불확실성은 두려움을 자극한다. 역설적으로 투자를 시작하게 되는 계기 역시 두려움 때문이다. 바로, 미래에 대한 두려움. 여기에 초저금리 시대에 예적금만으로는 돈을 모을 수 없을 것이라는 두려움도 더해진다. 두려움을 극복하는 방식은 개인마다 다르겠지만, 초보 투자자라면 자신의 성격적 특징이나 현실적인 조건들을 대략적으로라도 가늠해본 다음 감당이 가능한 범위 안에서 투자 계획을 세우는 것이 좋다.

그렇다면 이를 어떻게 가늠할 수 있을까? 투자처 A가 있다고 가정해보자. 과거의 흐름을 살펴보니, 약 20% 정도의 수익을 기대할 수 있는 곳이다. 다르게 말하면, 투자처 A는 20% 정도의 손실이 발생할 수 있는 곳이기도 하다. 1,000만 원을 투자했을 때, 200만 원의 손실을 볼 수 있다고 상상해보자. 그 자체로 두려움이 앞서고 스트레스가 쌓인다면, 다른 투자처를 알아보거나 투자 금액을 조정해야 한다. 예상 수익률과 예상 손실률이 더 적은 투자처를 찾거나 투자 금액을 줄이는 등의 다른 투자 전략이 필요하다는 의미이다. 반대로 1,000만 원을 투자했을 때 200만 원을 잃을 수도 있지만 200만 원의 수익을 낼 수도 있다는 사실에 더 끌린다면, 예상 수익률과 예상 손실률이 높은 투자 전략을 짜면 된다.

5%의 손실을 감당할 수 없다면, 수익 역시 5% 이내로 제한해야 한다. 하지만 이는 예적금과 다를 바가 없다. 예적금은 투자 수단이 될 수 없다. 손실을 원하는 사람은 없겠지만, 투자의 특성상 어느 정도의 손실은 감수해야 한다. 무조건 안정성만 고집한다면 투자를 시작하지 않는 것이 낫다. 원하는 수익과 감당이 가능한 손실의 타협점을 찾는 것이 우선이다.

⊘ 해보면 별것 아닌 주식 투자

주식 투자는 해보기 전까지 참 아득하게 느껴진다. 금융이나 경제, 투자 등과 관련된 용어는 낯설고, 왠지 하나라도 잘못하면 큰일이 날 것 같은 불안감마저 드니 말이다. 하지만 시작하는 일 자체가 어려울 뿐이다. 막상 해보면 별것이 아니다.

지금 당장 작은 목표 하나를 세우자. 바로, 주식 1주를 사는 것이다. 그리고 지금 당장 그 목표를 실천하자. 어떤 종목이 됐든 주식 1주를 사면, 투자가 한결 쉽게 느껴질 것이다. 주식을 사자마자 큰 수익을 내는 데 중점을 두지 않아도 된다. 주식이든 ETF든, 무언가를 사고파는 투자 행위 자체를 익히는 것이 중요하다. 지나치게 비장한 마음가짐도 필요 없다. 주식 1주를 사는 일의 난이도는 쇼핑몰에서 쿠폰을 적용해서 상품을 구매하는 수준이다.

1주에 3만 원을 넘지 않는 것, 그러니까 치킨 한두 마리 값으로 투자의 세계에 입성하면 된다.

첫 주식

⊘ 어느 증권사가 좋을까?

주식이나 ETF를 거래하려면 증권사 계좌가 있어야 한다. 과거 증권사는 은행만큼 지점이 많지 않아서 계좌를 개설하기가 불편했다. 하지만 최근에는 앱을 통해서도 간편하게 증권사 계좌 개설이 가능하다. 웬만한 증권사들은 앱을 통한 비대면 계좌 개설 서비스를 제공하고 있기 때문에 원하는 회사만 선택해 손쉽게 증권 회사 계좌를 만들 수 있다.

어떤 증권사를 선택해도 크게 상관없지만, 이용한 적이 없는 증권사 중에서 수수료 무료 이벤트를 진행하고 있는 곳을 고르면 좋다. 최초로 신규 계좌를 개설하면 짧게는 5년에서 길게는 평생 주

증권사 계좌 개설만으로도 주어지는 혜택

최근 증권사의 고객 유치 경쟁이 치열해지며, 수수료 무료 혜택은 물론 일정 금액 예치 및 거래 시 현금 2만~5만 원을 계좌에 입금해주는 이벤트가 지속되고 있다. 초보 투자자들에겐 반가운 소식이다. 대부분 계좌를 개설하면 1만~2만 원을 해당 계좌로 지급하고, 이후에 약 3개월간 100만 원 이상의 금액을 넣어두거나 100만 원 정도의 거래를 하면 추가로 3만~5만 원을 지급하는 형태로 이벤트가 진행되고 있다. 계좌를 개설하고 100만 원을 입금한 뒤에 어떤 주식이든 100만 원어치를 샀다가 바로 다시 팔기만 하면, 5~7%의 이윤이 나는 재테크가 가능하다는 이야기이다. 100만 원이 없어도 좋다. 종종 계좌를 개설하기만 해도 주식 1주 정도를 살 수 있는 현금을 주는 증권사 이벤트도 있다. 캐시백은 없는 셈치고, 주식을 사고파는 일을 익히는 데 의의를 두고 해당 이벤트를 이용하는 것을 추천한다.

식 거래 수수료가 무료인 이벤트가 종종 있기 때문이다. 증권사 홈페이지를 둘러보며 이 혜택을 제공하는 곳을 찾아보자.

⊘ 주식 거래도 가능한 CMA 계좌

앱을 통해 증권사 계좌를 만드는 단계를 차근차근 진행하다 보면, 용어가 어려워서 막히는 경우가 종종 있다. 첫 혼란은 '어떤 계좌를 만들 것인가'에 대해 선택해야 할 때이다. 주로 CMA 계좌와 주식 거래 계좌(증권 위탁 계좌, 종합 계좌) 중에 선택해야 할 것이다.

하루만 입금해도 이자를 주는 통장으로 잘 알려져 있는 CMA 계좌는 펀드 등을 가입할 수 있는 자산 관리 계좌이다. 이는 증권사에서 펀드를 운영하는 형태이며, 이때 선물 옵션 계좌 여부를 묻는다면 체크할 필요가 없다. 주식 거래 계좌는 말 그대로 본인이 직접 주식을 거래할 수 있는 계좌이다. 주식 거래 계좌를 선택해야 주

식 거래를 할 수 있다. 다만, CMA 계좌로 주식 거래가 가능한 증권사도 꽤 있다. 가급적이면 CMA 계좌로 주식 거래가 되는 증권사의 계좌를 만들기를 추천한다. 일반 주식 계좌에는 현금을 넣어두어도 이자가 전혀 없지만(이자는 증권사의 수익이 된다.) CMA 계좌는 주식을 사고 남은 현금에 대해 CMA 이자를 지급하므로 '노는 돈'이 없게 된다. 주식뿐 아니라 현금도 돈을 벌기 때문에 일거양득이다.

이렇게 계좌 종류를 선택하고 나면 본인 인증, 개인 정보 입력 및 약관 동의 등의 절차를 거쳐 해당 증권사의 MTS(모바일 트레이딩 시스템, 스마트폰 주식 거래 앱)를 설치한 후, 공인 인증서를 복사하면 주식 투자를 시작할 준비는 끝이다.

⊘ 생애 첫 주식 매수하기

주식 거래는 주식 시장 개장 시간(오전 9시~오후 3시 30분)에 가능

하다. 이때 MTS를 실행시키고 로그인부터 하면 된다. 증권사가 다양한 만큼 MTS의 시작 화면도 다양하지만, 대부분 초기 화면은 코스피, 코스닥과 같은 주요 지수의 등락이 표시되고, 상·하단에 여러 카테고리들이 포진해 있다.

주식을 매수하기 위해서는 카테고리 중 [주식 주문]에 들어가면 된다. 처음 사볼 주식은 ETF 상품 중 'KODEX 200'으로 가정해보자. 주식 주문에 들어가면 [매수] 화면이 나올 텐데, 여기서 [ETF]를 선택하고 상품명 [KODEX 200](혹은 종목 코드 069500)을 검색하면 된다. 그다음 증권사 계좌의 비밀번호를 입력하면 현재 잔고가 '주문 가능 금액'으로 표시된다.

주로 화면 왼쪽에는 호가 화면이 있는데, 여기에서 숫자들이 분주히 바뀌는 모습을 볼 수 있다. 투자자들이 해당 주식을 내놓은 가격과 주문한 가격이 나와 있는 것이다. 이때 팔겠다는 가격과 사겠다는 가격이 만나서 거래가 이루어지며, 이 가격이 현재 주식의 가격이다.

KODEX 200 ETF의 1주 가격은 2만 5,295원(2020년 5월 12일 종가 기준)이다. 물론 이 가격은 주식 시장이 열려 있는 동안에 계속 움직이게 된다. 해당 주식을 매수하고 싶다면, 두 가지 매수 방법 중에 선택 가능하다. 매수하고 싶은 가격을 지정하려면 '지정가' 혹은 '보통'을 선택하면 된다. 반면 현재의 가격 그대로 바로 매수하려면 '시장가'를 선택하면 된다. 현재 2만 5,295원인 ETF 상품의 가격이 2만 5,000원이 되었을 때 1주를 사고자 한다면 지정가(혹은 보통) 방법을 이용하면 된다. 매수 가격에 2만 5,000원을 입력하고 수량에 1주라고 입력하면 된다. 이때 주의할 점은 지정가 방법 이용 시, 거래 주문이 곧 거래 체결을 의미하는 것은 아니라는 점이다. 주가가 2만 5,000원으로 떨어지지 않는다면 해당 주문은 체결되지 않는다. 이후 주문한 금액에 주가가 도달하면 주문이 체결되었다는 알람을 받을 수 있다. 시장가

방법은 현재 나와 있는 가격으로 주문을 하는 것이며, 주문과 동시에 주식 매수가 이루어지게 된다.

주식의 가격이 오르면 수익이 발생하고, 주식의 가격이 떨어지면 손실이 발생한다. MTS 메뉴에서 주식 잔고를 확인해보면 현재 수익률을 확인할 수 있는데, 개장 시간 중에는 조금씩 금액이 변한다. 실시간으로 가격이 변하는 자산, 바로 주식이다. 예적금과는 달리

만기 개념이 없고 시장에 따라 가격이 수시로 바뀐다는 특징이 있으며, 이를 잘 이용해서 수익을 창출하면 된다.

✅ 매수한 주식 매도하기

이제는 매수한 주식을 팔아볼 차례이다. 주식 잔고에서 팔 종목을 선택해 매도를 하거나, [주식 주문]에서 [매도]를 선택한 뒤

투자 연습을 하고 싶다면?

증권사 계좌가 없거나 혹은 1주라도 무작정 사는 것이 불안한 사람이 있다면, 증권사에서 제공하는 모의 투자 프로그램을 활용해보자. 모의 투자 프로그램은 전용 계좌를 개설해서 가상의 돈으로 직접 투자를 해보는 것이다. 투자금만 가상일 뿐, 실제 시장의 움직임(매수한 주식의 가격 움직임과 시장 시간 등)을 그대로 반영하기 때문에 주식 거래 연습 용도와 자신의 투자 아이디어를 실험할 수 있는 기회가 될 것이다. 대부분의 증권사에서 모의 투자 서비스를 제공하고 있기 때문에 홈페이지에서 프로그램을 다운받으면 누구나 모의 투자를 할 수 있다. 가상의 돈이 투자금으로 제공되며 손실이 많아지면 다시 충전해주는 방식이다.

모의 투자를 해보면 수익률이 잘 나오는 경우가 많다. 이 결과가 현실이 아닌 것이 못내 아쉽기도 하고, 빨리 실제 투자를 시작해야겠다는 조바심마저 들 것이다. 하지만 모의와 현실은 다르다는 점을 잊어서는 안 된다. 투자는 결국 심리가 좌우하는 것인데, 투자금이 '진짜'일 때와 '가짜'일 때 투자 심리는 완전히 달라진다. 이는 실제 투자와 모의 투자의 성적이 크게 달라질 수 있다는 의미이기도 하다. 그러므로 모의 투자 성적이 곧 자신의 실제 투자 실력이라고 착각하는 일은 없어야 할 것이다.

[KODEX 200](혹은 종목코드 069500)을 검색하면 붉은 계통의 화면에서 푸른 계통으로 색이 바뀐 창이 나타날 것이다. 보유한 주식이 1주라면 매도 가능 수량도 1주로 표시된다. 이때, 자주 검색하는 종목은 관심 종목으로 등록해두면 편리하다.

주식을 매도하는 것 역시 주식을 매수하는 것처럼, 매도 금액을 지정하는 방법이나 바로 매도하는 방법 중에 선택할 수 있다. 전자의 경우, 지정가(보통)로 선택하면 된다. 지정가로 매도하면 주가가 그 가격에 도달해야 계약이 체결되며, 체결될 경우 알람으로 알려준다. 후자의 경우에는 바로 현재 가격으로 매도하는 것으로 시장가로 선택해 거래하면 된다.

어떤 방법으로 매도를 하든지, 주식을 매도한 후 그 돈을 인출 혹은 이체하려면 영업일 기준 이틀 이후에 가능하다. 월요일에 매도했다면 수요일 아침에 인출이 가능하다는 이야기이다. 이는 현금으로 인출 시 적용되는 내용이며 월요일에 매도했더라도 그만큼의 주식을 매수하는 것은 언제든지 가능하다.

투자는 시장의 흐름을 읽고 확실한 판단을 하기가 어려운 것이지, 사고파는 행위 자체는 굉장히 쉽다. 하지만 이 작은 걸림돌 하나를 넘지 못한 사람에게 투자는 늘 막막한 상대이며 불로 소득은 남의 이야기로만 머물게 될 것이다. 처음 주식 거래를 하는 이들이라면 잠시 휴대폰과 씨름하는 시간이 있겠지만, 잠깐의 시간은 투자할만한 가치가 충분하다.

⊘ 주식 시장을 알아야 하는 이유

유대인들 중에는 성공한 창업자와 투자자가 많다. 누군가는 탈무드의 지혜 덕분이라고 말하기도 하고, 다른 누군가는 높은 교육열의 결과 덕분이라고도 한다. 하지만 이러한 이유가 유대인의 특수성을 뒷받침하기에는 부족해 보인다.

그렇다면, 돈과 밀접한 관계를 맺게 된 유대인의 역사와 문화에 주목할 필요가 있다. 역사적으로 유대인은 차별받던 민족이라, 중세부터 터부시되었던 대부업 등으로 생계를 유지하는 경우가 많았다. 자연스럽게 원금과 이자, 신용에 대한 개념을 익힐 수 있었다. 또 유대인은 오랜 기간 탄압받았기 때문에, 상대적으로 탄압이 적은 국가로 이주하는 일이 잦았다. 그 결과, 국제간 금융에 대한 많은 경험치를 쌓을 수 있었다. 여기에 유대인 특유의 문화가 더해지는데, 바로 성인식 문화이다. 유대인들에게 성인식은 결혼식만큼 중요한 행사이다. 남자는 13세, 여자는 12세가 되면 영혼의 단계

중 '생명의 호흡(neshamah)' 단계에 이른다고 생각해, 성인식을 치르게 된다. 이때가 되면 지각이 있는 판단이 가능하므로 부모의 도움 없이 스스로 신과 마주할 수 있다고 여겨 성경책을 선물하고, 약속을 잘 지키고 시간을 아껴 쓰라는 의미로 손목시계를 선물한다. 또 성인식에 초대된 하객들은 축의금을 모아주는 전통이 있다. 그렇게 모인 축의금은 자녀의 이름으로 펀드에 투자해, 장기간 운용하는 것이 일반적이다. 만약 아이가 대학 졸업을 할 때까지 펀드를 운용한다면, 최소 10년 이상의 장기 투자를 한 셈이다.

미국의 대표 지수인 'S&P500'에 10년간 투자했다면(실제로 가장 많이 선택하는 펀드이다.), 7년이 지났을 쯤에 투자금이 두 배로 늘어났을 것이다. 가입 시점에 따라 다를 수 있지만 지난 100여 년간 S&P500 지수의 연평균 수익률이 10% 정도라는 현실을 반영했을 때, 실제로 일어날 수 있는 일이다. 그래서 유대인들은 대학을 졸업

S&P500 지수와 다우 지수

• **S&P500 지수**: 미국 상위 기업 500개를 묶어서 만든 지수로 다우 지수, 나스닥과 함께 미국 3대 지수로 꼽힌다. 미국의 상위 500개 기업 안에 들면 굉장한 우량 기업에 속하니 미국 대형 우량주 지수라고 생각하면 된다.

• **다우 지수**: 산업별 상징적 대표 기업(애플, 코카콜라, 나이키, 월마트 등) 중 30개의 주가를 합산한 지수로, 글로벌 초대기업 지수로 이해하면 된다.

할 때 해당 수익금으로 창업을 할 것인지 혹은 학업을 계속할 것인지를 고민한다. 이 성인식 문화가 적은 인구수에 비해 놀라운 노벨상 수상자와 거대 기업을 일군 창업자들이 많은 이유로 꼽히기도 한다.

일찍 돈에 눈뜨고 공부할수록
다음 단계, 즉 돈을 불리는 단계로
나아가는 데 유리할 것이다.

주식 역시
경험이 중요하다

사회 초년생이라면 눈앞에 보이는 물질적인 이익보다 중요하게 여겨야 할 것이 있다. 바로 경험이다. 경험은 스스로를 성장하게 만든다. 주식 투자 역시 경험이 필요하다.

주식으로 망한 사람의 이야기가 행여나 자신의 이야기가 되지 않을까 하는 고민에 주식 투자를 시작하기가 망설여질 수 있다. 또는 주식으로 대박 난 사람의 이야기는 결코 자신의 이야기가 될 수 없다는 생각에 주식 투자에 관심 자체를 두지 않을 수도 있다. 하지만 지금 당장 주식 투자를 시작해보길 바란다. 이는 본격적인 재테크에 발을 들이는 계기를 마련할 것이다. 투자라고 해서 거창하고 대단한 것이 아니다. 과도하지 않은 금액으로도 충분히 도전할 수 있다는 점을 명심하자.

EP.02

ETF 편
투자계의 아이폰, ETF

계란을 한 바구니에 담지 마라.

이 말은 투자의 세계에서는 어떤 일이 일어날지 모르기 때문에, 모든 돈을 한 곳에 투자하면 위험하다는 의미이다. 안정성을 생각한다면 분산 투자가 유리하다. 하지만 사회 초년생이자, 초보 투자자들에게는 한 바구니에 넣어둘 계란 즉, 자본 자체가 넉넉하지 않다는 문제가 있다. 그럼에도 불구하고 분산 투자를 할 것을 권한다. 그 이유는 운이 좋아서 집중 투자로 꽤 많은 수익을 보더라도, 또 다른 위험을 낳을 수 있기 때문이다.

투자 성적이 좋으면 당연히 다음 투자에서는 규모를 늘리기 마련인데, 대부분의 사고는 자금의 규모를 늘렸을 때 일어난다. 초보 투자자는 정확한 판단의 기준 없이, 앞선 성공 때문에 욕심을 부려 자금을 늘리기 쉽다. 이는 당연히 좋지 않은 결과를 가져온다. 마치 초보 운전 때보다 운전에 좀 익숙해졌다고 생각할 때 교통사고가 더 자주 일어나는 것과 같은 이치이다. 돈을 잃는 것뿐만 아니라 투자의 세계에서 경험과 내공을 키울 기회도 박탈당하게 되는 계기를 마련할지도 모른다.

단순히 주식을 여러 개 사는 것이 분산 투자는 아니다. 분산 투자의 효과를 얻으려면 주식 시장의 여러 산업 부분을 '비중에 맞게' 사야 하는데, 초보 투자자에겐 여간 어려운 일이 아니다. 이럴 때는 이미 분산이 되어 있는 투자 상품을 이용하면 되는데, 그것이 바로 ETF다. ETF의 'F'는 펀드를 뜻한다. 즉, ETF는 주식처럼 펀드를 사고팔 수 있게 한 상품이다. 펀드는 지수에 연결되어 있으니 ETF를 매수했다는 것은 해당 지수를 골고루 조금씩 샀다고 이해하면 된다.

올해 90세의 나이로 아직도 노익장을 과시하고 있는 워런 버핏은 아주 오래전에 유서를 작성해두었다고 한다. 그 유서의 내용 중에는 아내에게 남긴 두 가지 투자 조언이 있다. '재산의 10%는 국채 매입에 투자하고, 나머지 90%는 전부 S&P500 인덱스 펀드에 투자할 것'이라는 내용이다. 그는 주식에 대해 잘 모르는 사람들도 인덱스 펀드에 투자하면 성공할 수 있을 것이라고 믿었다. 인덱스 펀드의 성격을 가진 대표적인 투자 상품이 바로 ETF다.

ETF를 잘 활용하면 자산가들이나 거대 자본가들의 투자 방법 중에 하나로 꼽히는 포트폴리오 투자가 가능하다. 게다가 소액으로도 충분히 투자 전략을 세울 수 있다. 2001년에 등장한 ETF는 여러 장점이 부각되면서, 많은 사람들이 선호하는 투자 상품으로 자리 잡았다. ETF는 투자계의 아이폰이라고 볼 수 있다. 여러 부작용이 있긴 하나 스마트폰 이전의 피처 폰을 사용할 수 없듯, ETF가 출시된 이후 ETF 없이 투자 전략을 짜기는 너무 불편하니 말이다.

ETF의 개념

✓ ETF란 무엇일까?

ETF가 등장하기 전에는 적은 금액을 분산 투자하는 방법은 하나밖에 없었다. 바로 펀드에 가입하는 것이다. 펀드는 가입한 사람이 매월 적립식으로 투자하거나 투자금을 한 번에 거치해 투자해도, 펀드 매니저가 동일하게 그 돈을 모아서 운영하는 간접 투자 방식이다. 운용 전략에 따라 인덱스 펀드부터 액티브 펀드까지 그 종류가 다양하다.

문제는 펀드 매니저가 운용을 하다 보니, 가입자 입장에서는 적금처럼 돈을 넣고 수익률을 한 번씩 확인하는 간접 투자 형태에 지나지 않는다는 것이다. 물론 간접 투자 형태가 나쁜 것은 아니다.

인덱스 펀드와 액티브 펀드	
인덱스 펀드	**액티브 펀드**
인덱스는 '지수'를 뜻한다. 우리나라의 코스피 지수 같은 것이다. 이 지수의 움직임과 똑같이 움직이는 펀드를 인덱스 펀드라고 한다. 즉 코스피에 투자하는 인덱스 펀드라면 코스피 수익률과 펀드 수익률이 동일하다. 하나의 기업을 선택하기 어려울 때 시장(모든 종목에 골고루 투자한다는 개념)에 투자하는 방법을 취하고 싶다면 인덱스 펀드를 선택하면 된다.	인덱스 펀드의 펀드 매니저는 스스로 판단을 하지 않는다. 지수와 펀드가 똑같이 움직이게 하는 것이 역할이기 때문이다. 반대로 액티브 펀드는 다르다. 레이달리오와 같은 유명한 펀드 매니저는 자신의 판단에 따라 재량껏 펀드를 운영한다. 좋은 성적을 내고 있고, 투자 성향이 맞는 펀드 매니저가 있다면 그 사람이 운영하는 액티브 펀드에 가입하면 된다.

작은 수치 변동에도 흔들리지 않는 안정된 심리 상태를 유지하며 매월 적금처럼 적립식 투자를 이어가는 데는 펀드 상품이 적합하기도 하다. 반면 주식은 스스로가 원하는 가격에 사거나 팔 수 있고, 거래 시점도 직접 정할 수 있다. 그래서 직접 투자라고도 표현한다. 그렇다면 펀드로 간접 투자를 할 때의 분산 기능과 주식으로 직접 투자를 했을 때의 민첩성, 이 두 가지 장점을 모두 취할 수는 없을까?

이 고민을 해결한 금융 상품이 바로 ETF(Exchange Traded Fund, 상장 지수 펀드)이다. 쉽게 이야기하면, 펀드를 주식처럼 거래할 수 있도록 펀드 상품을 증권 거래소에 상장시킨 것이다. 펀드의 장점과 주식 거래의 장점이 결합되었다고 볼 수 있다. 물론 모든 펀드

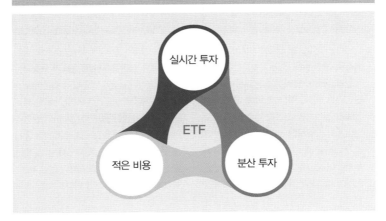

ETF의 세 가지 특징

가 ETF로 상장되는 것은 아니며, 인덱스 펀드가 ETF로 상장되어 있다.

⊘ ETF가 지닌 장점

ETF는 분산 효과 말고도 더 큰 장점이 있다. 투자를 할 때 제일 어려운 문제로 꼽히는, 종목 선택에 대한 고민이 필요 없다. 초보 투자자에게 해당 기업이 성장세에 있는지, 매출과 이익은 증가하고 있는지, 시장에서 어느 정도의 위치를 차지하고 있는지, 경영진은 믿어도 되는지, 치명적인 경쟁 업체가 등장하지 않았는지 등을 모두 검토하고 적절한 투자처를 알아내 투자한다는 건 너무나 가혹

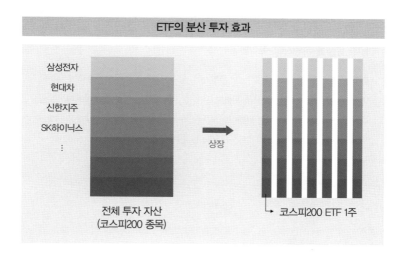

ETF의 분산 투자 효과

삼성전자
현대차
신한지주
SK하이닉스
⋮

상장

전체 투자 자산
(코스피200 종목)

코스피200 ETF 1주

한 영역이다. ETF는 자동으로 분산 투자가 되는 상품이고, 이는 특정 기업을 골라내는 노력을 하지 않아도 된다는 의미이다.

상품 자체에서 분산 투자가 되어 있는 ETF를 매수했다면 해당 ETF와 연결되어 있는 지수의 움직임만 체크하면 된다. 우리나라에서 대표적인 ETF 상품으로 꼽히는 'Kodex 200'을 예로 들어보자. ETF는 이름만 봐도 상품의 특징을 알 수 있다. 'Kodex'는 삼성자산운용사의 브랜드임을 알려주고 '200'은 코스피200 지수와 연동되어 있다는 사실을 알려준다. 그러므로 코스피200 지수의 움직임과 동일하게 움직이는 상품이다. 코스피200 지수는 종합 주가 지수에서 상위 200개 회사를 따로 뽑아 만든 지수이다. 그렇기 때문에 대형 우량주 위주로 구성되어 있고 대부분 종합 주가 지수와 비

ETF 상품을 확인하고 싶다면?

ETF는 자산 운용사가 운용하는데, 운용하는 회사에 따라 상품명에 고유의 브랜드가 붙는다. 그렇기 때문에 상품 이름으로 자산 운용사의 소속을 쉽게 파악할 수 있다. 현재 우리나라에서 가장 거래량이 많은 ETF는 삼성자산운용의 KODEX 시리즈(www.kodex.com)와 미래에셋자산운용의 TIGER 시리즈(www.tigeretf.com)이다.

출처: 삼성자산운용 웹 사이트

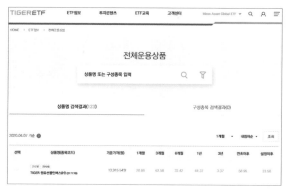

출처: 미래에셋자산운용 웹 사이트

4교시 | 투자를 저축처럼

숫한 흐름을 보이므로, 코스피 지수(종합 주가 지수)만 체크해도 무방하다.

우리나라의 또 다른 주식 시장인 코스닥 시장에도 당연히 코스닥 지수가 있고, 이 지수에 ETF로 투자할 수 있다. 단 코스닥 기업들은 상대적으로 코스피 기업들보다 기업 규모가 작거나 특정 기술에 집중하는 기업들이 많아 지수 움직임이 더 크다는 점을 기억하자.

코스피(KOSPI)와 코스닥(KOSDAQ), 무엇이 다를까?

코스피는 우리나라 증권 거래소에 상장된 주식을 거래하는 시장으로, '거래소'라고 부르기도 한다. 우리나라의 대표적인 기업들이 코스피에 상장되어 있다. 우리나라의 대표 주식 시장인 만큼 코스피에 상장하려는 기업은 엄격한 기준을 통과해야 한다. 코스피가 1군이면 코스닥은 2군이라고 이해해도 좋다. 거래소에 상장될 조건은 안 되지만 중소기업이나 고유의 기술을 가진 벤처 기업 등이 자금을 조달할 수 있도록 따로 주식 시장을 만든 것이 코스닥 시장이다. 미국의 나스닥 시장의 한국 버전이라고도 볼 수 있다. 주로 IT 기술 기업이나 바이오 기업들이 많이 상장되어 있는 것이 특징이다. 아무래도 코스피보다는 상장의 조건이 유연하기 때문에 상대적으로 작은 기업들이 많다. 그렇기 때문에 우량주가 많은 코스피보다 변동성(움직이는 폭)이 크다.

ETF의 활용

⊘ 금, 원유, 채권, 달러에 소액 투자하기

대표적인 안전 자산인 금이나 채권은 물론 달러와 같은 통화에도
ETF 투자가 가능하다. ETF 1주 가격은 2만~5만 원 전후이기 때문
에 소액으로도 투자 계획을 세울 수 있다. 예전에는 100만 원으로
포트폴리오를 구성하는 것이 힘들었지만, 이제는 ETF를 통해 자산
가의 전유물로 여겨진 포트폴리오식 투자가 가능하다.

ETF 소액 투자(100만 원)의 예			
국내 주식	채권	금	미국 달러
60만 원	20만 원	10만 원	10만 원

단, 코스피 지수나 나스닥 지수와 같은 지수가 아니라 금, 원유 등 실물 자산에 투자하는 ETF의 경우 해당 실물 자산 자체에 투자하는 것이 아니다. 원유 ETF라면 원유 자체를 사는 것이 아니라, 원유 선물에 투자하는 개념이다. 다만 선물은 주식과 다르게 만기 개념이 있어서, 크게 하락했을 때 보유한 채로 버틴다고 해서 다시 상승해 원금 상태로 돌아오기가 훨씬 힘들다는 점을 유의해야 한다. 가장 손쉽게 위험을 파악하는 방법은 해당 ETF의 종목 정보를 확인해 NAV(순자산 가치)와 ETF의 가격 차이가 많이 나는지를 봐야 한다. 이 차이를 괴리율이라고 하는데, 괴리율이 큰 상품에는 투자해서는 안 된다.

⊙ 속도를 결정할 수 있는 ETF

투자 수익을 내기 위해서는 당연히 매수 이후에 가격이 올라야만 한다. 주식에는 공매도(특정 종목의 주가가 하락할 것으로 예상되면 해당 주식을 보유하고 있지 않은 상태에서 주식을 빌려 매도 주문을 내는 투자 전략)와 같이 하락하는 주가에 투자하는 방법이 있긴 하지만, 개인 투자자 그것도 사회 초년생이 이 전략을 취하기는 어렵다.

그렇다면 앞으로 경기가 나빠져 주가 지수가 하락할 것으로 판단되거나 원유나 금 혹은 환율이 지나치게 급등해서 앞으로 하락할 것으로 예상된다면, 어떤 투자 전략이 필요할까? 반대로 시장에 큰 악재가 해소되고 경기가 좋아져 주가가 크게 상승할 것 같거나 원유나 금 혹은 환율이 지나치게 떨어져서 곧 반등할 것으로 예상된다면, 어떻게 더 공격적인 투자 전략을 수립할 수 있을까? 이 두 가지 질문에 대한 대답 역시 ETF가 해결해줄 수 있다.

국내 주식 시장에 투자하기 위해 'Kodex 200 ETF'를 매수했다고 가정해보자. 앞으로 주가 상승이 예상되어 추가적인 투자를 하고 싶다면, Kodex 레버리지 ETF를 매수하면 된다. 이 두 ETF는 코스피200 지수와 연결되어 있다는 점에서는 동일하다. 하지만 레버리지가 지렛대를 의미하는 만큼, 레버리지 ETF는 지수가 두 배로 움직이는 특징을 가지고 있다. 즉 코스피200 지수가 1% 상승하면 ETF는 2% 상승하고, 1% 하락하면 ETF는 2% 하락하게끔 설계되어 있다. 단, 이 수익률 혹은 손실율은 하루 기준이다. 기간의 수익률 혹은 손실율의 두 배를 의미하는 것이 아님을 유의하자.

주식에서 변동성이 커지는 것은 위험도 함께 증가함을 의미하지만, 그 위험이 코스피200 기업에 분산되어 있기 때문에 이 정도 변동성 증가는 감수할 수 있는 위험 범위 안에 있다고 볼 수 있다. 지수가 두 배로 움직이기 때문에 투자금을 늘리지 않아도 상승했을 때 수익은 두 배가 된다. 즉, 속도를 조정할 수 있다는 장점이 있는 것이다. 단, 앞서 말했듯이 파생 상품인 만큼 기초 지수에 비하여 훨씬 더 큰 폭으로 가격이 변동한다. 만약 예상과는 다르게 지수가 움직인다면 단기간 내에 원금 손실의 가능성도 존재한다는 이야기이다. 그러므로 레버리지 ETF에 모든 자금을 투자해서는 안 된다. 또 장기간 투자하기에는 여러 가지 리스크가 존재하는 것도 사실이다. 그러므로 투자 공부를 충분히 한 다음 시도해야 할 것이다.

☑ 레버리지 ETF로 인덱스 투자 수익률 높이기

투자계의 구루들은 인덱스 펀드에 장기 투자할 것을 권하고 있다. 각각 개별 기업들은 흥망성쇠가 있지만 시장 자체는 계속해서 성장해왔다는, 자본주의의 역사에서 얻은 투자의 지혜에서 비롯된 조

100만 원을 투자할 때의 예시

- **인덱스 투자**: 지수와 연동되어 있는 펀드나 ETF를 100만 원어치 매수한다. 이 지수가 10% 상승하면 10% 수익을 볼 것이고, 10% 하락하면 10% 손실을 입을 것이다.
- **강화된 인덱스 투자**: 50만 원으로 레버리지 ETF를 매수하고, 나머지 50만 원은 채권을 매수한다. 채권은 주식과 달리 이자를 받을 수 있기 때문에 변동성은 낮지만 확실한 수익을 챙길 수 있어서 안전 자산으로 분류된다. 지수가 10% 상승하면 50만 원에 대한 5만 원의 수익이 발생하는 것이지만, 레버리지는 두 배의 수익이 나므로 10만 원을 얻게 된다. 더불어 채권 이자 3%로 1만 5,000원을 받으면 총수익은 11만 5,000원이 된다.

  반대로 지수가 10% 하락한 경우라면 레버리지는 20% 하락했을 것이고 50만 원에 대한 10만 원의 손실이 발생한다. 그러나 채권은 이자를 받을 수 있기 때문에 변함 없이 1만 5,000원의 이자를 받게 된다. 그럼 손실은 총 8만 5,000원이 된다. 일반 ETF로 같은 지수에 같은 금액을 투자했을 때보다 채권의 수익만큼 손실이 적다.

언이다. 여기에 레버리지 ETF를 활용한다면, 더 매력적인 투자 전략이 될 것이다. 쉽게 말하면, 인덱스 투자를 보완한 '강화된 인덱스' 전략이다.

레버리지 투자는 두 배의 이익이 발생하기 때문에 해당 지수에 투자한 금액의 절반만으로도 전체를 투자한 것과 같은 효과를 얻을 수 있다. 그렇다면, 남은 자금으로 안전 자산이나 다른 곳에 투자가 가능해진다. 이를 잘 응용한다면 더 똑똑한 투자 계획을 세울 수 있다. 해외 시장의 경우 두 배 레버리지는 물론이고, 세 배까지 이익이 발생하는 다양한 ETF가 출시되어 있기 때문에 해외 투자에서 그 용도가 더 요긴하다.

⊘ 방향을 결정할 수 있는 ETF

ETF의 종류 중에는 인버스 ETF라는 것도 있다. 인버스(Inverse)는 반대라는 개념으로, 연결된 지수가 하락하면 수익이 나는 ETF를 말한다. 예를 들어 'Kodex 200 인버스 ETF'라면 코스피200 지수가 1% 상승하면 ETF는 1% 하락하고, 지수가 1% 하락하면 ETF는 1% 상승하는 구조이다.

앞으로 경기가 나빠질 것을 예상하고 주가가 하락하는 곳에 투자하고 싶다면, 인버스 ETF를 활용하면 된다. 주가 지수는 물론이고 금, 원유, 달러 등 다른 자산에도 인버스 ETF가 출시되어 있다.

해당 자산이 지나치게 과열 국면이라고 판단될 때, 인버스 ETF에 투자하면 수익을 올릴 수 있다. 물론 인버스 ETF에도 레버리지 ETF가 존재한다.

자산 시장의 경우, 상승 시에는 천천히 그리고 완만하게 오르다 마지막에 급등을 보인 후 상승을 마친다. 반대로 하락 시에는 상승 시보다 더 빠른 속도로 하락했다가 반등한다. 이 과정을 반복하는 것이 일반적이다. 그렇기 때문에 하락하는 주가에 투자하는 것은 '짧고 굵게' 해야 한다. 대개 하락에 투자해서 수익을 올리는 것이 더 어렵다. 물론 성공했을 때는 큰 수익을 기대할 수 있지만, 초보 투자자에게 쉽지 않은 일이므로 권하지 않는다. 자본 시장은 대부분 우상향(장기적으로는 상승한다는 의미)함으로 장기간 인버스 ETF에 투자하는 것은 아주 위험하다. IMF 금융 위기 때, 주가는 급락했지만 결국 얼마 지나지 않아 주가가 회복된 걸 생각해보면 이해가 쉬울 것이다.

⊘ ETF 투자의 단점도 있다

ETF 투자라고 해서 전혀 위험이 없는 것은 아니다. 손실 위험이 전혀 없는 투자 형태는 이 세상에 존재하지 않기 때문이다. 투자의 위험은 크게 두 가지로 나눌 수 있다.

투자 위험의 두 가지 유형

- **체계적 위험**: 인플레이션, 중앙은행의 금리 결정, 경기 침체 등 시장 전체에 영향을 주는 위험
- **비체계적 위험**: 특정 개별 기업에 해당되는 위험. 공장에 불이 났다거나, 기업 총수가 구속된다거나, 파업이나 법적 소송, 해외 진출 등 한 기업의 주가에 영향을 미치는 사건이나 상황

특정 기업의 주식을 매수한 이후 코스피 지수는 올랐으나 해당 기업의 주가는 하락할 수 있다. 비체계적 위험에 노출된 경우이다. 반대로 주식을 매수한 후 코스피 지수는 하락했으나 해당 기업의 주가는 상승한 경우도 같은 개념이다. ETF는 비체계적 위험을 제거해준다. 시장에 투자한 ETF는 특정 기업의 사건이나 상황을 굳이 신경 쓰지 않아도 된다.

그러나 아무리 ETF이더라도 체계적 위험까지는 제거하지 못한다. 코스피200 지수에 연결되어 있는 ETF로 시장 전체에 분산 투자를 해도, 금융 위기나 경기 침체 등과 같은 체계적 위험에 노출된다면 ETF도 함께 하락한다. 물론 ETF만의 단점은 아니다. 체계적 위험을 완전히 제거하는 투자 방법은 없다. 비체계적 위험을 분산 투자로 제거하듯, 경기 침체에도 가치가 상승할 수 있는 채권이나 금에 분산 투자하여 체계적 위험에 대해 일부 대비하는 투자 방법이 현명하다고 볼 수 있다.

ETF가 가진 고유 위험도 있다. ETF는 지수에 연동되도록 설계한다고 했는데, 이 설계에도 능력 차이가 있다. 그런 이유로 같은 코스피 지수에 연동되는 ETF 지수의 움직임이 일치하지 않는 경우가 있을 수 있다. 코스피에 투자하는 ETF A와 ETF B가 있다고 가정해보자. 이 코스피는 1% 상승으로 마감했다. 그런데 ETF A는 1.2% 상승했고 ETF B는 1% 상승했다. 수익률만 보면 ETF A가 더 좋아 보이지만 ETF는 연결된 지수와 동일하게 움직이는 것이 수익을 내는 데 더 중요하다. 버스를 탔는데 갑자기 버스 기사님이 지름길을 알고 있다며 노선을 벗어난 길로 간다면, 결코 좋은 일이 아닌 것과 같다. 노선대로 운행하지 않는 버스를 타고 목적지에 갈 순 없다. 투자도 마찬가지이다. ETF는 연결된 지수와 얼마나 똑같이 움직이느냐로 수익을 판단한다.

ETF의 추적 오차와 괴리율

- **NAV**: ETF 1주가 보유한 본질적인 가격(가치), 순자산 가치
- **추적 오차**: ETF는 기초 지수의 움직임을 따라야 하지만, 기초 지수와 순자산 가치의 움직임이 차이가 나기도 한다. 이를 추적 오차(Tracking Error)라고 한다. 운용사의 실력을 알 수 있는 지표이며, 추적 오차가 큰 ETF에는 투자하지 않는 것을 권장한다.
- **괴리율**: ETF의 순자산 가치와 현재 시장 가격과의 차이를 뜻한다. 해당 ETF의 매수세가 강해지거나 혹은 매도세가 강해질 때, 실제 가치와 시장 가격 사이에 괴리가 나타나게 된다. 괴리율이 클 때는 특히 주의를 기울여 거래해야 한다.

ETF의 추적 오차와 괴리율은 '위험' 즉, 예상치 못한 일이 발생하는 것을 뜻한다. 당연히 추적 오차와 괴리율이 낮을수록 좋다. ETF를 운용하는 자산 운용사에서 각 ETF별로 추적 오차와 괴리율 정보를 제공하고 있으므로, 꼭 확인할 것을 권장한다.

ETF를 선택할 때는 가급적이면 거래량이 많은 ETF를 선택하는

MTS에서 추적 오차 및 괴리율 확인하고 싶다면?

MTS에서 ETF 상품명을 검색한 후, [종목 정보]에 들어가면 추적 오차 및 괴리율 등의 정보를 간편하게 확인할 수 있다.

NAV는 해당 ETF의 순자산 가치 즉, NAV가 실제 소유한 가치이다. 하지만 ETF의 가격은 매수와 매도로 결정된다. 다만, 가치보다 가격이 빨리 움직이는 경우도 있는데, 가치와 가격의 차이를 수치화한 것이 괴리율이다. KODEX 200 ETF의 정보를 살펴보면, 1주당 순자산 가치는 25,380.91원인데 가격은 25,295원에 거래되고 있다. 실제 가치보다 85.91원이 싸게 거래되고 있다는 의미이며, 괴리율은 −0.34%이다. 통상 2% 내외의 괴리율은 정상 상태라고 간주한다. 단, 원유나 금 같은 실물 자산에 투자하는 ETF의 경우 높은 괴리율을 보이기도 하는데, 이때 실물 자산에 투자해서는 안 된다.

4교시 | 투자를 저축처럼

것이 좋다. 거래량이 너무 없는 ETF는 매수나 매도를 하는 게 쉽지 않을 수도 있기 때문이다. ETF는 주식처럼 특정 기업 자체가 투자처가 되는 것이 아니다. 해당 ETF에 연결되어 있는 투자처에 투자가 되게끔 하는 도구라고 생각해야 한다. 그렇기 때문에 ETF 자체의 위험보다는 ETF로 투자하려는 자산이 지닌 위험을 살펴보는 것이 중요하다. 예를 들면, 금에 투자하기로 마음먹고 금 ETF를 매수했다면 해당 ETF의 기본적인 구조만 파악한 후부터는 금시장에 관심을 가지는 것이 맞다. 운전을 할 때 기본적인 운전법이 숙지되었다면 도로 상황을 주시해야 하는 것처럼 말이다.

돈 팁

좋은 ETF 상품을 고르고 싶다면?

ETF는 주식을 모아둔 꾸러미 상품이라고 생각하면 이해하기 쉽다. 이 꾸러미 상품을 주식처럼 1주씩 사고파는 것이 가능하다. ETF의 종류만 해도 엄청나게 많기 때문에, 어떤 ETF를 선택해야 할지 고민될 것이다. 이때 다음과 같은 조건을 갖추고 있다면 좋은 ETF라고 볼 수 있다.

- 펀드 규모가 클 것
- ETF의 추적 오차와 괴리율이 낮을 것
- 운용 보수가 낮을 것
- 거래량이 많을 것
- 운용 기간이 길 것

네이버 금융이나 해당 운용사의 홈페이지에 들어가면 손쉽게 확인할 수 있는 내용이다. 관심 있는 ETF가 있다면 위의 조건들을 비교해보고 선택하면 된다.

레버리지 ETF

⊙ 레버리지 ETF의 변동성

앞서 레버리지 투자는 연결되어 있는 지수의 움직임이 두 배로 움 직인다고 설명했다. 여기서 중요한 점은 변동성의 기준이 '하루'라 는 것이다. 코스피200 지수가 오늘 1% 상승했다면 레버리지 ETF 는 오늘 2% 상승한다. 하지만 지난 1년간 코스피200 지수가 15% 상승했다고 해서 지난 1년간 레버리지 ETF가 30% 상승한 것은 아 니며, 일반 ETF와 마찬가지로 15% 상승했을 가능성이 높다. 대부 분의 경우 지수 상승률과 비교했을 때 두 배 정도의 수익을 보이지 만, 지수가 조금씩 꾸준히 올랐을 때와 강한 상승과 하락을 반복하 다가 결과적으로 올랐을 때의 수익은 다르다. 후자의 경우, 수익이

지수 상승률의 두 배에 미치지 못하는 경우도 많다. 레버리지 ETF
는 하루 사이의 변동성에 대한 두 배의 가치를 내는 구조이기 때문
에, 단순히 기간 수익률의 두 배라고 생각하면 안 된다.

특히 지수가 박스권 횡보(특정 지수대를 오르락내리락하며 옆으로만
가는 주식 시장의 형세)할 경우에 위험이 커진다. 예를 들면 코스피
지수가 2,200을 기록할 때 레버리지 ETF를 매수했다면, 코스피 지
수가 2,200과 2,400을 오고 가는 박스권 횡보를 계속해서 보이다
다시 코스피 지수가 2,200으로 내려왔을 때 매도하면 본전이어야
한다. 하지만 레버리지 ETF로 보유했다가 매도하면 손실이 날 수
있다. 그렇기 때문에 레버리지 ETF는 상승 추세일 때 활용하는 것
이 효과적이며, 지수가 박스권 횡보를 보일 때는 일반 ETF보다 효
율적이지 못할 수 있다.

⊘ 레버리지 ETF 투자 매뉴얼

레버리지 투자가 두 배의 수익을 낸다고 해서 무조건 좋은 것은 아
니다. 장기적인 투자라면 일반적인 ETF가 더 효율적이다. 장기 투
자용이라면 굳이 레버리지 ETF를 활용할 이유는 없다. 레버리지
ETF를 활용하겠다는 의미는 나름의 전략을 쓰겠다는 것이다.

코스피 지수가 2,000에서 2,200로 오르락내리락하기만 하며 오
랫동안 지속하고 있는 상황이라고 가정해보자. (실제 2010년부터 코

스피 지수 1,900~2,000 사이를 7년간 유지했다.) 이때 단순하게 코스피 지수 2,000에서 매수하고 코스피 지수 2,200에서 매도하는 전략을 짠다면, 레버리지 ETF가 필요 없다. 그러나 언제까지 그 범위 안에서만 지수가 움직일지는 아무도 모른다. 코스피 지수가 2,200일 때 팔았는데 코스피 지수가 2,600까지 올라간다면? (2017년에 실제로 그랬다.) 이럴 때 요긴한 것이 바로 레버리지 ETF이다.

코스피 지수 2,000이 웬만하면 깨지지 않는 수치임을 많은 기술적인 지표가 알려준다면, 다음과 같은 투자 전략을 세울 수 있다. 코스피 지수 2,000쯤에 레버리지 ETF를 100주 사는 것이다. 그리고 코스피 지수가 2,200이 되면 50주만 매도한다. 코스피 지수가 2,200에서 다시 떨어질 수도 있고, 계속 상승할 수도 있다. 상승한다면 50주가 계속 수익을 내고 있고, 레버리지이기 때문에 일반적인 ETF 100주를 가지고 있는 것과 비슷한 수익을 내준다. 반대로 코스피 지수가 떨어지면, 매도했던 50주를 코스피 지수 2,000에서 다시 매수하면 된다. 그러면 코스피 지수 2,200에서 매도했던 50주가 일반적인 ETF 100주를 팔았던 것과 비슷한 수익을 내주니 아쉬울 게 없다.

이렇듯 레버리지 ETF는 단순 장기 보유의 용도로 만들어진 것이 아니다. 자산 중 절반만 투입해도 전체를 투입한 것과 같은 효과를 내기 때문에 남은 절반의 현금으로 시장에 대응할 수 있는 전략에 사용하는 게 맞다. 자금의 전체를 다 투자했다면 그저 주가의 흐

름에 맡기는 수밖에 없겠지만, 자금의 절반을 현금으로 확보할 수
있다면 주가가 흔들릴 때 저가 매수 등의 전략을 수립하여 실행할
수 있는 훌륭한 무기가 될 수 있다. 물론 시장을 바라보는 안목이
가장 중요하겠지만 말이다.

ETF 투자 전략

⊘ 투자자라면 당연히 챙겨야 할 것

흔히 경기가 좋다거나 경기가 나쁘다는 말을 자주 쓴다. 물론 경기가 좋다는 말은 거의 들어본 적이 없겠지만, 경기는 계절이 오고 가듯 순환하는 모습을 보이는 것이 사실이다. 경기가 계속 좋을 수도 없고, 반대로 계속 나쁘기만 할 수도 없다. 투자자라면 경제 흐름에 맞게 자산을 적절히 배분해야 할 것이다. 하지만 그 흐름을 파악하기란 쉽지 않다. 경기가 좋다면 이미 자산의 가격은 오를 대로 올라서 자칫하면 고점에 매수해서 낭패를 보기 쉽고, 경기가 나쁜 것이 확실하다면 아무리 싼 가격이라도 매수를 미루다가 기회를 놓치기 쉽다.

그럼 경기의 흐름을 조금 일찍 알 수 있는 방법은 없을까? 전 세계 수많은 투자자들이 이 질문에 대해서 끝없이 고민하고 연구하고 있다. 당연히 완벽한 방법은 없지만 꽤나 높은 적중률을 보이는 방법들은 존재한다. 그중 하나가 OECD 경기 선행 지수(CLI, Composite leading indicator)를 살펴보는 것이다. 이는 OECD가 집계해 발표하는 경제 지표로, OECD 웹 사이트(data.oecd.org)에서 확인할 수 있다. 경제 지표 중에 선행성(미리 반응하는 경향)이 있는 것들을 취합하여 국가별 흐름은 물론 가입국 전체의 흐름을 그래프로 보여준다.

OECD 경기 선행 지수는 한 달에 한 번 발표되며, 발표 시점을 기준으로 두 달 전의 수치를 나타낸다. 즉 5월에 발표된 데이터는 지난 3월의 데이터이다.

해당 그래프가 상승하다가 하락하기 시작하면 주식과 같은 위험 자산을 줄이고 채권, 금과 같은 안전 자산을 늘리면 된다. 그 반대로 그래프가 하락하다가 상승을 시작하면 채권, 금 등의 안전 자산을 줄이고 주식 등 위험 자산을 늘리면 된다. 경제 흐름에 따라 전략을 바꾸는 단순한 방법으로도 놀라운 수준의 수익률을 낼 수 있다.

지난 10년간의 OECD 회원국 전체와 우리나라의 경기 선행 지수 흐름을 비교한 경제 지표도 볼 수 있다. 해당 그래프를 보면 우리나라는 2016년에 경기 흐름이 하락하다 반등하는데, OECD 회원국 평균의 경제 흐름과 비교했을 때 반등 폭이 훨씬 크다. 이때

OECD 경기 선행 지수(가입국 전체의 흐름)

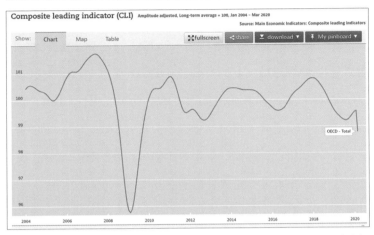

출처: OECD 웹 사이트

OECD 경기 선행 지수(가입국 전체와 대한민국 흐름 비교)

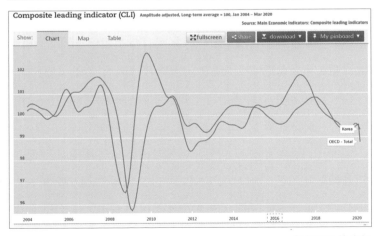

출처: OECD 웹 사이트

4교시 | 투자를 저축처럼

국내의 코스피 지수는 강한 상승세를 보였다. 다시 2017년 중순쯤부터 우리나라의 경기 흐름이 하락하는데, 이때는 OECD 회원국 평균보다 더 강한 하락세를 보였다. 우리나라의 경기 선행 지수가 OECD 회원국 평균보다 더 아래로 내려갔을 때는 2018년 초이다. 그때가 코스피 지수가 가장 높았던 고점이었다. 이후 OECD 회원국 평균보다 더 오래, 더 많이, 더 빨리 하락하는 모습을 계속 보이면서 2018~2019년의 경제 침체를 예고했다고 볼 수 있다. 이 지표를 확인한 다음, 국내 주식 투자 비중을 줄이고 상대적으로 코스피 지수가 양호한 국가의 주식에 투자했다면 더 높은 수익을 기대할 수 있었을 것이다.

⊙ 신용은 곧 달러를 의미한다

'금 본위제'라는 말을 들어본 적이 있을 것이다. 금 본위제는 금의 일정량의 가치를 기준으로, 단위 화폐의 가치를 재는 화폐 제도이다. 모든 돈(화폐)은 금에 연결되어 있기 때문에 화폐는 금 보관증이라는 의미이기도 하다. 그렇다면 현재 금의 역할을 하는 것이 무엇일까? 바로 신용이다. 화폐 자체는 종이이기 때문에 가치가 없지만, 우리는 화폐 가치를 인정하고 그 가치에 따라 거래를 할 수 있다. 이때 발생하는 믿음이 바로 신용이다. 국내에서는 한국은행에서 발행하는 화폐가 신용의 역할을 한다. 그래서 모든 거래에 통용되는 법화를 '한국은행권'이라고 부르는 것이다.

해외 거래에서 신용이 필요할 때는 달러를 기준으로 삼는다. 미국이 아닌 곳에서도 미국 화폐인 달러로 거래를 하는 것이 통상적이다. 이러한 이유로 달러를 기축 통화, 국제 통화, 준비 통화라고도 칭한다. 뉴스에서 외환 보유고를 언급한다면, 그 외환은 달러이다. 글로벌 교약에서 대부분의 거래가 달러로 결제되고 있기 때문에 투자를 하는 데 있어 달러의 가격은 매우 중요하다. 그렇게 때문에 투자자라면 달러의 가격 흐름은 늘 체크할 필요가 있다.

달러 가격 흐름을 체크하고 싶을 때는 '인베스팅닷컴(kr.investing. com)' 웹 사이트를 사용하면 좋다. 이곳에서는 외환, 지수, 주식, 선물 등의 가격 차트를 실시간으로 확인할 수 있다.

출처: 인베스팅닷컴 웹 사이트

⊘ 달러 인덱스란 무엇인가?

달러를 제외한 유럽 연합의 유로, 일본의 엔, 영국의 파운드, 캐나다의 캐나다 달러, 스웨덴의 크로나, 스위스의 프랑 등 경제 규모가 크거나 통화 가치가 안정적인 6개국의 통화 가치와 비교하여 달러의 가치를 지수화한 것이 달러 인덱스이다.

달러 인덱스가 상승하면 달러가 강세를 보이고 있다는 말이고, 달러 인덱스가 하락하면 달러가 약세를 보이고 있다는 의미이다. 절대적인 숫자를 보는 것도 중요하겠지만, 먼저 달러 인덱스의 상승과 하락이 무엇을 의미하는지 알아야 한다.

앞서 전 세계의 무역 거래에서 주로 달러가 사용된다고 설명했다. 삼성전자 역시 미국이나 중국에 반도체를 수출했을 때, 수출 대금의 대부분을 달러로 받는다. 그러나 국내에 있는 직원의 월급은 달러로 지급할 수 없으니, 삼성전자는 외환 시장에 달러를 가져가서 원화로 바꿔야 할 것이다. 그럼 달러의 공급은 늘어나고 원화의

> **돈 팁** 💡
>
> **금과 미국 국채의 연관성**
>
> 금과 함께 안전 자산으로 분류되는 것이 미국 국채이다. 미국 국채 금리가 상승하면 금의 가치가 떨어지고, 미국 국채 금리가 하락하면 금의 가치가 부각된다. 2019년 상반기에 미국 국채 금리가 하락하면서 금의 가격이 상승했던 것을 기억할 것이다. 금리 하락 시기(경기 침체 시기)가 곧 금의 시대라고 볼 수도 있다.

수요도 늘어난다. 당연히 공급이 늘어나는 달러는 가격이 싸지고, 수요가 늘어난 원화는 가격이 오를 것이다. 즉, 달러 약세, 원화 강세의 형태가 나타난다. (동시에 환율은 하락해 평가 절상된다.) 그런데 삼성전자뿐만 아니라 타 기업들도 해외 수출의 성과가 좋다면, 이와 같은 상황은 가속화될 것이다. 달러가 약해진다는 것, 다시 말해 달러 인덱스가 하락하는 것은 달러가 해외로 많이 나가고 있다는 것을 의미한다. 이는 미국에 수출이 많이 되고 있다는 뜻이고, 수출 호조에 기반한 경기 호황이라는 말이기도 하다. 세계가 상품을 만들고 미국이 상품을 사주는 것과 다름없는 형태의 경제 순환 구조는 이미 일반화되었다. 그렇기 때문에 미국 달러가 다소 약한 상황이 자국 경제에 유리한 경우가 대부분이다. 물론 달러 인덱스가 너무 많이 하락하면 미국이 무역 적자 등을 이유로 경제 상황을 되돌리려고 노력하기 때문에 적당한 수준에서 수치가 오르고 내리기를 반복하는 것이 큰 경제적 혼란을 방지한다.

⊘ 달러 인덱스를 파악해 투자 계획을 세우자

달러 인덱스가 하락 중이면 미국에서 해외로 달러가 나가고 있다는 의미이고, 이때는 미국에 수출을 많이 하는 국가(대한민국, 중국, 독일 등)의 경기가 좋을 것이다. 수출 중심의 제조업 국가에 투자하는 비중을 늘리기 좋은 시기이다. 게다가 제조업에는 원자재가 많이 소비되므로 자원 부국(러시아, 브라질, 호주 등)도 매력적인 투자처가 된다. 글로벌 교역이 활황이라는 의미이기도 하므로 주식과 같은 위험 자산을 늘리기에도 안성맞춤이다.

반대로 달러 인덱스가 상승 중이면 달러가 미국으로 돌아가고 있다는 의미이다. 이는 미국의 대형 기술주(애플, 아마존, 알파벳 등)의 투자 가치가 높아져 투자가 늘어서인 경우도 있고, 금융 위기 때처럼 큰 위기가 터졌을 때 가장 안전한 국가이자 시장인 미국으로 피신하는 자금이 늘어난 결과일 수도 있다. 그러므로 달러 인덱스가 상승할 때는 미국에 대한 투자를 늘리는 등 보수적인 투자 전략을 수립하는 게 유리하다.

물론 중요한 경제 지표는 많고, 지금도 다양한 경제 지표가 개발되고 있다. 그러나 사회 초년생들이 모든 데이터를 다 파악하긴 어

돈 팁

달러 인덱스와 경기 선행 지수에 따른 투자 비법

달러 인덱스로 글로벌 자금의 방향을 판단할 수 있다. 자금이 향하거나 혹은 향할 수 있는 조건을 갖춘, 경기가 좋은 곳을 세부적으로 찾기 위해서는 OECD 경기 선행 지수를 이용하면 된다.

단순하게 말하자면, OECD 경기 선행 지수가 하락을 멈추고 상승으로 전환한 국가와 OECD 평균보다 더 강하게 상승하고 있는 국가에 투자하고, 이 지수가 상승을 멈추고 하락으로 전환하면 매도하는 전략을 세우면 된다.

려울 것이다. 그럼에도 불구하고, OECD 경기 선행 지수와 달러 인덱스는 반드시 챙기길 바란다.

⊘ 초보 투자자를 위한 ETF 투자 상품

수많은 ETF 중에서 어떤 상품을 선택해야 할지 난감할 것이다. 사회 초년생이나 초보 투자자들을 위해, 주요 국가 및 주요 투자 대상에서 수익을 낼 수 있는 ETF 상품을 콕 집어 소개하고자 한다.

1. 미국에 투자할 경우

경제나 금융에 있어서 미국의 입지는 대단하다. 세계 경제를 설명할 때 미국과 미국이 아닌 국가로 나누어서 설명해도 될 정도이다. 주목해야 할 것은 미국과 신흥국(대한민국, 중국 등)을 놓고 봤을 때, 미국이 상승할 때 신흥국이 더 강하게 상승하는 경우는 있어도, 미국이 하락할 때 신흥국이 상승하는 모습은 드물게 나타난다는 것이다. 미국이 세계 최대 시장이기 때문이다. 미국의 경제가 좋지 않으면 미국 시장에 수출하는 신흥국의 경제가 좋을 수 없다. 그래서 미국에 대한 투자는 장기적으로 지속하는 것이 좋다.

• Vanguard S&P500 ETF: 다른 S&P500 ETF의 특징과 크게 다르지 않지만, 수수료가 가장 저렴한 편에 속한다. 또 운용 실력이

검증된 ETF 상품으로 꼽힌다.

'뱅가드'는 인덱스 투자의 아버지로 불리는 존 보글이 창립한 자산 운용사 뱅가드 그룹의 명칭이다. 현재 뱅가드 그룹은 세계 최대의 인덱스 펀드를 운용하고 있기도 하다. 1975년 Vanguard S&P500 인덱스 펀드를 출시한 후 현재까지 성공적으로 운용되고 있으며, Vanguard S&P500 ETF는 Vanguard S&P500 인덱스 펀드를 상장한 것이다. 즉, 해당 펀드를 매수하는 것과 동일한 투자 효과를 낸다.

- (SPY) SPDR S&P500 ETF Trust: 미국 S&P500 지수에 투자하는 대표적인 ETF이다.

2. 유럽에 투자할 경우

유럽 최대의 경제 대국은 독일이다. 독일이라고 하면 당연히 자동차가 떠오를 것이다. 자동차 산업을 포함한 제조업은 유럽 경제에서 큰 비중을 차지한다. 게다가 중국과의 교역 규모도 상당해서 세계 제조업 경기가 좋거나 교역량이 늘어날 때 유럽 ETF에 투자하는 것이 좋다.

- (EZU) iShares MSCI Eurozone ETF: 유럽은 유럽 연합이라는 독특한 형태를 띠고 있는데, 투자 시에도 이 특수성을 이용하면 좋다. 해당 ETF 상품은 범유럽의 대형 우량 기업을 모아 만든 지

수인 EURO STOXX50 지수에 투자하는 것이므로 안정적인 수익률을 기대해볼 수 있다.

3. 신흥국에 투자할 경우

신흥국 사이에서도 많은 교역이 이루어지긴 하지만, 아무래도 최대 시장인 미국에 수출하는 비중이 신흥국의 경제에 가장 큰 영향을 미친다.

국내 기업들이 미국에 수출하면 그 대금을 달러로 받게 되고, 이 달러를 원화로 환전해야 한다. 이때 세계 외환 시장에 달러 공급이 늘어나서 달러의 가치가 약해진다. 달러의 약세는 신흥국의 수출량이 늘고 있다는 것이고, 이는 글로벌 경기 활황을 의미한다. 이때 신흥국 시장의 상승이 가파르게 이루어지므로 투자하기 좋은 시기이다. 절대값도 중요하지만 하락과 상승의 방향을 판단하는 것이 도움이 된다.

- (EEM) iShares MSCI Emerging Markets ETF: 신흥국(대한민국, 중국, 대만, 브라질, 러시아, 멕시코 등)에 골고루 투자하는 ETF 상품이다.

4. 주요 국가에 투자할 경우

- 중국 (FXI) iShares China Large-Cap ETF: 중국 대형 우량주에

투자하는 ETF 상품이다. 위안화가 강세로 돌아서고 미중 무역 분쟁이 잦아드는 시기가 투자의 기회가 될 수 있다.

- 일본 (EWJ) iShares MSCI Japan ETF: 일본에 투자하는 ETF 상품이다. 엔화는 흔히 안전 자산으로 분류된다. 일본 증시는 주로 엔화가 달러 대비 약세 국면에 처했을 때 강세를 보인다. 지난 아베노믹스가 대표적인 케이스라고 볼 수 있다.
- 기타 (VEU) Vanguard FTSE All-World ex-US ETF: 미국을 제외한 전 세계에 투자할 수 있는 ETF 상품이다.

5. 그 외에 투자할 경우

- (GLD) SPDR Gold Trust: 금에 투자하는 ETF 상품으로, 금은 수익보다는 방어의 수단으로 활용하는 투자 자산이다. 방어 수단이다 보니 경기 전망이 나빠질 때 상승하는 모습을 보인다.
- (IEF) iShares 7-10 Year Treasury Bond ETF: 미국 장기 국채에 7~10년간 투자하는 ETF 상품이다. 금과 같은 안전 자산으로 분류된다. 단, 달러 표시 국채임으로 환율을 고려해야 한다.

⊙ 분산 투자 효과가 있는 ETF

앞서 소개한 ETF 상품에 장기간 골고루 투자한다면 좋은 성과를 낼 수 있을 것이다. 이는 사실상 전 세계에 투자하는 방법으로, 분산 투자로 위험을 줄이는 전략으로 볼 수 있다. 물론 200개가 넘는 나라에 똑같은 비율로 투자되는 게 아니라 전 세계에서 차지하고 있는 비율대로 투자되기 때문에 가능한 이론이다. 미국이 세계보다 더 빠르게 성장할 때든 미국보다 신흥국이 더 빠르게 성장할 때든, 상관없이 고르게 수익을 취할 수 있다.

일종의 분산 투자 전략에 맞는 ETF 상품도 있다. 바로, Vanguard Total Stock Market 상품이다. 'VTI'로 검색하면 된다. 이 상품 역시 뱅가드 그룹의 ETF이고 수수료가 저렴하다는 특징이 있다. 전 세계의 경제가 흥망성쇠는 있어도 계속 성장해왔듯 앞으로도 그럴 것으로 본다면, 해당 상품에 투자하는 것이 꽤 안전한 투자 방법이 될 것이다.

망설이지 말고,
지금 당장 시작하자.

투자의 절대 원칙,
돈을 잃지 않을 것

워런 버핏의 스승, 벤저민 그레이엄은 다음과 같은 명언을 남겼다. '투자에는 두 가지 원칙이 있다. 첫째, 절대 돈을 잃지 말아야 한다. 둘째, 첫 번째 원칙을 잊지 말아야 한다.' 벤저민 그레이엄이 돈을 잃어본 적이 없는 것은 절대 아닐 텐데, 왜 이런 격언을 남겼을까? 사실 이 말 속에는 철저한 기업 분석의 중요성과 가치 투자의 필요성이 담겨 있다. 기업 분석을 정확하게 할 수 있다면, 저평가된 기업의 주식을 가치보다 싼 가격에 매수하여 적정한 가격에 매도하는 가치 투자가 가능하다. 이는 당연히 돈을 잃지 않는 결과로 이어진다.

다짐한다고 되는 것은 아니지만, 투자에 있어서 돈을 잃지 않는 것은 너무나 중요한 원칙이다. 하지만 초보 투자자가 현재 주식의 가격이 해당 기업의 가치와 비교했을 때 높은 것인지 낮은 것인지 알기가 어렵다는 것이 문제이다. 이 문제점을 상당 부분 해결할 수 있는 투자 대안이 ETF라고 볼 수 있다. 이러한 이유로 초보 투자자들이 첫 투자로 시작하기 좋은 상품으로 추천하는 것이다.

EP.03

채권 편
채권을 알아야 하는 이유

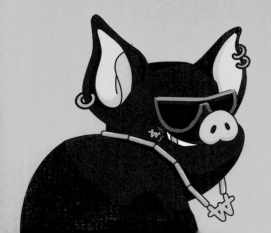

많은 것을 알려주는 채권

채권, 당연히 어렵게 느껴질 것이다. 하지만 채권은 시장의 나침반이라고 볼 수 있다. 투자를 하기 위해서는 시장을 알아야 하고, 시장을 알기 위해선 채권을 알아야 한다. 경제 상황을 판단할 때 중요한 시장이 채권 시장이기 때문이다.

채권은 주식과 성격이 매우 다르다. 주식은 회사의 지분 가치를 나누어 가지는 것인데, 채권은 말 그대로 돈을 빌려준 차용증 같은 것이다. 먼저 주식과 채권의 차이를 통해 채권의 개념을 정리할 필요가 있다. A가 창업을 했다고 가정해보자. A의 사업 모델이 마음에 들어 B가 자금을 투자하고, 수익을 투자한 비율 만큼 나누자고 했다면 '주식'을 산 것이다. 이와는 다르게 A가 창업을 할 수 있도록 B가 돈을 빌려주고 차용증을 받았다면 '채권'을 매입한 것과 같다고 보면 된다. 주식은 수익(배당이나 기업 가치 상승으로 인한 차익)

을 받고 채권은 이자를 받는다. 그럼 이제 A의 기업이 망했다고 가정해보자. B가 주식을 샀다면 손해를 보지만, 채권을 샀다면 해당 기업이 가진 부동산 등을 매각해서 B의 자금이 회수될 수 있는 가능성이 높다. 그 이유는 주식은 하루에도 큰 변동이 발생할 수 있는 위험 자산의 상징이기에 적정 가치를 측정하는 것이 매우 어려운 반면, 채권은 1원 단위까지 다 계산이 가능하기 때문이다.

즉, 주식을 사는 것은 그 기업과 동업을 하는 개념이고 채권을 사는 것은 그 기업이나 정부에 돈을 빌려주고 차용증을 받는 개념이다. 기업의 경영 실적이 얼마나 좋을지 예측할 수 없는 것처럼 주식 역시 앞으로의 주가를 예측할 수 없어서, 위험 자산으로 분류한다. 그만큼 큰 수익을 볼 수도 있고, 반대로 큰 손실을 볼 수도 있다. 단 채권은 처음부터 얼마큼의 돈을, 어느 정도의 기간 동안, 얼마의 이자율로 빌려간다는 것이 정해져 있다. 1억 원을 빌려주고 그 돈으로 창업을 한 기업의 주가가 엄청나게 오르더라도 처음 정해진 이자만 받는다. 기업 측 입장에서 생각하면, 사업이 망해도 빌린 돈은 갚아야 하는 것이 채권이다. 주식이 폭락했다고 부도가 났다고 하지는 않지만 채권을 못 갚으면 부도가 난다. 그만큼 채권은 확실성을 띠고 있기 때문에 안전 자산으로 분류하는 것이다.

뿐만 아니라 현금 흐름이 예상 가능한 채권의 특성 덕분에 전 세계 채권 시장의 크기는 주식 시장의 네 배 이상으로 크다. 이러한 이유로 주식 시장에 투자해 수익을 내되, 주식 시장에서 어떤 대응을 해야 할지 등의 전략을 수립할 때는 채권 시장의 움직임을 많이 본다. 큰 규모만큼 경제에서 차지하는 중요도도 높고, 많은 경제 신호를 보내기 때문이다. 한국은행과 같은 중앙은행이 금리를 인상하거나 인하할 때, 혹은 동결을 결정할 때마다 온갖 뉴스에서 금리 이슈를 비중 있게 다루는 이유만 생각해도, 채권 시장의 신호가 얼마나 중요한지 가늠할 수 있을 것이다.

채권의 개념

⊘ 신용을 담보로 하는 채권

채권은 국가나 지방 자치 단체 그리고 기업 등이 자금을 조달할 목적으로, 자신들의 신용을 담보로 발행하는 증서이다.

채권의 분류			
신용의 주체	국가	공사(LH 등)	기업
종류	국채	공채	회사채
	국공채		

개인과 마찬가지로 국가와 기업도 신용 등급이 있는데, 신용 등

급이 높을수록 낮은 이자율로 돈을 빌릴 수 있다. 국가 신용 등급은 채권 시장에서 사용된다. 여러 신용 평가사들이 있지만 주로 세계 3대 신용 평가사로 꼽히는 S&P, 무디스(Moody's), 피치(Fitch)에서 책정한 등급이 활용된다.

TIP S&P, 무디스, 피치 등의 회사들이 특정 국가나 기업의 신용 등급을 하향하면, 즉시 이자 비용이 증가하기도 한다. 심할 경우 외환 위기나 유동성(현금) 위기에 내몰릴 수 있기 때문에 실로 그 위력이 막강하다고 볼 수 있다.

채권에서 사용되는 용어 중에 만기, 이자, 액면가라는 것이 있다. 만기는 5년 혹은 10년과 같은 기간을 말하는 것이다. 이자는 연 지급하는 이자이며, 액면가는 채권 최초 발생 시의 가격이다. 그러니까 '국채 10년물 2%'라고 하면, 국가가 발행한 채권으로 10년 만기의 2% 이자의 채권을 뜻한다. 이자를 지급하는 방식에 따라 나누어지기도 하는데, 주로 분기별(3개월) 단위로 이자를 주는 이표채, 만기 시 이자와 원금을 함께 주는 만기채, 이자를 미리 주고 나중에 이자를 뺀 원금을 주는 할인채로 구분한다.

채권도 엄연한 투자재이기 때문에 예금과 똑같이 생각해서는 안 된다. 물론 채권 중 90% 이상이 만기 때까지 이자를 받으며 안정적으로 보유 가능하다. 다르게 말하면, 10% 이하의 채권은 거래가 되고 있다는 의미이다. 이 거래로 인해 전체 채권 가격이 움직인다는 사실에 주목해야 한다. 이 개념은 다음과 같이 이해하면 쉽다. 만약 30세대가 거주하고 있는 아파트 내에서 아파트 1채가 팔렸는데, 이전보다 1억 원 정도 비싼 가격에 거래가 되었고 가정해보자. 그럼 나머지 29채도 실제 거래되지는 않았지만 시세가 1억 원 정도 씩 상승한 것으로 예상할 수 있다. 이처럼 적은 비중이더라도 거래 되는 채권 가격은 전체 채권 가격에 영향을 미친다.

⊘ 채권 수익률이란?

채권은 발행 시점부터 액면가와 이자가 찍혀 있다. 이는 만기 때 받는 돈이 정해져 있다는 의미이다. 그렇기 때문에 주식이나 아파트의 가격과는 다르게 표현한다. 이를 채권 수익률이라고 한다. 주식이나 아파트의 수익률 계산은 쉽다. 1만 원에 산 주식이 1만 1,000원이 되면 10% 상승으로 계산된다. 하지만 채권 수익률은 정확히 말하면 '할인율'이기 때문에 개념이 다르게 적용된다.

A가 연 10%의 이자를 주는 예금에 가입했고, 해당 예금은 사고 팔 수 있다고 가정해보자. A는 1만 원의 예금을 들었고 1년 후 1만 1,000원을 받을 수 있을 것이다. 그런데 A는 당장 돈이 필요해졌고, B는 예금에 가입해 이자를 받고 싶은 상황이 발생했다. B가 예금에 가입할 경우 은행 이자가 5%밖에 되지 않자, A에게 1만 300원에 예금을 팔라는 제안을 했다. A는 이자 3%(300원)를 챙길 수 있고, B는 1만 300원에 예금을 사서 만기 시 1만 1,000원을 받으니 6.7%의 이자를 챙길 수 있다.

이 거래에서 채권의 가격은 최초 1만 원에서 1만 300원으로 상승한 것이다. 하지만 만기 시 1만 1,000원을 받는 것은 변하지 않는다. 즉, 1만 원일 때 이자 1,000원은 수익률이 10%이지만 1만 300원에 사서 1만 1,000원을 받게 되면 수익률은 6.7%로 낮아진 셈이다. 이를 채권 가격 상승, 채권 수익률 하락이라고 한다.

주식이나 아파트처럼 그 자체의 가격이 변하는 것이 아니고, 만기 때 받는 돈이 정해진 상태에서 채권 매수 가격에 따라 채권 수익률이 변하기 때문에 채권은 금리로 그 변동을 표시한다.

채권의 활용

⊘ 채권 금리가 보내는 주요 경제 신호

경기 침체가 예상될 때 주식과 채권 중에 어떤 것에 투자를 해야 할까? 당연히 채권을 사야 할 것이다. 경기 침체를 예상하는 사람이 많아지면 채권을 사겠다는 사람은 더 많아진다. 채권의 가격은 수요와 공급에 의해 결정되기 때문에, 경기 침체 시에는 채권의 가격이 상승한다. 채권의 가격이 상승했다는 것은 채권을 더 비싸게 사야 한다는 의미이고, 받게 될 이자는 줄어들게 될 것이라는 의미이다. 즉, 채권 금리는 하락한다. 채권 금리가 하락하고 있다는 것은 경기 전망을 부정적으로 판단하고 안전 자산인 채권으로 돈이 몰리고 있다는 신호이기도 하다.

반대로 경기가 활황할 것이 분명한 상황이라면 주식과 채권 중에 어떤 곳에 투자를 해야 할까? 너도나도 돈을 쓰고 물가가 상승할 것 같다면, 당연히 주식을 사야 할 것이다. 그럼 채권에 대한 수요는 줄어들고 채권 가격은 하락할 것이다. 즉, 채권 금리는 상승한다. 채권 금리가 상승하고 있다는 것은 경기 전망을 긍정적으로 판단하고 위험 자산인 주식으로 돈이 몰리고 있다는 신호이기도 하다.

채권 금리의 큰 흐름은 현재 글로벌 자금이 어디로 향하고 있는지, 시장 참여자들이 시장을 어떻게 바라보고 있는지를 가늠할 수 있는 중요한 나침반이 된다. 게다가 채권 금리는 단순히 전망이 아니라, 실제로 거래를 해야 움직이기 때문에 언론 보도 등에 비해 훨씬 신빙성이 높다고 할 수 있다. 돈은 거짓말을 하지 않으니까 말이다.

⊙ 채권과 기준 금리

채권 금리가 정해질 때는 중앙은행의 역할이 아주 크다. 중앙은행은 물가가 과도하게 상승하면 기준 금리를 높여서 물가를 진정시키고, 물가가 하락하고 경기가 침체되면 기준 금리를 낮춰서 경기를 부양한다. 기준 금리는 사실상 정책 목표 금리이다. 자본 시장에서 자본의 흐름은 자연스럽게 형성되는 것이기 때문에, 아무리 중앙은행이 오늘부터 기준 금리를 2%로 조정할 것이라고 발표해도 즉시 정정되는 것이 아니다. 중앙은행이 채권 시장에 참여해서 채권 금리를 맞추는 것이다. 예를 들어 금리가 2% 이하이면 채권을 매수해 채권 가격을 상승시키고, 금리가 2% 이상이면 가지고 있던 채권을 매도해 채권 가격을 하락시키는 방식이다. 그래서 정책 목표 금리인 것이다.

발권력을 가진 중앙은행은 돈을 찍어낼 수 있는 기관이기도 하기 때문에, 중앙은행의 목표 기준 금리가 하락하느냐 혹은 상승하느냐는 경제 전반에 큰 영향을 끼친다. 목표 기준 금리가 하향되면 그만큼 채권 매도 물량이 증가하게 되고, 상승하면 그만큼 채권 매수 물량이 증가하기 때문이다.

그럼 중앙은행은 언제 기준 금리를 높일까? 경기 과열이 우려되거나 물가의 가파른 상승이 우려될 때, 기준 금리를 높인다. 중앙은행이 보유하고 있는 채권을 팔아 그 자금을 흡수해서 과열을 식히는 것이다. 반대로 경기 침체가 우려될 때는 기준 금리를 낮추고 중앙은행이 시중에 유통되는 채권을 사들인 다음 그 자금을 시중에 공급하여 경기를 부양한다. 결국 중앙은행의 금리 결정 그 자체가 큰 경기 신호라는 의미이다.

기준 금리가 상승하다가 멈춘 후 하락하기 시작할 때는 경기 고점으로 판단할 수 있다. 이때는 위험 자산에 투자하는 비중을 줄이고 안전 자산에 투자하는 비중을 늘리는 게 좋다. 기준 금리가 하락하는 만큼 채권 가격은 상승하기 때문에 금리 하락기에 채권에 투자하는 것은 아주 좋은 투자 방법이다. 반면에 기준 금리가 하락하다 멈추면 반대의 전략을 세우는 것이 좋다. 이때는 이미 많이 하락한 주식을 싸게 매입할 수 있는 기회이다. 그리고 다시 기준 금리가 상승하면 주식 시장도 상승하는 경우가 많은데, 심한 경우에는 버블(투자, 생산 따위의 실제의 조건이 따르지 않는데도 물가가 오르고 부동산 투기가 심해지고 증권 시장이 가열되는 등 돈의 흐름이 과도하게 활발해지는 현상)로 이어지기도 한다. 버블을 방어하기 위해 중앙은행이 다시 금리를 내린다면 다시 위험 자산은 처분하고 안전 자산 등으로 투자 비중을 옮기면 된다. 초보 투자자라면 기준 금리 변동에 따라 투자 전략을 세우기만 해도 꽤 괜찮은 투자 이익을 볼 수 있다.

채권은 경기의 시그널이다.
고로 채권을 공부하는 것은
경기의 방향을 예측하여 투자하기 위함이다.

투자 감각을
늘리는 데 필요한 채권 공부

흔히 금융 투자라고 하면 주식, 채권 정도를 말한다. 늘 함께 이야기되는 주식과 채권이지만, 이 둘의 성격은 너무나 다르다. 우선 주식은 미래를 바라보고 '꿈을 먹고 사는' 시장이라고 할 수 있다. 어느 기업이 성장할 것으로 판단되었을 때 투자하는 것이기 때문이다. 반면 채권은 돈을 빌려주는 것이다. 채권에서 더 중요한 것은 성장 가능성이 아니라, 돈을 확실하게 돌려받는 것이다. 그래서 더 보수적인 특징을 가지고 있으며, 시장 규모도 훨씬 크다. 이 점을 투자 전략에 이용해야 할 필요가 있다.

위험 자산의 대명사인 주식은 그만큼 오르락내리락하는 폭이 넓고 속도도 빠르다. 반면 안전 자산의 대명사인 채권은 그만큼 오르락내리락하는 폭이 좁고 속도가 느리다. 만약 두 시장에서 똑같은 움직임이 나타났다면, 어느 쪽의 움직임을 더 비중 있게 봐야 할까? 당연히 채권 시장이다. 채권에 직접 투자하지 않아도 채권 시장이 보내는 신호에 관심을 가져야 할 이유다. 늘 사고를 치던 아이가 또 사고를 치면 '그러려니' 하고 넘어갈 수 있지만, 평생을 사고 한

번 치지 않던 아이가 사고를 치면 엄청나게 큰일처럼 여겨진다. 금융 시장도 이와 비슷하다. 채권 시장에서 의미 있는 신호가 나오면 주식 시장에서 훨씬 요란하게 반응한다.

채권을 알아야 할 또 다른 이유는 각 국가별로 국채 금리의 차이가 환율의 움직임을 결정하기 때문이다. 예를 들어보자. 비슷한 선진국인 미국과 독일이 있다. 미국 국채 수익률은 2%이고 독일 국채 수익률은 1%라면, 독일 국채에 투자한 자금이 미국 국채로 이동하게 될 것이다. 독일 국채를 팔고 받은 유로화로 달러를 매수해서 미국 국채를 사야 하기 때문에 유로화 공급이 늘고 달러 수요가 증가하게 된다. 즉, 유로화 약세, 달러 강세의 결과를 가져온다. 환율은 국제 거래에서 너무 중요하다. 그 환율의 상당 부분을 채권 시장에서 결정하고 신호를 주기 때문에 채권 시장에 대한 이해는 투자 안목을 키우는 데 필수 요소이다. 그러므로 초보 투자자라면 채권을 투자 대상으로 보기보다는 시장 전체의 흐름을 파악할 수 있는 중요한 신호를 보내는 대상으로 생각하는 게 적합할 것이다.

특별 수업
본격 투자 포트폴리오 구성

공격수
고수익을 기대할 수 있는 위험 자산

미드필더
중위험 · 중수익의
펀드, ETF 투자

수비수
예금, 적금 등의 현
금성 자산 및 채권
등의 안전 자산

골키퍼 비상금

월급 200만 원 받는
이들을 위한 재테크 실전

⊘ **분산 투자 전략**

1. 재테크는 축구 게임과 같다

포트폴리오를 짠다. 즉, 투자 계획을 세운다는 말을 생각만 해도 어렵게 느껴질 뿐 아니라 막막한 마음이 들기도 한다. 포트폴리오를 짜는 행위를 축구 경기라고 생각하면, 보다 쉽고 구체적으로 전략을 수립할 수 있을 것이다.

축구는 11명의 선수가 각자의 포지션에서 저마다의 역할에 맞게 움직이는 운동 경기이다. 감독은 선수들의 포지션을 짜고, 작전을 지시하고, 선수를 교체하는 등 경기 흐름을 바꿀 수 있는 지휘와 전략을 담당한다. 감독의 역할이 얼마나 중요한지는 모두 잘 알고 있다. 골을 많이 넣어야 승리한다고 해서 선수 전원을 공격수로 배치하는 감독은 없을 것이다. 또 골을 내주지 않기 위해 선수 전원을 수비수로 배치하는 일도 없다.

투자도 이와 비슷하다. 투자에서 자금은 곧 선수이다. 적절하게 자금을 배치해야만 수익을 낼 수 있다. 지금부터는 자신이 투자자가 아닌, 축구 감독이라고 생각해보자.

2. 4:4:2 전략이 필요하다

저축이 수비수라면, 투자는 공격수이다. 저축은 위험에 대한 방어는 가능하지만 수익을 낼 수는 없다. 투자로만 포트폴리오를 구성한다면 위험에 노출되었을 때 무방비 상태가 되므로 자금을 저축과 투자에 분배해야 한다. 그렇다면 저축과 투자 사이의 균형은 어느 정도가 적절할까?

축구 경기에서 자주 사용되는 전술이 있다. 바로 4:4:2 전략. 이는 수비수 4명, 미드필더 4명, 공격수 2명으로 구성되어 있는 축구 전술이다. 주로 한 선수의 능력에 기대기보다는 조직력을 내세워 상대를 압박하는 데 유용하다. 투자에서도 마찬가지로 4:4:2 전략이 꽤나 효과적이다.

먼저 골키퍼를 비상금(3개월간의 생활비)으로 간주한다. 이를 제외하고 100만 원이 있다면, 40만 원은 예적금 등의 안전 자산(수비수), 또 다른 40만 원은 중간 위험 수준의 투자(미드필더)에 투입한다. 20만 원은 공격적인 투자(공격수)에 투입해 균형을 이루면 된다.

3. 수비수 선택 방법

자금의 40%는 예금, 적금, 채권 같은 안전 자산에서 고르면 된다.

초보 투자자가 처음 수익을 얻고 나면 투자에 많은 관심을 갖게 된다. 그러다 보면 현금을 보유하고 있는 것이 무척 어리석은 일처럼 생각된다. 급기야는 보유하고 있는 현금 자산을 모두 투자하고, 심한 경우 대출에도 손대기 시작한다.

그러다 시장이 조정이나 하락으로 전환되어 손실이 발생하면 그 손실을 막을 길이 없다. 축구 경기로 예를 들자면, 모든 선수가 공격수가 되어 상대편 골대 앞에 모여 있는데 갑자기 공이 우리 편 골대로 넘어온 것과 같다. 축구에서는 오프사이드가 있지만 투자의 세계는 보다 냉정하다. 골키퍼인 비상금이 한두 번쯤 손실을 막아 줄 수는 있겠지만 계속해서 버틸 수는 없다.

지금 팔면 큰 손해가 나는 것이 분명하고 조금만 버티면 회복할 수 있을 것 같은데, 당장 생활비가 부족하고 돈을 써야 할 곳이 생기는 상황이 일어난다면 손해를 감수하고 울며 겨자 먹기로 주식과 ETF 등을 팔 수밖에 없다. 팔고 나서 반등이라도 한다면, 그때의 좌절감은 손실을 봤을 때보다 더 크다.

저축은 이자를 얻을 목적이 아니라는 점을 명심하자. 당연히 이자를 따질 필요도 없다. 예적금 등 현금성 자산은 투자로 인한 손실을 입었을 때 진가를 발휘한다. 시장 상황이 회복할 때까지 일상생활을 유지하며 버틸 수 있는 시간을 벌어주는 역할을 담당하기 때문이다. 현금이 있으면 투자에서 순간적인 손실을 입더라도, 그 손실을 확정 짓지 않도록 든든한 버팀목이 되어준다.

4. 미드필더 선택 방법

앞서 현금 자산이 투자에서 손실을 피할 수 있는 시간을 벌어준다고 했다. 하지만 개별 종목에 투자했을 때는, 현금이 있다고 해서 버티는 것이 능사는 아니다. 투자한 기업이 큰 위기를 겪어 장기간 회복이 불가능하거나 아예 사라질 위험도 있기 때문이다.

그러므로 미드필더의 역할이 필요하다. 자금의 40%를 중위험·중수익 정도의 투자에 쓰길 권한다. 예금이나 적금, 채권보다는 높은 수익률을 기대할 수 있지만 그렇다고 아주 위험성이 높지 않은 수준의 투자처를 찾아야 한다. 인덱스 투자는 자체적인 분산 효과를 가지고 있기 때문에, 한두 종목이 크게 하락해도 지수 자체가 크게 흔들리지 않는다. 반대로 한두 종목이 크게 상승해도 그만큼 오르지 않는다. 이러한 특성으로 인해 안정성이 어느 정도 보장된다고 볼 수 있다. 그래서 미드필더의 역할에 S&P500에 투자하는 펀드나 ETF 상품을 활용하면 좋다.

만약 조금 더 높은 수익률을 내고 싶다면, 공격형 미드필더 형태로 운용할 수도 있다. 달러 인덱스와 OECD 경기 선행 지수를 파악해 투자 포트폴리오를 변경하는 것이다. 달러 인덱스가 상승하면 미국 ETF의 비율을 높이고, 달러 인덱스가 하락하면 국내 ETF의 비율을 높이면 된다. 또 OECD 경기 선행 지수가 하락하다가 저점을 찍고 다시 상승하는 움직임을 보이는 국가에 투자하고, OECD 경기 선행 지수가 고점을 찍고 다시 하락하기 시작하면 매수했던 상품을 바로 매도하는 형태로 장기 투자하면 된다.

5. 공격수 선택 방법

다소 적은 비율이라고 생각할 수도 있지만, 공격적인 투자에 자금의 20%만 투입하는 것이 적당하다. 이 비율만으로도 큰 수익을 안겨줄 수 있다. 결정적인 순간에 짜릿한 골을 넣는 공격수처럼 말이다. 수비수와 미드필더가 든든하게 자금을 지켜주고 있으니, 이미 안정성을 확보한 것과 다름없다. 새로운 성장이 기대되는 업종과 기업에 투자해서 '대박'을 노려볼 기회이다. 물론 인덱스 투자를 장기적으로 해서 큰 수익을 거두는 방법도 좋지만, 인덱스 투자는 시장 전체에 대한 수익이기 때문에 아무래도 수익을 거두기까지 시간이 많이 소요된다. 그사이에 성장하는 산업과 기업은 등장하기 마련이다.

코스피 지수는 2008년 금융 위기 때 크게 하락하다가, 2009년부터 시작된 중국의 대규모 투자로 빠르게 회복했다. 2011년에는 코스피 지수가 2,100 근처까지 상승하기도 했다. 하지만 그쯤 다시 유럽 재정 위기를 겪게 되었고, 이후 코스피 지수는 1,900과 2,000 사이를 오가고 있다. 이 같은 흐름이 거의 7년간 지속되었다. 7년 동안 국내 코스피 지수에 인덱스 투자를 했다면 그야말로 딱 본전인 셈이다. 하지만 같은 기간에 한류 열풍을 이끈 국내 화장품, 포털 시장을 장악한 네이버, 바이오 산업의 선두주자로 떠오른 셀트리온 등으로 대표되는 화장품, 포털, 바이오 부문은 어마어마한 성장을 했다. 당연히 해당 기업의 주가도 놀라운 상승률을 보였다. 코스피 지수에 인덱스 투자를 하는 대신 성장하는 산업과 기업에 투자했다면 그 수익은 엄청났을 것이다.

앞으로 어떤 산업이나 기업이 성장할지 알 수만 있다면 예금, 적금, 펀드, ETF 등의 수단은 사실상 필요 없다. 하지만 미래는 알 수 없고 시장은 예상대로 흘러가지 않는다. 이 사실이 공격적인 투자에 자금의 20%만 투입해야 하는 이유이다.

투자처를 고를 때는 자신이 실제로 체감할 수 있는 익숙한 분야 위주로 찾는 것이 좋다. 사회 초년생이라면, 밀레니얼 세대라고도 볼 수 있으니 IT 분야 같은 곳 말이다. 예를 들어보자. 통신 기술은 여전히 빠르게 발전하고 있고, 그 단계별로 탄생한 산업과 기업들이 있다. 아이폰의 등장으로 시작한 스마트폰 혁명은 3G 통신 기술의 기반 속에서 탄생할 수 있었으며, 이는 트위터, 페이스북 같은 텍스트 기반의 SNS 산업을 만들었다. 그다음 LTE 기술이 보급되면서 유튜브, 넷플릭스 등과 같은 스트리밍 서비스 기업이 부상했다.

이렇듯 새로운 기술이 보급되면 그 기술을 바탕으로, 새로운 서비스가 출시되고 새로운 시장이 열린다. 이 시장을 빠르게 잠식하는 기업은 가치를 높게 평가받게 되고, 당연히 주가는 크게 상승한다.

지금 주목해야 하는 이슈는 무엇일까? 단연, 5G 기술이다. 우리나라에서는 이미 상용화되었지만, 현재 5G는 속도만 빠른 '절반의 5G'라고 볼 수 있다. 5G 기술이 완벽하게 구현되기까지는 시간이 조금 더 걸릴 것이다. 단순히 속도만 빨라지는 것이라면 이름이 5G가 아니라 LTE2 정도로 명명됐을 텐데 '시대'를 달리하는 이유는 반응 속도(지연 시간)가 제로에 가깝기 때문이다. 이 같은 발전은 게임 산업의 발전으로 이어질 확률이 크다. 본격적인 5G 시대부터는 휴대폰에 게임 프로그램을 설치할 필요 없이 그저 게임에 접속하기만 하면 될 것이다. 스트리밍 게임이 바로 그것인데, 게임 화면을 유튜브처럼 스트리밍하면 된다. 구글은 이미 관련 서비스 제공에 대한 계획을 발표했고, 애플도 최근 iOS 업데이트를 통해 게임 산업 개발에 무게를 둘 것이라는 점을 분명히 밝혔다.

이미 관련 주가가 많이 올랐을 것 같다는 생각이 든다면, 아직은 괜찮다고 봐도 무방하다. 다행히 미국이나 해외에는 5G 휴대폰이 많이 보급되지 않았고, 5G 서비스가 제공되는 지역도 드물다. 곧 5G 시대가 열리겠지만, 국내와는 달리 해외에서는 5G 관련주, 게임 관련주들이 크게 상승하지는 않았다. 그러므로 5G 관련 기업을 묶은 ETF나 게임 관련주를 묶은 ETF도 좋은 투자처가 될 수 있다.

5G 관련 ETF에 투자하고 싶다면 해외 ETF 검색란에 'FIVG'라고 검색하면 되고, 게임 관련 ETF에 투자하고 싶다면 검색란에 'HERO'라고 검색하면 된다.

삶의 변화를 이끄는 기업에 투자하면 성공적인 결과를 얻을 수 있다. 예를 들어보자. 정부는 전통 시장의 활성화를 위해 대형 마트에 대한 규제를 실시했다. 하지만 이 규제는 '마켓컬리' 등의 온라인 장보기 서비스 플랫폼의 등장과 발전을 가져왔다. 이러한 기업과 산업에 투자하면 된다. 우리가 살고 있는 삶의 모습이 어떻게 바뀌고 있는지 유심히 관찰하는 것이 투자의 시작점이 될 것이다. 변화를 알아채는 데는 트렌드에 민감한 사회 초년생이 유리한 고지에 있으니, 반드시 좋은 투자처를 발견할 수 있을 것이다.

⊘ 배당주 투자 전략

1. 주식에도 이자가 있다

저축은 돈을 모아두기만 하면 발생하는 이자 자체가 수익이다. 반면 투자는 매수한 가격보다 더 비싼 가격에 매도해서 시세 차익을 남기는 것이 수익이다. 이때의 차익을 수익률이라고 부른다. 부동산도 일종의 투자인데, 부동산은 시세 차익을 노리기도 하지만 임대 시 임대료를 기대하기도 한다. 마찬가지로 주식도 시세 차익 외에 얻을 수 있는 게 있다. 바로 배당이다. 주식회사는 주주가 권리를 가지기 때문에 주식회사라고 하며, 그 주식을 사고팔기 편하도록 주식 거래소에 상장한 기업을 상장 기업이라고 한다. 우리가 아는 대부분의 대기업들은 상장 기업 형태를 띠고 있다.

많은 기업이 주식회사 형태로 운영되고, 주식 거래소에 상장을 한 이유는 자금을 조달하기 위해서이다. A 기업의 주식을 상장해서 사람들이 A 기업 주식을 사면 주주가 되고, 주주가 투자한 돈이 모여 A 기업의 자본금이 만들어진다. 투자를 받아서 수익을 냈다면, 투자한 만큼 돌려주어야 할 것이다. 이를 배당이라고 부른다. 물론 배당이 기업의 의무는 아니다. 또 얼마나 혹은 어떤 형태로 배당할지에 대한 권한은 경영진에게 달려 있다. 기업의 배당 형태를 수치로 확인할 수 있는데, 이를 배당 성향이라고 한다. 장기적으로 특정 기업에 투자한 자금들은 도중에 사고파는 일이 별로 없기 때문에, 배당 외에는 수익을 얻을 게 없다고 봐야 한다. 그렇기 때문에 배당 성향을 보고 투자를 결정하면 좋다.

우리나라는 평균 2% 근처의 배당 수익률을 보이는데, 우리나라와 경제 규모나 구조가 비슷한 대만은 평균 4%의 배당 수익률을 보인다. 선진국들은 배당 수익률을 아주 중요하게 여기기 때문에, 꽤 높은 배당 수익률을 보이는 경우가 많다. 미국에는 'AT&T 할아버지(AT&T Grandpa)'라는 신조어가 있다. 은퇴 후 매년 5% 정도 되는 AT&T 주식의 배당금만으로 생활이 가능한 주주를 일컫는 말이다. 이처럼 선진국에서는 배당이 보편적인 투자 방법이다. 5%의 수익률이 작아 보일 수도 있겠지만 실상은 그렇지 않다. 현재 우리나라에서는 월세 수익을 얻을 수 있는 강남 지역의 오피스텔 등 수익형 부동산에 투자하는 것이 유행인데, 이 수익률은 3% 중반밖에 안된다. 강남의 집값은 비싼데, 월세는 많이 올리기가 힘들다 보니 점차 수익률이 저조해지는 경향마저 보인다. 이에 반해 AT&T는 우리나라의 KT 같은 거대 통신 기업이고, 매년 5% 수준의 배당 수익률을 보이고 있으니 훨씬 안전한 투자 전략이다. 또한 주가가 상승해서 차익을 누릴 수도 있다.

투자 전략을 정리하자면, 다음과 같다. 주식을 보유하고 있을 때는 배당을 받다가 주가가 상승하면 팔아서 시세 차익을 남기고, 주가가 하락하면 다시 매수해서 배당을 받으면 된다.

2. 다시 축구 전략으로

배당 수익률이 높은 고배당주를 골라서, 이 주식들을 미드필더로 쓰는 방법도 고민해볼 수 있다. 고배당주도 찾아보면 꽤 많아서 고르기가 쉽지 않고, 아무리 배당 수익률이 높다고 해도 한 종목에 모든 자금을 넣을 수는 없을 것이다. 이때 고배당주만 묶은 ETF를 선택하면 좋다.

S&P500 지수를 구성하는 500개 기업 중에 평균보다 더 많은 배당 수익률을 보이는 70여 개의 종목을 묶은 ETF 상품이 있다. 검색란에 'SPYD'를 검색하면 된다. 배당 수익률은 시기마다 변하

지만 주로 3% 후반에서 5% 중반을 오고 간다. 2020년 4월에는 6.28%의 배당 수익률을 보였다. 2018년 코스피 기업의 평균 배당 수익률인 2.15%보다 높은 배당 수익률을 기대할 수 있다.

게다가 배당금은 주식을 팔았을 때 수익률과 무관하다. 배당금으로 수익률 10%의 이익을 받았다면, 만약 10% 손실을 입고 주식을 팔았다고 해도 원금을 지킨 셈이다. 배당금은 말 그대로 기업이 투자자의 투자금으로 영업한 대가로 주는 돈이다. 은행 이자보다 훨씬 높은 수익을 기대할 수 있을 뿐더러 차후에 주가 상승에 대한 기대감도 있으니, 사회 초년생도 충분히 도전할만한 투자 방식이다. 그렇기 때문에 당장 공격적인 투자를 하기가 두려운 초보 투자자들에게는 배당주 투자 방식이 적합하다. 적금만 넣었던 사람이라면, 적금에 넣을 자금의 절반 정도만 배당주 투자에 투입하는 포트폴리오를 구성하면 된다.

저금리 현상은 앞으로 더 고착될 것이다. 이 말은 단지 적금만으로는 돈을 모을 수 없다는 뜻이기도 하다. 이제 적금 이자에만 기대서는 안 된다. 적극적으로 투자 포트폴리오를 만들어가야 한다. 당연히 많지 않은 돈으로 시작해도 괜찮다. 무엇보다 지금 당장 시작하는 게 중요하다.

5교시

평생 한 번의 게임,
부동산

EP.01

독립 편
발품부터 손품까지 팔아야만 한다

누구도 피해갈 수 없는 부동산

작은 원룸이든 고급 아파트이든 지낼 수 있는 곳이 필요하다. 그러므로 공간을 월세, 전세, 자가 등의 형태로 임대 혹은 소유해야만 한다. 이 때문에 주식이나 다른 투자 방법은 평생 모르고 살 수 있지만, 부동산은 그렇지 않다. 꼭 집을 매매하지 않더라도, 살다 보면 부동산 계약 몇 번쯤을 하기 마련이니까. 사회 초년생이라면, 부모님의 집을 떠나 독립하는 것이 부동산 공부의 시작이 될 것이다.

서울에 살고 있다면 출퇴근길에 한강 주변으로 끝도 없이 늘어서 있는 아파트들을 볼 수 있을 것이다. 아파트의 가격을 들었을 때 박탈감을 느끼기도 하고 저런 아파트 하나 가지고 있었으면 하는 바람이 들기도 할 것이다. 물론 서울에 있는 아파트를 사는 게 쉬운 일은 아니지만, 알아야 할 것부터 차근차근 챙기면 불가능한 일도 아니다.

대출의 종류

⊘ 주거 밀집 지역을 찾아서

집을 구할 때, 주요 활동 지역과의 접근성이 좋은 지역부터 떠올리게 된다. 서울에 있는 회사를 다니는 직장인이라면, 광화문과 을지로 일대, 강남, 여의도, 구로 등이다. 하지만 이 지역들에는 주거 공간 자체가 많지 않다. 매물이 있더라도 가격이 비싸게 형성되어 있기 때문에, 인근에 위치한 주거 밀집 지역을 찾아보는 것이 현실적이다. 회사가 강남에 있다면, 서울대입구에서부터 낙성대, 봉천, 신림 등 지하철 2호선 라인의 지역을 위주로 알아보면 좋다.

적절한 주거 밀집 지역을 찾았다면, 다음은 역세권 여부를 따질 차례이다. 같은 역세권이라도 환승역인지 아닌지에 따라 가격 차이가 난다. 환승역 인근에 위치해 있는 매물은 다른 곳보다 가격이 좀 더 높거나, 같은 가격이라도 면적이 좁을 것이다. 살면서 숱하게 경험했겠지만, 지하철역과의 거리는 꽤나 중요하다. 하지만 환승역 역세권을 고집하는 건, 가성비 측면에서 추천하고 싶지 않다. 게다가 지리적인 이점을 가진 지역에는 오피스텔 단지가 들어선 경우가 많아, 월세가 비쌀뿐만 아니라 관리비를 고려하면 비용이 더 부담스러워지기 일쑤다. 환승역이 아닌 일반 역세권이 나은 점도 있다. 동네가 조용하고 같은 월세 가격이어도 매물 자체의 상태 및 조건이 더 좋을 확률이 높다는 점이다.

⊘ 대출을 두려워하지 말 것

원룸을 구하든 청약에 당첨되어 아파트를 분양받든, 은행과 친해지는 게 우선이다. 은행을 자주 가거나 은행원을 지인으로 알아야 한다는 말이 아니다. 은행을 은행답게 이용할 줄 알아야 한다는 뜻이다. 대부분의 사회 초년생들은 은행을 계좌를 개설할 때나 비밀번호를 다섯 번이나 틀린 탓에 어쩔 수 없이 가야 하는 곳으로 여겼을 것이다. 물론 그것도 은행을 활용하는 방법이지만 은행의 핵심 기능은 바로 신용 창출, 즉 대출에 있다.

　독립을 계획 중이라면 월세 대신 은행 대출을 통해 전세를 구해보길 바란다. 실질적인 효과와 심리적인 효과를 동시에 얻을 수 있다. 우선 월세보다 대출 이자가 싼 경우가 많기 때문에 경제적으로 여유를 주는 실질적인 효과를 누릴 수 있다. 하지만 보다 더 중요한 점은 대출 과정을 진행하면서 은행의 시스템을 직접 겪어보면 경제관념이 많이 바뀐다는 점이다. 대출 과정을 하나하나 준비하면 자연스럽게 많은 내용을 배우게 될 것이다. 이는 돈을 모아야 하는 뚜렷한 동기가 생기고 경제 시스템도 배울 수 있는 기회가 된다.

월세 매물보다 전세 매물을 구하기가 어려운 것은 분명하다. 은행 이자가 낮은 탓에 집주인들이 월세를 받는 것을 선호하기 때문이다. 하지만 전세 매물 역시 분명 존재한다. 오죽하면 부동산은 발품이라는 말도 있지 않은가. 독립을 준비하고 있다면, 발품을 팔아 전셋집을 구하고 전세 자금 대출을 알아보는 것이 가장 좋다.

⊘ 중소기업 취업 청년 전월세 보증금 대출

아래의 조건에 해당된다면 중소기업 취업 청년 전월세 보증금 대출을 적극 활용하길 권한다.

중소기업 취업 청년 전월세 보증금 대출 가능 조건
• 중소기업 취업자
• 고용 보험에 가입된 자
• 만 34세(군 현역 제대 시 39세) 이하
• 무주택 세대주 혹은 세대원
• 연 소득 3,500만 원 이하
• (기혼인 경우) 부부 합산 연 소득 5,000만 원 이하

전세 보증금이 2억 원 이하인 전용 면적 85m² 이하 주택 혹은 주거용 오피스텔이 대상이며, 대출 한도는 최대 1억 원까지 가능하다. 대출이 주택도시보증공사 담보로 진행되면 임차 보증금의 100%까지, 한국주택금융공사 담보로 진행되면 임차 보증금의 80%까지 대출 가능하다. 즉, 1억 원짜리 전세 매물의 경우 주택도시보증공사 보증으로 진행하면 1억 원, 한국주택금융공사 보증으로 진행하면 8,000만 원까지 대출이 가능하다는 이야기이다. 금리는 연 1.2%의 고정 금리이며 대출 기간은 2년인데, 4회까지 연장이 가능해 최대 10년간 이용이 가능하다. 이 기간 동안은 이자만 지불하며 지내다가, 만기 시 보증금을 돌려받아 일시에 상환하는 방식이다. 일반적인 은행의 전월세 보증금 대출 이자가 3%대라는 점을 감안하면 굉장히 큰 혜택이다.

그렇다면 다니고 있는 직장이 중소기업에 포함되는지 궁금할 것이다. 이는 '주택도시기금(nhuf.molit.go.kr)' 홈페이지에서 확인할 수 있다. [개인 상품] → [주택 전세 자금 대출] → [중소기업 취업 청년 전월세 보증금 대출] 순으로 들어가면 확인할 수 있다.

TIP 임차 보증금의 100%를 대출하여 진행할 때는 더 세심한 주의가 필요하다. 아무래도 100% 대출은 조건이 까다롭기 때문에 해당 대출로 계약을 진행한 적이 있는 중개소를 찾아 철저히 준비하는 것이 좋다.

TIP 집을 알아보기 전에 은행에서 대출 가능 여부와 한도를 조회하는 것이 우선이다. 근로 소득 원천 징수 영수증(입사 이후 1년이 지나지 않아 해당 서류가 없다면, 월별 급여 명세서로 대체 가능)을 제출하면 대출 가능 여부와 한도를 알 수 있다.

단, 공무원, 공기업 등 공공 기관 재직자는 해당 사항이 없다. 또 사행성 업종을 영위할 경우 대출 대상에서 제외된다.

☑ 알아두면 유용한 전세 대출 상품

여러 요인으로 중소기업 취업 청년 전월세 보증금 대출이 불가능하다면, 다른 대출 상품도 있다. '주택도시기금(nhuf.molit.go.kr)' 홈페이지에서 대출 상품에 대한 내용을 비롯한 조건 등 자세한 내용이 확인이 가능한데, 여기에서 간략하게 살펴보자. 해당 내용은 2020년 5월을 기준이다.

1. 버팀목 전세 자금 대출

사회생활을 늦게 시작해 청년의 나이 기준을 넘겼을 때 활용하면 좋은 대출 상품이다. 소득 제한 등 조건이 충족되어야 하지만 나이 제한이 없기 때문이다. 또 신혼부부에게도 좋은 대출 상품이다.

대출 조건
• 만 25세 이상
• 신청자 및 세대주 전원이 무주택자인 경우
• 연 소득 5,000만 원 이하
• 개인 순자산 2억 8,000만 원 이하 (배우자가 있을 경우, 합산 금액이 2억 8,000만 원 이하)
• 임차 보증금 3억 원 이하(서울, 경기, 인천 외 지방은 2억 원. 단 1자녀가 있을 경우 3억 원, 2자녀 이상인 경우 4억 원 이하)
• 85m² 이하의 주택(도시가 아닌 경우 100m² 이하) 및 오피스텔

위의 조건이 충족되었을 때, 수도권은 1억 2,000만 원, 비수도권은 8,000만 원까지 연 2.3~2.9%의 금리로 대출받을 수 있다. 대출 기간은 2년 단위이며 최대 4회 갱신이 가능하다. 그렇기 때문에 같은 조건으로 10년간 이용이 가능하다.

2. 청년 전용 버팀목 전세 자금 대출

자취 혹은 독립에 필요한 원룸을 구하고 있을 경우, 해당 대출 상품을 이용하면 된다.

대출 조건
• 만 25세 이하 • 미혼

임차 보증금의 80%, 최대 3,500만 원까지 대출이 가능하다. 대출 기간은 2년 단위이며 최대 4회까지 갱신이 가능하다. 즉, 같은 조건으로 10년간 이용이 가능하다. 금리는 연 2.3%~2.7%로 저렴한 편이다.

3. 청년 전용 주거 안정 월세 대출

취업 준비생이지만, 독립하여 취업을 준비하는 사람도 많을 것이다. 이때 월세가 큰 부담일 수밖에 없다. 이러한 고민을 겪는 청년들에게 주거 안정을 목적으로 월세 자금을 낮은 금리로 월 최대 40만 원씩 2년간 960만 원 한도 내에서 대출해주는 상품이다.

크게 우대형과 일반형으로 구분되어 있다. 우대형은 연 1.5%의 낮은 금리가 장점이다. 우대형 조건에 해당하지 않으면 일반형으로 대출 신청을 하면 된다. 이 경우 금리는 연 2.5%이다.

보증금이 1억 원 이하이거나 월세가 60만 원 이하인 경우(무허가 건물 혹은 고시원은 불가) 대출 가능하며, 2년 만기 일시 상환 방식이다. 대출 기간은 2년 단위이며 최대 4회 갱신이 가능하다. 즉, 같은

청년 전용 주거 안정 월세 대출의 우대형과 일반형	
우대형	• 만 35세 이하 • 무소득자 • 부모의 연 소득 6,000만 원 이하 • 희망키움통장 가입자 • 대출 신청일 기준 최근 1년 이내에 수급 사실이 인정되는 근로 장려금 수급자 중 세대주 • (사회 초년생일 경우) 취업 후 5년 이내로 다음 조건을 충족하는 경우 　– 대출 신청일 현재 만 35세 이하 　– (기혼일 경우) 부부 합산 연 소득 4,000만 원 이하
일반형	• (기혼일 경우) 부부 합산 연 소득 5,000만 원 이하 • 우대형 조건에 부합하지 않는 자

조건으로 10년간 이용이 가능하다. 다만 1회 갱신 이후 다시 갱신할 때는 대출금의 25%를 상환하거나 혹은 금리를 0.1% 올려야 한다는 조건이 덧붙여져 있다.

4. 청년 전용 보증부 월세 대출

대출 조건
• 만 34세 이하 • 연 소득 2,000만 원 이하 • 임차 보증금 5,000만 원 이하 • 월세 60만 원 이내의 주택 혹은 오피스텔

앞의 조건이 충족된다면, 청년 전용 보증부 월세 대출을 통해 보증금과 월세 대출을 받으면 된다. 보증금의 80% 이내에서 최대 3,500만 원까지 대출이 가능하고, 월세 40만 원 이내에서 최대 960만 원까지 대출 가능하다. 단, 보증금만 대출받을 시에는 보증금의 70%까지 대출 가능하다. 보증금 대출 금액에 한해서는 금리 연 1.8%, 월세 대출 금액에 한해서는 연 1.5%의 금리가 적용된다. 대출 기간은 2년 단위이며 최대 4회 갱신이 가능하다. 즉, 같은 조건으로 10년간 이용이 가능하다.

5. 서울시 신혼부부 임차 보증금 대출

2018년 5월에 출시된 대출 상품으로, 가장 수요가 많은 서울 지역에 거주하는 신혼부부들을 위해 만들어졌다.

대출 조건
• 서울 시민이거나 1개월 이내에 서울로 전입 예정인 신혼부부 (신혼의 기간은 결혼 후 5년 이내이거나 6개월 이내 결혼 예정인 경우에 한함) • 부부 합산 연 소득 8,000만 원 이하 • 세대 구성원 전원 무주택자인 세대주 • 서울시 관내의 임차 보증금 5억 원 이하의 주택 혹은 주거용 오피스텔

상대적으로 서울의 집값이 비싸다 보니 서울시 신혼 부부 임차

보증금 대출의 대출 한도는 넉넉한 편이다. 임차 보증금의 90% 이내에서 최대 2억 원까지 대출 가능하다. 금리는 연 1.96~2.84%로, 소득 수준에 따라 조금씩 상이하다. 대출 기간은 기본 2년 단위이며, 기존 대출금의 10%를 상환하면 4년까지 연장 가능하다. 또한 출산을 하게 되면 자녀 1명당 2년의 대출 기간을 추가로 적용받을 수 있고 최대 4년까지 연장 가능하다.

반드시 은행부터 가야 한다

앞서 설명한 대출 상품 중 중소기업 취업 청년 전월세 보증금 대출을 제외하고는 대부분 보증금 대출은 '임차 보증금의 5% 이상을 지불한 자'라는 조건이 덧붙여져 있다. 즉, 계약금(보통 보증금의 10%)을 내야 대출이 가능하다. 만약 사전 확인도 없이 계약금부터 지급했다가 혹시라도 대출을 받지 못했을 때 계약을 포기해야 하는 일이 생길 수 있다. 이 경우 계약금을 돌려받지 못할 수도 있으니, 사전에 은행에서 원하는 대출 관련 조건 등을 상담받는 것이 좋다.

집 계약

✔ 손품과 발품 팔아 계약까지

모든 시장 조사를 발품만 팔아 하기에는 시간이 부족한 것이 사실이다. 최근에는 부동산 관련 앱이 많이 생겼다. 이 앱들은 매물의 정보를 제공하는 수준을 넘어 주변의 시세 변동과 신규 분양 정보 등의 부동산 정보도 알 수 있다.

가장 많이 사용하는 서비스 플랫폼은 '네이버 부동산'일 것이다. 원하는 지역이나 전월세 형태, 면적 등의 조건을 설정해두면, 이에 충족하는 매물이 나왔을 때 알람을 받을 수 있다. 네이버 부동산을 비롯한 '직방', '다방' 등 다양한 앱을 통해 여러 가지 부동산 정보를 접할 수 있으므로, 이를 잘 활용한다면 부동산 시장의 흐름을 익히는 데 유용한 도구가 될 것이다.

⊙ 허위 매물을 피해야 한다

지역을 정하고 중개인도 만났다면 실전으로 돌입해야 한다. 중개인의 손에 이끌려 몇 개의 매물을 보고 설명을 듣다 보면, 머릿속이 하얘진다. 인터넷으로 관심 매물을 골라왔지만, "그 방은 조금 전에 나갔다."라는 말을 듣게 되는 황당한 경험을 하게 될지도 모른다. 허위 매물에 속는 경우가 많다는 이야기이다. 실제 매물인지 확인해주거나 허위 매물을 신고하면 앱 자체적으로 사은품을 주는 등 정화 작업이 이어지고 있지만, 여전히 허위 매물이 많다는 점을 명심하자.

이와 같은 허위 매물에 속지 않기 위한 방법이 있다. 한국중개인협회에서 만든 '한방(http://karhanbang.com)' 웹 사이트 혹은 앱을 통해 허위 매물 여부를 알아보면 된다. 다른 사이트에서 본 매물이 이곳에도 있는지 확인하거나, 아예 처음부터 이곳에서 매물을 찾는 것이 도움이 된다. 한방은 중개인협회에서 운영을 하다 보니 같은 매물을 서로 공동 중개할 수 있도록 되어 있다. 이 때문에 허위 매물보다는 실제 매물을 올리는 경우가 대다수이다. 다른 중개인이 특정 매물을 공동으로 중개하자고 제안했을 때 허위 매물이라면 아무래도 부담스러울 것이기 때문이다.

⊙ 맘에 드는 집을 찾았다면?

집 상태를 판단하는 것은 오히려 쉽다. 눈에 보이기 때문이다. 그렇게 여러 가지 조건을 고려해 가장 좋은 집을 구했다면, 본격적으로 머리 아픈 일이 기다리고 있을 것이다. 바로 계약서 작성이다. 전세 혹은 월세 모두 계약을 하면 임대차 계약서를 작성해야 한다. 살다 보면 이런저런 일이 있을 수 있는데, 그럴 때 믿을 것은 임대차 계약서이기 때문에 계약 내용을 꼼꼼히 살펴봐야 한다. 계약 의사를 밝히면 중개인이 건축물대장, 등기부 등본 등의 서류를 보여줄 것이다.

건축물대장이란, 건물의 신분증 같은 것이다. 간혹 건축물대장에는 각 층마다 5호실까지 있는 것으로 나와 있는데, 실제로 가보면 6~7호실까지 있는 경우도 있다. 이는 집주인이 더 많은 세입자를 받기 위해 편법을 사용해 매물을 불법적으로 늘린 것이다. 이때 6~7호실은 무허가이기 때문에, 문제가 발생하면 구제받기 어렵다. 이러한 상황을 방지하기 위해 건축물대장도 잘 살펴봐야 한다.

등기부 등본은 건물의 소유 상태를 볼 수 있는 서류이다. 집주인이 소유자가 맞는지 확인하고, 해당 건물에 근저당(대출 등)이 얼마나 있는지도 확인해야 한다. 등기부 등본에는 근저당 설정, 채권 최고액 등의 내용도 나와 있는데, 이 가격이 건물 가격의 절반을 훌쩍 넘는다면(70% 이상) 계약을 신중히 고민해봐야 한다. 집주인의 사정으로 문제가 생겨 집이 경매로 넘어가는 상황이 발생할 수도 있기 때문이다. 또 등기부 등본에 채권 최고액이 아니라 신탁으로 적혀 있으면 더 위험하니, 웬만하면 다른 집을 찾길 권한다.

⊘ 계약과 전입 신고의 필요성

건축물대장과 등기부 등본을 확인했다면, 이제 계약서를 작성하면 된다. 부동산 계약서에 서명을 한다는 것은 적혀 있는 내용을 모두 이해했고, 동의한다는 의미다. 계약을 마치고 난 다음 계약 조항을 제대로 몰랐다거나 계약 내용이 부당하다고 항의해도 소용이 없으므로 계약서에 서명하는 일은 신중하게 임할 필요가 있다.

계약서에 부당한 조항은 없는지, 불리한 조항은 없는지 살펴봐야 한다. 서명을 하기 전에 계약서를 천천히 읽어보고, 이해가 안 되는 부분은 반드시 물어보자. 질문에 대한 대답을 거부하는 집주인이라면 그 계약은 하지 않는 것이 현명하다.

계약을 마치고 이사까지 마무리했다면, 전입 신고를 해야 한다. 일단 전입 신고가 가능한 곳이면 집에 문제가 없는 경우가 많아서 검증 차원에서라도 전입 신고를 하는 것이 좋다. 전입 신고가 안 되면 확정 일자를 받을 수 없기 때문에 혹시라도 보증금 관련 등 분쟁이 발생하면 골치 아픈 상황이 생길 수 있다. 전입 신고를 하면 동사무소에서 계약서에 날짜를 찍어주는데 이를 확정 일자라고 이해하면 된다. 해당 날짜에 계약이 있었음을 국가가 확인해주는 의미로, 법률적으로도 인정받을 수 있다. 그 자체로 구속력이 있는 것은 아니지만, 문제가 발생했을 때 계약이 유효함을 따로 증명하지 않아도 되므로 확정 일자는 꼭 받아두는 것이 좋다.

새가 둥지를 틀 때도
지푸라기를 하나 물어오는 것부터 시작한다.

자립하기 위해서
두 발을 디딜 공간부터

가격과 조건을 고려했을 때, 쏙 마음에 드는 집을 구하는 것은 정말 어렵다. 작은 원룸 하나 구하는 일도 만만치 않은데, 평생의 꿈으로 품고 있는 내 집을 마련하는 것은 오죽할까 생각하면 막막하기도 할 것이다. 서울을 비롯한 인기 지역의 부동산은 참 꾸준히, 많이도 오르고 있다. 그래서 부동산은 점차 남의 이야기로 느껴질 수 있다. 하지만 뉴스에 등장하는 아파트들은 그 지역 사람이 아니라도 전 국민이 다 아는, 유명 대단지 아파트들이다. 어쩌면 우리나라의 경제 규모와 상황을 생각했을 때, 대도시의 인기 아파트 가격이 비싼 것은 피할 수 없는 일일지도 모른다.

하지만 집을 사둘 곳이 아니라 살 곳으로 본다면, 집을 매매하는 것은 불가능하지 않다. 과거에 비해 대출 제도가 발전했고, 부동산 관련 제도도 계속해서 개편되고 있다. 가격 상승으로 인한 시세 차익에 중점을 두기보다는 먼저 살기 좋은 지역과 집을 골라보자. 월세부터 시작해도 좋다. 월세와 전세를 거쳐 자가까지 한걸음씩 나아가면 된다.

청약 통장 편

청약 당첨을 위한
청약 통장 활용법

번듯한 새 아파트를 저렴하게!
그 꿈을 현실로 만드는 청약 통장

'내 집 마련'이 최종 경제 목표인 사람이 많을 것이다. 최근 들어
서는 집 소유 여부는 선택의 문제라고 여기는 움직임도 있다. 꼭 집
을 구입하지 않아도 상관없다고 생각하는 것이다. 하지만 많은 사
람들이 일생을 아우르는 경제적 목표로 '내 집 마련'과 '노후 대비'
를 꼽는 것도 엄연한 사실이다. 일생의 목표라는 말은 그만큼 쉽지
않다는 말이기도 하다. 전세 대출과는 달리 매매 거래 시에는 혜택
성 제도가 잘 갖추어진 편도 아니다.

내 집을 마련하기 위해, 정확히는 신축 아파트를 분양받기 위해
첫 번째 단계로 필요한 것은 바로 청약 통장일 것이다. 그렇다고 해
서 청약 통장만 만들면 내 집 마련의 준비는 끝일까? 그건 아니다.
청약 통장 개설은 필수 조건이지 만족 조건은 아니다. 청약 통장의

진짜 목표는 청약을 통해 분양을 받는 데 있다. 이를 위해서는 주택 청약 제도와 각종 특별 공급 그리고 이후 자금 조달 계획 등이 준비되어 있어야 한다.

요즘 같은 세상에 새 아파트를 분양받는다는 것은 굉장한 행운이다. 동일한 조건의 아파트이더라도 매매로 사는 것보다 분양받는 것이 가격적인 측면에서 훨씬 저렴하기 때문이다. 누군가에게는 좋은 제도임이 분명하지만, 많은 문제들이 존재하는 것도 사실이다. 비혼이거나, 자녀가 없는 신혼부부 혹은 한 명의 자녀만 있는 가구 등 다양한 형태로 살아가는 사람들이 늘어가고 있는 추세다. 하지만 이 경우에는 주택 청약에 당첨될 확률이 매우 낮다. 특히 가장 인기 있는 서울에 위치한 59~84m² 면적의 아파트 분양에 당첨될 확률은 거의 없다고 봐도 무방하다. 그만큼 그들을 위한 정책적 배려가 부족하다. 시대와 삶의 모습은 변화하고 있는데, 이 변화를 따라가지 못하고 있는 현 정책을 지적하고 변화를 요구해야 함이 마땅하다.

그렇다고 하더라도, 현 정책을 인지하고 청약 통장에 대해 알아야 한다. 기회가 적고 당첨되기도 어려운 만큼 제도를 잘 이해하고 자신에게 가장 유리한 특별 공급을 전략적으로 준비해야 하기 때문이다. 일반 공급은 기회가 막혔다고 볼 수 있지만, 아직 특별 공급의 기회는 남아 있다. 특별 공급을 노린다면, 당첨 확률은 더 높아질 것이다.

지역별로 차이가 있긴 하지만 수도권에서 신혼부부 특별 공급에 당첨된다면, 일반 매매 시세 대비 3억 원의 차익을 확보하는 셈이다. 3억 원을 모으려면 한 달에 적금을 80만 원씩, 31년을 모아야 한다. 이 단적인 사실만으로도 청약 통장을 공부할 이유는 충분하다.

천정부지로 치솟는 집값 뉴스에 내 집 마련을 진작 포기하는 밀레니얼 세대들이 늘고 있다. 하지만 벌써 내 집 마련의 꿈을 포기하기는 이르다. 차근차근 준비하다 보면 길, 아니 아파트가 눈앞에 보일 것이다.

청약 통장

⊘ 청약 통장은 무엇일까?

청약 통장은 말 그대로 '청약(일정한 내용의 계약을 체결할 것을 목적으로 하는 일방적·확정적 의사 표시)'을 위한 통장인데, 단순히 말하면 미래에 아파트를 분양받기 위해 미리 통장을 만들어 돈을 납입하는 것이다. 주택 청약 제도는 다른 나라에서는 볼 수 없는 특이한 제도이다. '언제', '어떤 아파트 매물을', '얼마의 가격에' 등 어떤 것도 정해지지 않은 채로 돈부터 납입한다는 점에서 독특하다. 마치 수년 후에 신형 아이폰을 사기 위해 통장에 미리 돈을 납입하는 것과 같다. 미리 시기나 가격, 매물을 알려줄 필요가 없으니 판매자에게 유리한 제도라고도 볼 수 있다.

그럼에도 불구하고 사람들은 왜 일단 청약 통장부터 만들라고 할까? 청약 통장의 위력이 대단하기 때문이다. 아파트도 엄연한 물건이기 때문에 같은 지역이라면 신축 아파트가 기존 아파트보다 비싼 것이 당연한 것이다. 하지만 주택 청약 아파트는 현재 아파트 시세에 맞춰 분양하지 않고 오히려 더 싼 가격에 분양한다. 이 점이 바로 청약 통장의 위력이다.

⊘ 주택 청약 당첨에 도전해야 하는 이유

분양가 11억~12억 원의 신축 아파트 청약에 당첨되었다고 가정해보자. 신축 아파트 건너편에는 지은 지 2년이 넘은 아파트가 15억 원에 거래되고 있다. 동일한 면적인데도 말이다. 분양이 완료되고 아파트를 사고팔 수 있게 되면 아파트 가격은 당연히 15억 원이 넘어간다. 분양받았다는 것은 적어도 3억~4억 원의 이익을 확보했다는 의미이기도 하다. '로또 아파트'라는 말이 여기에서 나오는 것이다.

그렇다면 기존의 아파트보다 신축 아파트가 더 싼 이유가 궁금할 것이다. 이는 분양 시장과 유통 시장이 다르다는 특성 때문이다. 새로 지어지는 아파트의 분양가는 토지 가격이나 각종 요소를 계산하여 책정하게 된다. 그리고 청약에 당첨된 사람은 책정된 분양가로 아파트를 매입할 수 있다. 이후에 아파트 수요가 높아지면, 기존의 분양가와는 별개로 아파트 가격이 상승할 가능성이 높다. 원가로 가격이 측정되는 분양 시장과는 달리 유통 시장에서는 수요와 공급으로 가격이 결정되기 때문이다. 서울 등 주요 지역은 수요가 높지만 그 수요 이상의 공급이 이루어지기가 힘들어, 공급 부족 상태가 이어지고 있다. 자연스럽게 아파트의 몸값은 유통 시장에서 상승하게 되고, 이 상승 금액이 분양받은 사람에게 수익이 된다.

✅ 주택 청약 제도의 역사

반시장적이라고도 볼 수 있는 주택 청약 제도는 우리나라가 한창 성장기에 있을 때 청약을 위한 자금을 미리 불입하도록 만든 제도이다. 사람들이 미리 낸 돈으로 기업들은 자금을 공급받을 수 있고, 사람들은 새 아파트를 시세보다 저렴한 가격에 분양받을 수 있게 한 것이다. 과거에는 금리가 연 20%를 기록한 적이 있을 만큼 금리가 높았다. 이 말은 국내에 자금이 귀해서 돈의 몸값인 금리가 비쌌다는 뜻이다. 당연히 기업들이 대출을 받을 때도 금리가 높았다. 기업 입장에서는 대출받는 것 대신 자금을 공급받을 수 있는 방법인 주택 청약 제도를 통해 자금을 확보하는 것이 유리했다. 금리가 낮아지고 시중에 자금이 넉넉해진 지금은 청약 통장이 하나의 형태로 통합되었지만, 과거에는 청약 통장의 이점이 컸으므로 청약 저축, 청약 부금, 청약 예금 등 종류도 다양했다.

또 현재의 주택 청약 제도가 마련되기 전에는 선착순으로 입주
민을 모집했다. 미리 줄을 서려는 인파로 혼잡이 계속되자 이를 완
화시킬 수 있는 방법이 필요했다. 나중에는 그 대기자들도 너무 많
아지다 보니, 더 적합한 사람에게 우선권을 주기 위해 나온 제도가
청약 가점제이다. 이제는 가점제 경쟁도 극심해진 상황이다.

⊘ 현재의 주택 청약 제도

청약 통장의 가입자는 무려 2,400만 명에 이른다. 흔히 1순위, 2순
위, 이런 말을 들어본 적이 있을 것이다. 당연히 1순위가 2순위보다

청약 통장 1순위 조건

• 청약 통장 가입 기간 1년(비수도권은 6개월) 이상
• 예치 기준 금액 충족

거주 지역별 청약 예치 기준 금액

면적	서울 및 부산	기타 광역시	기타 시·군
85m² 이하	300만 원	250만 원	200만 원
102m² 이하	600만 원	400만 원	300만 원
135m² 이하	1,000만 원	700만 원	400만 원
모든 면적	1,500만 원	1,000만 원	500만 원

우선이지만 1순위가 되는 조건이 그리 어렵지 않다 보니, 총가입자 2,400만명 중 1,300만 명이 1순위 가입자이다.

2017년 9월에 실시된 주택 청약 제도 개편으로 투기 과열 지구, 청약 조정 대상 지역의 1순위 조건이 강화되었다. 서울과 광역시 주요 지역에서는, 청약 통장에 가입한 후 2년이 지나고 24회 이상 납입하고 납입금이 청약 예치 기준 금액 이상이어야, 1순위 조건이 충족된다. 그러니까 청약 통장에 가입한 지 2년이 지나고 예치금이 1,500만 원 이상이면 전국의 모든 청약에서 1순위가 된다고 보면 된다. 가능성은 극히 낮지만 예치금이 부족한 상태에서 청약이 됐다면, 바로 부족한 예치금을 넣으면 되므로 예치금 만족 여부에 대해서는 크게 신경 쓰지 않아도 좋다.

주택 청약 당첨 매뉴얼

⊘ 청약 가점을 쌓아야 한다

1순위가 되었다고 해서 바로 주택 청약 당첨 가능성이 높아지는 것은 아니다. 최소한의 조건이 만족된 것이라고 보면 된다. 청약 당첨자를 뽑는 방법은 청약 가점제와 청약 추첨제가 있다. 청약 가점제는 개개인의 상황에 점수를 주어 고득점자부터 우선 분양을 해주는 방법이며 최근에는 청약 아파트의 대부분이 청약 가점제 방식을 선택하고 있다. 청약 추첨제는 말 그대로 추첨으로 당첨자를 뽑는 방식이다. 이 두 가지 방식은 지역과 면적에 따라 그 비율이 다르다. 다만 수요가 높은 85m²(25평형) 이하 면적의 아파트의 경우 청약 가점제 방법이 75~100%를 차지하고 있다.

전용 면적별 청약 당첨자 선정 방식	
일반	
85m² 이하	청약 가점제 100%
85m² 초과	청약 가점제 50% 이하에서 지자체장이 결정
투기 과열 지구	
85m² 이하	청약 가점제 100%
85m² 초과	청약 가점제 50%, 청약 추첨제 50%
청약 조정 지역	
85m² 이하	청약 가점제 75%, 청약 추첨제 25%
85m² 초과	청약 가점제 30%, 청약 추첨제 70%
기타 지역	
85m² 이하	청약 가점제 40% 이하에서 지자체장이 결정
85m² 초과	청약 추첨제 100%

투자 목적이 아니라 실제로 거주하기 위한 실수요가 가장 많은 85m² 이하 면적에서는 대부분 청약 가점제로 공급하는 물량이 더 많다. 아래의 세 가지 항목으로 청약 가점을 계산하며, 만점은 84점이다.

청약 가점 기준

- 무주택 기간
- 부양가족 수
- 청약 통장 가입 기간

먼저 무주택 기간은 만 30세 이후의 무주택 기간이 1년이 지날 때마다 2점씩 주어진다. 최대 15년까지 인정되며 해당 항목의 만점은 32점이다. 만 26세에 독립을 했더라도, 만 30세 이전의 무주택 기간은 인정되지 않는다. 단, 만 30세 이전에 결혼을 했다면 그 시점부터 무주택 기간이 인정된다.

다음으로는 부양가족 수 항목을 보자. 부양가족은 0명부터 최대 6명(본인 포함)까지 반영되며 가점은 5점부터 최고 35점까지이다. 기혼이라면 배우자와 자녀(30세 이상 미혼 자녀는 1년 이상 주민 등록상 같은 주소에서 거주해야 한다.), 3년 이상 같은 주소에서 거주하고 있는 만 60세 이상의 부모님(부모님 명의의 집이 없어야 된다.)도 포함되나, 형제자매는 포함되지 않는다. 쉽게 말하면, 결혼해서 자녀를 4명 낳으면 혹은 부부가 자녀 2명과 집이 없는 부모님과 3년 이상 같이 살고 있으면 부양가족 수에서 만점을 받을 수 있다.

지금까지는 다소 힘 빠지는 이야기가 대부분이었을 것이다. 사회 초년생의 경우 무주택 기간을 인정받는 것이 사실상 불가능하고, 결혼 전이면 부양가족이 있을 리도 없다. 사회 초년생들이 가점을 높이기 위해서는 세 번째 항목인 청약 통장 가입 기간의 가점을 노려야 한다. 이 항목은 먼저 가입할수록 유리하다. 청약 통장 가입 기간은 최대 15년까지 17점의 가점을 받을 수 있으며, 만 19세 이전에 가입해도 2년은 인정받을 수 있다. 그러므로 가장 좋은 가입 시기는 만 17세 생일 직전이다. 이때 가입하면 성인 이전에 받을

청약 가점 산정 기준표

가점 항목	가점 구분	점수	가점 구분	점수
무주택 기간 (32점)	30세 미만 미혼 무주택자	0	8년 이상 ~ 9년 미만	18
	1년 미만(무주택자에 한함)	2	9년 이상 ~ 10년 미만	20
	1년 이상 ~ 2년 미만	4	10년 이상 ~ 11년 미만	22
	2년 이상 ~ 3년 미만	6	11년 이상 ~ 12년 미만	24
	3년 이상 ~ 4년 미만	8	12년 이상 ~ 13년 미만	26
	4년 이상 ~ 5년 미만	10	13년 이상 ~ 14년 미만	28
	5년 이상 ~ 6년 미만	12	14년 이상 ~ 15년 미만	30
	6년 이상 ~ 7년 미만	14	15년 이상	32
	7년 이상 ~ 8년 미만	16		
부양가족 수 (35점)	0명(가입자 본인)	5	4명	25
	1명	10	5명	30
	2명	15	6명 이상	35
	3명	20		
청약 통장 가입 기간 (17점)	6월 미만	1	8년 이상 ~ 9년 미만	10
	6월 이상 ~ 1년 미만	2	9년 이상 ~ 10년 미만	11
	1년 이상 ~ 2년 미만	3	10년 이상 ~ 11년 미만	12
	2년 이상 ~ 3년 미만	4	11년 이상 ~ 12년 미만	13
	3년 이상 ~ 4년 미만	5	12년 이상 ~ 13년 미만	14
	4년 이상 ~ 5년 미만	6	13년 이상 ~ 14년 미만	15
	5년 이상 ~ 6년 미만	7	14년 이상 ~ 15년 미만	16
	6년 이상 ~ 7년 미만	8	15년 이상	17
	7년 이상 ~ 8년 미만	9		

수 있는 기간의 가점을 다 받을 수 있으며, 성인이 된 이후부터도 당연히 최대 15년까지 인정받을 수 있다. 시작이 빠르면 청약 통장 가입 기간 항목에서 만점을 받는 시기가 빨라지고 그만큼 청약 아파트 당첨에 유리해질 수 있다.

⊘ 청년 우대형 청약 통장

청약 통장 가입 기간의 가점을 받으려면 지금이라도 청약 통장에 가입해야 한다. 이때 사회 초년생에게 추천하고 싶은 상품이 있다. 바로 2017년 11월 28일에 출시된 청년 우대형 청약 통장이다. 이전에도 청년 우대형 청약 통장이 존재했지만, 조건이 너무 까다로웠기에 혜택을 받는 사람이 드물었다. 하지만 2017년에 출시된 상품은 조건이 많이 완화되었다. 기존의 조건은 소득 3,000만 원 이하의 만 19~29세 청년들 중에 부모님으로부터 분가한 세대주만 가입이 가능했다. 하지만 변경된 이후 나이 제한 조건이 만 34세까지로 완화되었으며 남성이라면 병역 기간이 최대 6년까지 인정되어 만 40세에도 가입이 가능하다. 또 기존에는 독립해서 주소가 분리된 경우(세대주)에만 가입이 가능했는데 변경된 이후에는 부모님과 함께 사는 무주택 세대원도 가입이 가능하다.

고금리 혜택도 있다. 보통의 청약 통장보다 높은, 연 최대 3.3%의 금리를 10년 동안 받을 수 있다. 이때 이자 소득에 대해서는 비과세 혜택(연 500만 원 한도 내)도 주어진다. 당연히 소득 공제도 받을 수 있는데, 연 240만 원 한도 내에서 40%를 공제해준다. 단, 계약을 2년 동안 유지하지 않고 도중에 해약하면 3.3%의 이자는 받을 수 없게 되고, 5년 이내에 해약하게 되면 그간 받은 소득 공제 부분을 다시 내야 하니 주의하자.

기존에 청약 통장이 있는 사람은 해당 청약 통장을 해지하고 다시 가입해야 할까? 결론부터 말하자면, 아니다. 청약 통장을 해지하고 다시 가입하면 이전 가입 기간이 다 사라지지만, 청년 우대형 가입 조건이 충족된다면 전환 신청이 가능하다. 주민 등록 등본, 소득 확인 증명서(ISA 가입용) 혹은 회사의 직인이 찍힌 원천 징수 확인서를 지참해 청약 통장을 가입한 은행(혹은 청약 통장을 취급하는 시

돈 팁

주민 등록 등본 출력 시

주민 등록 등본은 정부 24 웹 사이트에서 무료로 출력이 가능하다. 청년 우대형 청약 통장으로 전환할 목적이라면, 등본 출력 시에 모든 정보를 전체 공개로 설정해야한다. 세대주(주로 아버지)의 주민 등록 번호가 필요하기 때문이다.

소득 확인 증명서 출력 시

소득 확인 증명서는 국세청 홈택스에서 출력 가능하며, 서비스 제공 시간은 오전 8시부터 오후 10시까지이다.

중 은행)에 방문한 뒤 청년 우대형 청약 통장으로 전환 신청하면 된다. 만약 남성이 일반 현역이 아닌 부사관 장교 등으로 복무해서 병역 기간을 더 인정받아야 한다면, '정부 24(www.gov.kr)' 웹 사이트에서 병적 증명서를 출력하여 제출하면 된다.

청년 우대형 청약 통장 가입이 가능한 은행으로는 NH농협은행, 우리은행, KB국민은행, IBK기업은행, 신한은행, KEB하나은행, 대구은행, 부산은행, 경남은행까지 총 9곳이며, 이 상품은 2021년 12월 31일까지 가입 가능하다.

⊘ 월급 200만 원 직장인의 청약 당첨 매뉴얼

현재의 주택 청약 제도는 청년들에게 불리한 것이 사실이다. 당첨이 되도 돈이 없는게 아니라, 돈이 있어도 당첨이 안 되는 것이 문제이다. 현재까지는 수도권 공공 택지, 투기 과열 지구에서 85m² 이하 면적의 청약 아파트를 청약 추첨제로 선정하는 곳이 없다. 청약 조정 대상 지역 내 25%의 청약 아파트에서만 청약 추첨제가 존재할 뿐이다. 사실상 서울을 비롯한 인기 지역에서 청년들의 일반 청약 당첨 기회는 없어졌다고 봐도 된다. 물론 85m² 이상의 면적을 가진 청약 아파트에서는 당첨 가능성이 있다고 하지만, 자본금이 부족한 청년 세대들이 대형 평수의 아파트 청약을 노린다는 것은 현실적이지 않다.

정부는 연일 부동산 대책을 내놓고 있는데, 이에 대한 부작용으로 오히려 청약 당첨이 어려워지고 있는 상황이다. 재건축, 재개발 투기를 진정시키기 위한 민간 택지 분양가 상한제가 시행되자, 재개발 및 재건축 사업이 위축되어 신규 아파트 공급이 줄어들 것을 우려한 수요자들이 청약 시장에 뛰어들면서 경쟁이 더 치열해진 것이다. 2019년 12월 기준으로, 서초구 잠원동 반포 우성 아파트를 재건축하는 '르엘 신반포 센트럴' 아파트의 경우 최고 청약 가점이 79점, 최저 청약 가점이 69점이었다. 최소 70점은 되어야 당첨이 가능하다는 뜻이다.

청약 가점 70점이 되기 위한 조건
무주택 기간 최고점 32점 + 청약 통장 가입 기간 최고점 17점 + 부양가족 수 20점 이상

즉, 무주택 기간과 청약 통장 가입 기간이 모두 15년이 넘었어도 결혼하여 자녀가 1명이라면 받을 수 있는 최고 가점이 64점이기 때문에, 평생 당첨 가능성이 없다. 꼭 수요가 많은 강남권이 아니더라도, 서울 전역의 사정도 마찬가지이다. 가점이 최소 54점 정도는 되어야 당첨을 기대해볼 수 있고, 이조차도 가점 점수가 조금씩 높아지고 있는 추세다.

청약 가점 54점이 되기 위한 조건
무주택 기간 최고점 32점 + 청약 통장 가입 기간 최고점 17점 + 부양가족 수 5점 이상

무주택 기간과 청약 통장 가입 기간에서 최고 가점을 받아야 겨우 '턱걸이'가 가능하다는 계산이 나온다. 즉, 서울 내 아파트 청약에 당첨되기 위해서는 최소 만 45세는 되어야 된다. 도중에 한 번이라도 집을 사면 그만큼 기간이 더 필요해지므로 청약을 노린다면 최소 15년을 기다리는 전략이 필요하다.

⊘ 특별한 것을 노리면 확률은 더 높아진다

일반적인 방법이 어렵다면 특별한 방법을 찾는 것이 현명할 수 있다. 일반 공급이 아닌 특별 공급으로 공급되는 아파트에 청약하는 것인데, 신혼부부 특별 공급 등이 그 예이다. 그 밖에도 특별 공급의 종류는 다양하게 있으므로 자신의 상황에 맞는 것을 노려보면 당첨의 확률을 높일 수 있다.

특별 공급의 종류		
특별 공급	조건	선정 기준(공통)
신혼부부 특별 공급	결혼한 지 7년 미만인 신혼부부	• 특별 공급은 1세대당 1주택에 한해 1회만 신청 가능 • 신청자는 무주택 세대주나 무주택 세대원이어야 함 • 분양가 9억 원 이상의 고가 주택은 특별 공급 불가 • 일반 공급과 특별 공급 중복 신청 가능. 단 특별 공급에 당첨될 경우 일반 공급에 대한 청약은 무효 처리
다자녀 가구 특별 공급	미성년 자녀가 3명 이상인 가구	
노부모 부양 특별 공급	만 65세 이상의 부모를 3년 이상 부양하고 있는 가구	
기관 추천 특별 공급	기관 추천 특별 공급 대상이 해당되는 기관장의 추천을 받은 자	
생애 최초 주택 구입 특별 공급	공공 분양의 국민 주택에 생애 최초로 청약을 하는 자 (추첨제로 선정된다.)	

1. 신혼부부 특별 공급

혼인 신고한 지 7년 미만인 부부(재혼도 가능)이고, 청약 통장을 6개월 이상 납입했다면 신혼부부 특별 공급에 도전해보자. 물론 무주택이어야 한다. 단, 자가를 소유하고 있다면 매도한 후 2년이 지나면 자격은 주어지지만 2순위가 되기 때문에 청약 당첨 확률은 낮아진다.

신혼부부 특별 공급은 우선 공급과 일반 공급으로 구분된다. 우선 공급이 전체 신혼부부 특별 공급의 75%를 차지하고 나머지 25%가 일반 공급으로 할당된다. 이 둘의 차이는 소득에 있다. 전년

5교시 | 평생 한 번의 게임, 부동산

도시 근로자 월평균 소득 기준

공급 유형	구분		2019년도 도시 근로자 가구원 수별 월평균 소득 기준					
			3인 이하	4인	5인	6인	7인	8인
신혼부부 우선 공급 (기준 소득 75%)	배우자 소득 없는 경우	100% 이하	540만 1,814원	616만 5,202원	669만 9,865원	734만 8,891원	799만 7,917원	864만 6,943원
	배우자 소득 있는 경우	120% 이하	648만 2,177원	739만 8,242원	803만 9,838원	881만 8,669원	959만 7,500원	1,037만 6,332원
신혼부부 일반 공급 (상위 소득 25%)	배우자 소득 없는 경우	100% 초과 ~120% 이하	540만 1,815원 ~648만 2,177원	616만 5,203원 ~739만 8,242원	669만 9,866원 ~803만 9,838원	734만 8,892원 ~881만 8,669원	799만 7,918원 ~959만 7,500원	864만 6,944원 ~1,037만 6,332원
	배우자 소득 있는 경우	120% 초과 ~130% 이하	648만 2,178원 ~702만 2,358원	739만 8,243원 ~801만 4,763원	803만 9,839원 ~955만 3,558원	881만 8,670원 ~955만 3,558원	959만 7,501원 ~1,039만 7,292원	1,037만 6,333원 ~1,124만 1,026원

도 도시 근로자 월평균 소득을 기준으로 하는데, 외벌이라면 100% 이하여야 하고 맞벌이라면 120% 이하여야 한다.

다시 말하면, 전체 물량의 75%를 차지해 당첨 확률이 상대적으로 높은 우선 공급의 경우, 자녀가 한 명 있다면 외벌이 소득이 562만 원 이하여야 하고 맞벌이 소득이 675만 원 이하여야 한다. 자녀나 부양가족이 더 있는 경우 소득 기준은 높아진다.

전체 물량의 25%를 차지하는 일반 공급의 경우, 자녀가 한 명 있다면 외벌이 소득이 540만~648만 원 이내여야 하고 맞벌이 소득이 648만~702만 원 이내여야 한다. 물론 자녀나 부양가족이 더 있는 경우 소득 기준은 높아진다.

2020년에 공급되는 신혼부부 특별 공급의 소득 기준은 2019년 도시 근로자 월평균 소득으로 결정된다. 앞서 본 도시 근로자 월평균 소득 기준표는 2018년 도시 근로자 월평균 소득으로 2019년에 공급된 청약에 해당되는 기준이다. 2018년 도시 근로자 월평균 소득은 전년 대비 6.7% 가량 상승했으며 2019년에도 상승할 것을 감안한다면 2020년에 공급되는 청약의 소득 기준은 조금 높아질 것이다.

국민 주택의 경우, 청약 가점제처럼 높은 점수를 받은 사람부터 입주자를 선정하는데 그 배점은 다음과 같다.

입주자 선정 배점(국민 주택 기준)		
항목	기준	점수
가구 소득	전년도 도시 근로자 가구당 월평균 소득의 80% 이하	1점
미성년 자녀 수(태아 포함)	3명 이상/2명/1명	3점/2점/1점
해당 지역 거주 기간	3년 이상/1년 이상~3년 미만/1년 미만	3점/2점/1점
청약 납입 횟수	24회 이상/12~24회 미만/6~12회 미만	3점/2점/1점
혼인 기간	3년 이하/3~5년 미만/5~7년 미만	3점/2점/1점

민영 주택의 경우, 소득 조건에 따라 우선 공급과 일반 공급으로

구분해 선정한다. 단, 같은 순위 내에서 경쟁이 있다면 해당 주택 건설 지역 내 1년 이상 거주자, 미성년인 자녀 수가 많은 자 순서대로 입주자를 선정한다. 그래도 동순위라면 추첨으로 선정한다.

신혼부부들이 신혼부부 특별 공급에 몰리다 보니 경쟁이 심해져, 서울 내부에 공급되는 청약 아파트는 가점이 12점은 되어야 당첨되는 경우가 많아졌다. 만점이 13점인데도 말이다. 그래서 생애 최초 주택 구입 특별 공급을 함께 준비하는 모습도 흔하다.

이외에도 신혼부부가 지원 가능한 주택 공급의 종류는 여러 가지가 있다.

돈 팁

신혼부부 특별 공급이 늘어난다는데?

정부는 2019년 들어 신혼부부 특별 공급의 물량을 더 늘렸다. 과거에는 민영 주택 10%, 국민 주택 15%를 신혼부부 특별 공급으로 공급했는데, 현재는 민영 주택 20%, 국민 주택 30%로 신혼부부 특별 공급을 대폭 확대한 것이다.

또한 태아를 포함해 1자녀 이상이어야 한다는 조건도 삭제됐다. 그만큼 혜택을 보는 신혼부부를 늘리기 위해서다. 물론 자녀가 있으면 1순위가 되고 자녀가 없으면 2순위가 되기 때문에 여전히 자녀가 있는 경우가 유리하나, 무자녀의 경우 신청 자체가 불가능했던 것을 감안하면 조건이 완화된 것이다.

또 예비 신혼부부라도 신혼부부 특별 공급에 청약이 가능하다. 예식장 계약서 등으로 증명하면 된다. 다만 이 경우는 자녀(태아 포함)가 있다고 해도 2순위가 된다.

- **신혼 희망 타운**: 60m² 이하의 규모로 건설되어 공급되는 분양 주택이다. 장기 임대 주택과 소셜 믹스(여러 계층이 함께 거주하는 형태)하여 공급하는 주택이다.
- **신혼부부 전세 임대**: 기존 주택을 전세 계약으로 체결하여 저렴하게 재임대하는 사업이다.
- **행복 주택**: 기존 대형 택지 개발과 달리 역세권이나 유휴 시설 등 소규모 부지를 이용해서 임대 주택을 건설한 다음 서민들에게 보급하는 사업이다.

2. 생애 최초 주택 구입 특별 공급

말 그대로 태어나서 처음으로 집을 사려는 사람들에게 공급하는 것이다. 신혼부부가 아니어도, 다자녀가 없어도, 노부모 부양을 하지 않더라도, 생애 첫 구입이면 가능하다. 당연히 지원자 수가 엄청 많을 수밖에 없으니 다른 특별 공급에 비해 조건이 까다롭다.

우선 소득 기준이 엄격한데, 앞서 신혼부부 특별 공급에서는 도시 근로자 월평균 급여의 100~130%까지 가능했다면, 생애 최초 주택 구입 특별 공급은 도시 근로자 월평균 급여의 100% 이내여야 한다. 또 외벌이와 맞벌이 구분이 없다. 소득 외에도 결혼을 했거나 미성년 자녀를 두고 있어야 한다는 조건도 있다. 청약 통장의 가입 기간도 다른 특별 공급이 6개월 이상인 것에 비해 24개월 이상으로 긴 편이며, 예치 금액이 600만 원 이상이어야 한다는 조건도 덧붙여져 있다.

사실 신혼부부 특별 공급 신청자와 생애 최초 주택 구입 특별 공급의 신청자는 겹칠 가능성이 높다. 아무래도 결혼 전에 집을 마련할 일이 드물기 때문일 것이다. 비슷한 상황에 처한 사람들이 신청한다고 해도 당첨자를 선정하는 기준이 다르므로, 자신에게 유리한 특별 공급을 공략하는 것이 좋다.

소득 기준에서는 둘 다 가능하지만 아직 자녀가 없거나 해당 지역에 거주한 이력이 없는 경우, 청약 추첨제로 뽑는 생애 최초 특별 공급이 당첨 가능성이 높다고 볼 수 있다. 반대로 자녀가 있고 해당 지역 거주 이력이 있다면 배점순으로 뽑는 신혼부부 특별 공급이 유리할 것이다.

3. 다자녀 가구 특별 공급 및 노부모 부양 특별 공급

다자녀 가구 특별 공급은 말 그대로 미성년 자녀(태아나 입양아도 포함)를 3명 이상 둔 무주택 세대 구성원이 가입한 지 6개월이 지난 청약 통장을 가지고 있을 경우, 신청 조건이 충족된다. 자녀가 많을수록, 6세 이하 자녀가 더 많을수록, 무주택 기간이 길수록, 해당 지역에 오래 거주했을수록 높은 배점을 받고, 배점에 따라 당첨자가 선정된다. 아무래도 자녀가 많은 가구들은 먼 지역으로 이사하는 것이 부담스럽게 느껴질 수 있으므로 전체 공급의 50%는 해당 지역 거주자에게 공급된다.

노부모 부양 특별 공급은 만 65세 이상 직계 존속 혹은 배우자의 직계 존속을 3년 이상 부양하고 있는 무주택 세대주면 신청 가능하다. 당연히 부모님들도 무주택자야 한다. 공공 분양 공급 물량에 대해서는 신혼부부 특별 공급처럼 도시 근로자 월평균 소득의 120% 이내의 소득 제한이 덧붙여져 있다.

특별 공급은 평범한 사람들을 위해
특별히 공급한다는 의미이다.
당신도 '특별한' 대상이 될 수 있다.

지금 당장
할 수 있는 일부터 할 것

부동산, 주택 청약 당첨…. 모두 남의 이야기처럼 들릴 것이다. 하지만 언젠가는 마주쳐야 하는 현실이기도 하다. 부동산은 우리 생활과 직결된 문제이기 때문이다.

집을 장만하는 가장 좋은 방법은 청약에 당첨되어 신축 아파트를 분양받는 것이다. 하지만 어디 그게 말처럼 쉬울까? 선호 지역의 청약 아파트에 당첨되는 것은 누구에게나 '로또'와 같은 일이지만, 특히 밀레니얼 세대에게는 더욱 기대하기 어려운 상황이다.

1인 가구의 수가 폭발적으로 증가하고 있고 소비 트렌드도 빠르게 변화하고 있는데, 주택 공급 제도는 여전히 기존의 4인 가구 위주로 치중되어 있다는 비판의 목소리가 점점 높아지고 있다. 삶의 모습을 반영해야 하는 제도가 그 역할을 하지 못하고 있는 것이다.

하지만 새로운 제도들이 등장할 것을 기대해본다. 물론 정책이 바뀌기를 기다리며, 천하태평하게 지내도 된다는 것은 아니다. 자신의 상황에 맞는 특별 공급도 준비해보고, 청약 통장 가입 기간 가점을 확보하는 등 당장 할 수 있는 일부터 실행하길 바란다.

신용 등급 편
신용 등급이 높으면
무엇이 달라질까?

IMF와 신용

20년도 지난 일이라 직접 IMF 피해를 체감한 지금의 사회 초년생은 드물겠지만, 1997년 IMF 외환 위기에 대해서는 다들 알고 있을 것이다. 그 사건이 국가에 미쳤던 영향력은 실로 어마어마했으니까. 조금 더 자세히 설명하자면 국내의 외환 보유고가 39억 달러까지 줄어드는 외환 위기 상황이 벌어졌고, 달러가 없어서 결국 국가 부도가 난 것이다. 정확하게는 국가가 부도를 막기 위해 IMF(국제 통화 기금)에 긴급 자금을 요청해서 달러를 빌려오는 대신, IMF가 요구하는 가혹한 조건을 받아들인 사태이다.

국가 부도를 막기 위해서 1997년 12월 3일 구제 금융을 요청했고, 195억 달러의 구제 금융 지원을 받았다. 2001년 8월 23일 이를 모두 상환해서 IMF 관리 체제를 벗어나는 데 성공했다. 2018년 기준으로 국내의 외환 보유고가 4,036억 9,000달러(한국은행 경제 통계 시스템 기준)라는 사실을 생각해보면 그저 당시의 위기가 놀라울 뿐이다.

국가 부도 위기에 내몰린 대한민국이 IMF에 구제 금융을 요청한 대가는 가혹했다. 가장 대표적으로 꼽히는 내용은 금융 시장 전면 개방과 노동 시장 유연화였다. 물론 세계적인 흐름을 고려했을 때 금융 시장이 개방되고 노동 시장 역시 유연해지는 것이 자연스러운 수순이라고 생각할 수도 있지만, 외부의 압력으로 세상이 급격하게 바뀐 셈이라 체감상의 변화 속도는 더욱 급작스러웠다. 외환 위기를 계기로 국내 금융 시장은 외부의 변수에 지나치게 민감하게 반응하게 됐다. 비정규직이나 파견직 등이 생기며 고용 환경도 나빠졌다. 지금의 국내 경제가 가지고 있는 문제들은 외환 위기부터 시작됐다고 봐도 무방할 정도다.

외환 위기가 발생되기 전은 물론 위기가 진행되는 과정과 위기에서 벗어나는 과정 내내 뉴스에 자주 등장한 단어가 하나 있다. 바로 '국가 신용 등급'이라는 단어이다. 국가는 물론 기업이나 개인도 신용 등급이 존재한다. 눈부신 발전을 보이던 국가도 신용 등급이 떨어져 갑자기 부도의 위기에 내몰리는데, 개인은 오죽할까. 현재의 경제 상황을 알려주는 신용이 중요한 이유이다.

예전에는 신용 등급을 조회하는 것만으로도 신용 등급이 하락하기도 했다. 앱을 통해서도 간편하게 신용 등급을 조회할 수 있는 지금 생각하면 이해가 되지 않는 일이지만, 과거 신용 등급을 조회해야 하는 이유는 대출을 알아볼 때밖에 없었으므로 여기저기 돈을 빌리러 다닌다고 판단하고 신용 등급을 깎았던 것이다. 최근에는 신용 등급을 조회하면 신용 점수를 소폭 올려주는 평가 기관도 있다. 그만큼 신용 등급을 적극적으로 관리하는 사람이라고 판단하기 때문이다.

은행에서 대출을 진행해보면 신용 등급은 NICE신용평가 혹은 코리아크레딧뷰로(KCB), 이 두 기관에서 매기는 것 중에 낮은 신용 등급을 인정하는 것이 일반적이다. 코리아크레딧뷰로는 상대적으로 예민해서 신용 평가 점수 및 등급이 신속하게 반영되는 편이고, NICE신용평가는 신용 평가 점수 및 등급이 보수적으로 반영되는 경향이 있다. 두 기관 모두 1년에 3회까지 무료로 신용 등급 조회할 수 있는 서비스를 진행하고 있으니 한번 접속해서 신용 등급의 세부 내역까지 살펴보면 좋다.

신용 관리의 핵심은 딱 하나다. 연체가 없어야 한다는 것이다. 신용은 곧 신뢰인데, 신뢰를 쌓기는 어려워도 신뢰가 무너지는 건 한순간이므로 연체만큼은 피해야 한다는 점을 기억해야 한다.

신용 등급과 대출

⊘ 신용 등급의 개념

어쩌면 신용 등급을 알아볼 일 자체가 없는 게 가장 좋은 것일지도 모른다. 신용 등급이라는 말을 곱씹어보면 그 이유를 알 수 있다.

신용 등급, 그러니까 신용의 등급이라는 말이다. 신용은 언제 필요할까? 신용 카드를 생각해보자. 신용 카드로 밥값 5만 원을 결제하고는 유유히 가게를 나서지만, 정확히는 아직 돈을 가게에 지불한 것은 아니다. 신용 카드로 결제한 금액은 다음 달 신용 카드 대금 결제일에 빠져나가기 때문이다. 소비자가 가게에서 결제를 한후 3일쯤 뒤에 카드사가 돈을 가게에 입금하고, 소비자는 정해진 결제일에 정해진 대금을 카드사에 내면 된다. 카드사는 뭘 믿고 가게에 돈을 보내주는 걸까? 그 믿는 구석이 바로 '신용'이다. 신용 등급이 낮으면 신뢰할 수 없다고 판단하기 때문에 신용 카드 자체를 발급해주지 않기도 한다.

단순히 돈이 많다고 해도 통장에 현금으로만 넣어둔 채 현금만 썼다면, 신용 거래 내역이 존재하지 않기 때문에 높은 신용 등급이 나올 수 없다. 정확하게 말하면, 소득 증빙이 어려워 대출 시에 등급 문제가 아니라 한도 문제를 겪을 수 있다. 개인의 신용 등급은 잘 빌리고, 잘 갚는 사람에게 높게 부여된다. 대학을 졸업하고 막 사회생활을 시작하는 사회 초년생이라면 신용 등급 1~10등급(점수는 1,000점 만점으로 100 단위로 등급을 나눈다.) 중에 5등급인 경우가 대부분이다.

⊘ 내 신용 등급은 어느 수준일까?

신용 등급이 5등급이라면 중간 정도의 수준이다. 4등급 이상은 양호한 편이며 3등급 이상이면 은행 대출 시 약간의 우대 금리를 적용받을 수도 있다. 반대로 6등급 정도면 살아가는 데는 큰 불편함이 없지만 정상적인 한도의 70~80%만 대출 가능하다. 7등급 정도가 되면 대출이 거의 안 되고, 8~10등급은 소위 말하는 신용 불량자로 구분한다.

신용 등급 관리

⊘ 신용 등급은 어떻게 관리해야 할까?

친구 간의 신용을 높이기 위해서는 약속을 잘 지키는 것부터 시작하면 될 것이다. 마찬가지로 신용 등급을 높이기 위해서도 약속을 잘 지켜야 한다. 경제 활동에 있어서 약속을 어기는 것은 바로, 연체를 뜻한다. 그러므로 하루라도 연체를 하지 않는 것이 무엇보다 중요하다. 그다음으로는 신용 카드는 사용 한도의 50% 수준에서, 체크 카드는 월 30만 원 정도로 사용해 신용 거래 내역을 쌓는 것도 신용 등급 관리에 도움이 된다.

'카카오뱅크'나 '토스' 같은 핀테크 앱을 활용해 각종 공과금, 국민연금, 건강 보험료 등의 납입 내역을 제출하면, 연체 기록이 없는 경우에 한해서 신용 등급 상승에 도움이 된다.

　그리고 저축 은행 대출 혹은 카드론 대출이 있다면 빨리 상환해야 한다. 여러 개의 대출이 있다면 우선 금리가 높은 대출부터 상환하는 것이 좋고, 같은 금리 조건이라면 대출의 수를 줄이는 것이 좋다. 2,000만 원의 대출을 받았는데 1,000만 원을 갚을 수 있다고 가정해보자. 1,000만 원짜리 대출 1건과 500만 원짜리 대출이 2건 있고 이 세 가지 대출 이자율이 같을 경우, 1,000만 원짜리 대출 1건을 상환하는 것보다 500만 원짜리 대출 2건을 우선적으로 상환하는 것이 낫다. 물론 예정일보다 먼저 갚을 때 내야 하는 수수료인 중도 상환 수수료가 있는지 확인해본 후, 중도 상환 수수료가 없는 대출이어야 한다.

돈 팁

어디서 대출을 받아야 할까?

대출을 알아볼 때, 다음과 같은 순서로 알아보면 된다. 최대한 1군에서 해결하는 것을 추천한다. 신용 등급을 생각했을 때, 갚아야 할 순서는 당연히 역순이다.

- **1군**: 은행, 농협, 수협, 신협, 새마을 금고
- **2군**: 보험 약관 대출(납입하고 있는 보험이 있다면)
- **3군**: 저축 은행, 카드론, 캐피탈
- **4군**: 대부업체

✓ 신용 등급 관리에 대하여

신용 등급을 올리는 데는 상당한 시간이 걸리지만 신용 등급이 내려가는 것은 한순간이다. 아무리 연체 금액을 다 갚았다고 하더라도, 신용 등급이 바로 올라가는 것도 아니다. 연체 기간이 90일 이하면 1년간, 90일 이상이면 5년간 연체 기록이 남아서 신용 등급에 영향을 준다. 또한 현금 서비스나 저축 은행, 카드론 등 비은행권 대출을 쓰고 있는 경우, 은행에서 정상적인 대출을 받지 못한다는 것으로 파악한다. 이는 신용 등급이 내려가고, 대출 한도 역시 줄어드는 결과를 가져온다.

신용 등급이 상승했다면 챙겨야 할 것이 있다. 대출(주로 신용 대출)을 가지고 있는데 신용 등급이 상승했다면 대출을 한 금융사에

신용 등급이 내려가는 사소한 행동들

- 각종 요금과 공과금 납부일을 놓치거나, 귀찮아서 나중에 납부한다.
- 통신비나 카드 대금을 자주 연체한다.
- 현금이 필요할 때 현금 서비스를 자주 이용한다.
- 저축 은행 등에서 대출을 받는다.
- 신용 카드를 늘 한도껏 사용한다.
- 카드 대금이 부족해 리볼빙(카드 대금 중 일정 비율만 결제하면 나머지 금액은 대출 형태로 전환되어 자동 연장되는 결제 방식)을 이용하거나 카드론(신용도와 카드 이용 실적에 따라 대출해주는 상품)을 신청해 일명 '돌려막기'를 한다.
- 친구에게 보증을 서준다.

금리 인하를 요청하는 것이다. 요청하는 즉시 금리가 내려가는 것은 아니지만 신용 등급이 의미 있게 상승했다고 판단되면, 금리를 조금이나마 인하해줄 것이다. 신용 등급 상승 외에도 취업이나 연봉 상승 등 신용 등급에 영향을 줄 변화가 생긴 경우 역시 금리 인하를 요청할 수 있다.

⊘ 부동산 거래 시, 신용 등급은 중요할까?

신용 등급은 대출 신청을 할 때 특히나 중요하다. 신용이 낮은 사람에게 선뜻 돈을 빌려줄 은행은 어디에도 없기 때문이다. 다만 주택 담보 대출이나 전세 보증금 담보 대출과 같은 담보 대출은 신용 대출과 성격이 조금 다르다. 신용 대출은 말 그대로 개인의 신용만을 근거로 하는 대출이고, 담보 대출은 담보의 가치를 근거로 하는 대출이다. 그렇기 때문에 주로 신용 대출보다는 담보 대출이 제출하는 서류도 적고, 금리도 저렴하다.

신용 대출만큼 신용 등급이 크게 영향을 주는 것은 아니지만, 부동산을 구입하거나 전셋집을 구할 때 역시 신용 등급이 1~3등급이어야 대출받기가 수월하다. 이 조건이 충족될 때는 가능한 한도 내의 모든 대출을 받을 수 있다고 보면 된다. 다만 5등급 이하부터는 대출이 불가능하거나 한도가 줄어들기도 한다.

신용 등급이 중요해지는 시기는 전세 자금 대출이나 주택 담보 대출로 부동산 거래를 할 때일 것이다. 이때 신용 등급이 6등급 이하라면 대출받는 것이 상당히 어려워지고 4등급 이하라면 대출 한도가 3억 원(전세 자금 대출)을 넘을 수 없다.

신용 등급은 언제나
5등급 이상을 유지하는 것이 중요하다.

5교시 | 평생 한 번의 게임, 부동산

든든한 울타리가
되어주기도 하는 신용 등급

앞서 언급한 IMF 이야기를 계속해보자. 당시 우리나라는 경제 위기도 아니었고 오히려 높은 경제 성장률을 보이고 있었다. 갑작스러운 위기를 겪게 된 원인은 복합적이었지만, 좋은 경기를 믿은 기업들이 과도한 대출을 통해 무리하게 사업을 확장한 탓도 있다. 많은 기업들이 자금은 바닥났는데 갑자기 대출을 갚아야 하는 상황에 몰리고 신용 등급마저 급락하니, 더 이상 대출을 받기 어려워 속수무책으로 무너지게 됐다.

돈은 있다가도 없는 것이라고도 말하지만, 일정 수준의 돈은 삶을 살아가는 데 반드시 필요하다. 개인도 갑작스러운 경제적 위기를 맞이할 수 있다. 저축 편에서 비상금의 중요성을 강조한 이유도 이 때문이다. 또한 살면서 대출을 해야 할 때가 발생할 것이다. 낮은 신용 등급에서는 위험한 고금리 대출을 신청할 수밖에 없고, 그 굴레를 벗어나는 것은 너무나도 어렵다. 높은 신용 등급은 건강한 대출을 받는 것을 가능하게 한다. 신용 사회에서 신용은 우리 삶을 지켜줄 울타리가 되기도 하는 것이다.

부동산 감각 편

10년 뒤 어디서 살래?

어디에서 살고 싶은가?

위의 질문에 대한 대답은 아파트, 단독 주택, 빌라 등 다양할 것이다. 하지만 최근에는 편리성을 비롯한 다양한 이유로 많은 사람들이 '대단지 아파트'를 선호하는 경향이 있다. 아파트 단지가 과거의 마을과 같은 역할을 하게 되면서, 아파트 중에서도 대단지 아파트가 인기를 얻고 있다. 언제부터 아파트가 인기였을까? 사실 그 역사는 그리 길지 않다. 특히 고급 브랜드화 된 아파트가 등장한 건 고작 20년 전이었다. 2001년에 삼성물산에서 선보인 '레미안'을 시작으로 아파트 건설사들이 브랜드화 전략을 펼친 것이다.

이전까지만 해도 사람들이 가장 살고 싶어 하는 주거 형태는 아파트가 아니라, 마당이 있는 주택이었다. 1970년대에 진행된 한 조사에서 살고 싶은 주거 형태를 물었는데, 이때 아파트를 선택한 사람들의 비율은 4%대에 불과했다. 아파트는 살기 갑갑한 주거 형태로 여겨졌다. 장독대를 묻어둘 마당도 없는 아파트에서 어떻게 살수 있겠냐고 되묻는 사람도 많았다. 새벽 배송 등의 서비스는커녕 어느 집에나 한두 대쯤은 있는 김치냉장고도 없던 시절이었다. 마당이 없으면 생활하는 데 불편하다는 생각이 일반적이었다.

시간이 흘렀고, 삶의 모습은 참 많이도 변했다. 아파트의 인기와 가격이 치솟은 데는 삶의 모습이 변화된 이유도 한몫했다. 삶의 변화는 주거 형태 선호도를 바꾸는 결과를 가져왔다. 20년 후에는 지금과는 또 다른 삶의 모습을 보일 것이다. 다시 말하면, 미래에는 대단지 아파트 대신 다른 주거 형태가 인기를 얻을 수도 있다는 이야기이다. 꼭 높은 가격대의 서울 아파트가 아니더라도, 그에 준하는 삶의 질을 누리게 해주는 새로운 주거 형태가 등장할 수 있다.

부동산에서 가장 중요한 건 정부 정책이다. 이를 잘 이해하고 있어야만 한다. 정책이 없었다면 지금의 분당과 일산 그리고 세종시는 계속 벌판이었을 것이다. 거슬러 올라가면 원래 뽕밭이었던 잠실 이야기도 있다. 과거에는 지금의 강남을 영등포의 동쪽이라고 해서 '영동'으로 불렀다. 그저 영등포의 동쪽이었던 동네가 부동산계에서 굳건한 입지를 자랑하는 강남이 된 것 역시 정부 정책 때문이다.

분명한 것은 기술과 정책이 부동산 변화를 이끌었고 앞으로도 그럴 것이라는 사실이다. 짧게는 십수 년 길게는 수십 년간 변화할 일상의 모습과 이에 따라 인기를 모으고 가격이 오를 부동산을 보는 눈과 감각을 키우는 일이 필요하다. 국토 교통부의 보도 자료를 찾아 읽으라는 권유까지는 하지 않겠다. 하지만 기술과 정책에 대한 관심은 놓지 말길 바란다. 기술과 정책이 만나는 곳이 '약속의 땅'이 될 테니까 말이다.

변화의 요인

⊘ 기술의 발전은 주거의 형태를 바꾼다

1931년 미국 뉴욕에서 높이 380m에 이르는 120층짜리 빌딩인 엠파이어 스테이트 빌딩이 준공됐다. 건물을 높게 짓는 것도 어려웠지만 완공된 이후 실제로 사용하기 위해 꼭 필요한 기술이 있었다. 바로 엘리베이터이다. 엠파이어 스테이트 빌딩은 엘리베이터 기술이 발전했기 때문에 지을 수 있었던 건물로, 실제 67개의 엘리베이터가 설치되어 있다. 이처럼 엘리베이터는 고층 건물을 만든 핵심기술 중에 하나로 꼽힌다. 사무용 빌딩뿐 아니라 주택의 형태도 수직으로 바꾸었다. 부의 상징은 넓은 마당이 아니라 높은 전망으로 변했고, 그 결과 사람들은 아파트를 선호하게 되었다. 엘리베이터가 없었다면, 아파트의 높이는 5층을 넘기기 힘들었을 것이다. 엘리베이터는 이제 전혀 새로울 게 없는 기술이 되었지만, 엄청난 변화를 가져온 혁신적인 기술이라는 사실은 변함없다.

그렇다면 앞으로는 어떤 기술이 삶에 파고들지 고민할 필요가 있다. 많은 전문가들은 4차 산업 혁명이 삶의 큰 축들을 바꿀 것이라고 전망하고 있다. 사물 인터넷(IoT, 서로 연결되어 유기적인 작동이 가능한 기술)이나 자율 주행 등을 꼽을 수 있겠다. 특히 자율 주행은 삶을 전반적이고도 근본적으로 바꾸게 할 기술로 거론되고 있다. 역사적으로 보았을 때, 산업 혁명은 주로 운송의 발전에서 출발됐다. 증기 기관에서는 철도, 내연 기관에서는 자동차, 그리고 이제는 그 이동의 방법이 자동화되는 것으로 이어질 것이다. 자율 주행은 자동차 스스로가 운전을 한다는 의미이기도 한데, 이는 편하다는 수준을 넘어 굉장히 큰 변화를 가져올 수 있다. 단적인 예로, 자율 주행은 주차 문제를 해결할 것이다. 목적지에 도착해 차에서 내리기만 하면 된다. 자동으로 주차가 되므로 더 이상 주차 공간을 찾느라 헤맬 필요가 없다. 다시 차를 호출하기만 하면 차는 문 앞으로 온다. 여기에 최근 각광받고 있는 자동차 공유 개념까지 더해지면 주차 문제의 해결 범위는 더 확대될 것이다. 자율 주행이 가능한 차를 공유해 필요할 때 자가용처럼 쓰고, 도착 후에는 택시처럼 내리기만 하면 그만이다.

다시 주거 이야기로 돌아가자. 아파트의 선호도가 높아진 이유

중 하나는 주차가 편리하다는 점일 것이다. 과거에 지어진 빌라나 다세대 주택 그리고 오래된 주택가들, 주로 1980년대에 지어진 주차장 없는 빨간 벽돌의 빌라들의 가장 큰 고충은 주차 문제였다. 예전에는 주차 공간 확보에 대한 규정이 없었다. 자가용 보급률이 지금보다 훨씬 낮았으니 주차 규정이 필요가 없었던 것이다. 하지만 상황이 많이 달라진 현재, 주차 문제는 심각해져 주차 전쟁을 방불케 한다.

자율 주행 기술이 보편화되면 주차나 교통의 문제로 기피되던 지역이나 주거 형태가 다시 주목받을 수 있다는 사실에 초점을 맞춰야 한다. 기술의 발전이 단점을 보완할 수 있다면, 주거 형태에 대한 선호도 역시 자연스럽게 바뀌게 된다. 엘리베이터가 고층 건물에 대한 프리미엄을 제공했듯, 자율 주행 문제는 또 다른 프리미엄을 제공할 수도 있다. 그럼 사람들은 지나치게 비싼 가격의 아파트 대신 새로운 대안을 찾아 나설 것이다. 아마도 그 대안이 과거의 빌라 같은 주택 형태로의 회귀는 아닐 것이다. 아직은 어떤 형태일지 구체적으로 예측할 수는 없지만, 새로운 기술이 새로운 형태의 거주 형태를 만들 것이라는 사실만은 분명하다.

⊘ 정부 정책에 따른 부동산 변동

기술 발전보다 더 빠르게 부동산 시장의 변화를 이끄는 요인, 바로 정부 정책이다. 당연하게도 건물을 짓거나, 도로를 내는 행위는 정부와 지방 자치 단체의 허가가 필요하다. 이 허가는 정책에 의해 결정된다. 정책이 변경되면 부동산 시장도 정책의 영향을 받는 것이다.

과거 이명박 정부는 경기 부양의 일환으로 건설 사업을 선택했다. 이른바 '도시형 생활 주택(건물을 더 많이 지을 수 있도록 규제 완화)'이라는 새로운 개념을 도입해, 옆 건물과의 간격이 좁아도 건축 허가를 해주었다. 그 결과 빼곡한 건물 무리들이 여기저기 생겨났다. 2014년 9월 1일, 박근혜 정부는 새로운 부동산 정책을 발표했다. '9·1 대책'으로 부르기도 했던 이 정책의 주요 골자는 일산이나 분당과 같은 신도시 개발을 더 이상 진행하지 않겠다는 내용이었다. 매년 새로운 집에 대한 수요는 조금씩 증가하고, 대개는 이 수요를 경기도 신도시를 개발해 공급했다. 그런데 9·1 대책 이후에는 그럴 수가 없게 된 것이다. 이는 서울 내 집값 상승의 결과를 가져왔다. 서울에는 주택을 새로 지을 빈 땅이 없었기 때문에 재건축, 재개발 후보 지역의 오래된 아파트들의 몸값이 치솟았다. 이처럼 정책의 집행은 인기 지역의 변화 등 시장 흐름을 만든다. 부동산에 관심이 있다면, 아파트의 시세만 따질 것이 아니라 정부 정책도 유심히 살펴봐야 한다.

집 구매

⊘ 꼭 집을 사야 할까?

집값이 비싸도 너무 비싸다. 주택 청약에 당첨되어 분양가 대비 2억~3억 원 정도의 수익이 발생할 기회를 얻더라도, 그 돈은 장부상 이익일 뿐이다. 집을 매매할 것이 아니라면 만질 수 없는 돈이다. 또 집을 살 때는 큰 대출을 받게 되기 마련이다. 20~30년 동안 꼼짝없이 돈을 갚아야 한다는 생각을 하면, 마음이 편하지 못하다. 20~30년이 걸려 겨우 대출을 갚고 나면 그제야 '은행 집'이 아니라 진정한 '내 집'이 될 텐데, 그럼 집의 가치가 떨어질 것이라는 걱정도 앞선다. 끝없는 고생이 눈에 훤한데, 꼭 집을 사야할지에 대한 의문이 드는 건 어쩌면 당연한 일일지도 모른다.

하지만 아직까지는 집을 사는 것이 낫다고 본다. 꼭 서울 내에 있는 아파트가 아니어도 좋으니, 주거용 집을 사는 것을 권유한다. 집값이 오른다는 건, 특정 집값만 오른다는 게 아니다. 집값 상승 폭은 다르겠지만, 전반적으로 다 오른다는 말이다. 그럼 이사를 갈 때마다 그만한 돈을 지불해야 한다는 이야기이기도 하다. 자가이든, 전세이든, 월세이든 마찬가지이다.

집값이 향후 계속 상승할 것이냐 혹은 지금 과열되어 있는 상태이므로 곧 하락할 것이냐에 대한 논쟁은 계속되고 있다. 이 논쟁을 떠나서, 자신의 명의로 된 집이 있다는 것은 심리적인 안정감 측면에서 대단한 효과가 있다. 5억 원에 산 집값이 4억 5,000만 원으로 떨어졌다고 해서 주식처럼 '그때 팔았어야 했는데…' 하고 계속 후회할까? 아니다. 집을 투자용으로 여러 채 산 경우를 제외하고는 그냥 그 집에 계속 살게 된다. 체감상 느낄 수 있는 피해는 거의 없다고 봐도 무방하다. 설사 집값이 떨어진다고 해도, 특정 집값만 떨어지는 게 아니다. 다른 곳도 비슷한 비율로 집값이 하락했다면, 하락이라고 보기도 어렵다.

장기 투자를 해야 수익을 본다는 말을 들어봤을 것이다. 부동산의 가장 특별한 특징은 오래 보유하게 되는 성격이 있다는 점이다. 부동산은 자연스럽게 장기 투자로 이어지다 보니 좋은 결과를 가져오는 경우가 많다.

⊘ 인구 감소와 경기 침체로 집값이 하락한다고?

부동산 관련 예측은 다양하게 나와 있다. 인구 감소와 경기 침체로 인해 집값이 하락할 것이라는 주장과 인구 감소와 경기 침체에도 불구하고 집값 상승은 지속될 것이라는 주장이 팽팽하게 맞서고 있다. 결론부터 말하면, 후자의 주장이 조금 더 힘을 얻고 있는 상황이다. 어떤 자산이든 계속 오르기만 하는 것은 없다. 상승 중에도 조정이 있고 반대로 하락 중에도 반등이 있지만, 장기적으로 부동산 가격은 크게 하락하기 어렵다고 판단한다.

전자를 주장하는 사람들은 급격한 집값 상승세와 본격적인 인구 감소 등을 주장의 근거로 든다. 그런데 큰 폭으로 집값이 오른 것은 사실이지만 현 시점이 최고점이 아닐 수도 있다. 또 주택 보급률이 100%를 넘어섰는데 인구가 점차 줄어들고 있으니, 수요와 공급의 특성을 고려했을 때 당연히 집값은 떨어질 것이라는 주장에는 허점이 있다. 서울의 집 한 채와 지방의 집 한 채를 동일하게 판단하는 오류가 존재하는 것이다. 지방에도 좋은 일자리가 충분히 있다면, 굳이 서울의 중심지로 모일 필요가 없을 것이다. 하지만 현실이 그렇지 않다. 경기가 침체되고 인구가 고령화될수록 사람들은 대도시로, 그중에서도 중심지로 몰린다. 여유 있는 은퇴족들 역시 주요 대학 병원 등 인프라를 잘 갖추고 있는 중심지를 선호하는 경향이 있다.

일본이 한창 경제 호황기를 누렸던 과거를 살펴보자. 그때 일본의 부동산 가격은 현재 우리나라의 다섯 배 이상으로 형성되어 있었다. 100년 대출 만기 상품이 나올 정도였으니 말이다. 경기가 좋아 다들 돈을 잘 벌던 버블 경제였음에도 불구하고 집값이 천문학적으로 비쌌기 때문에, 자녀를 거쳐 손주까지 갚아야 하는 금액을 대출받아야만 집을 살 수 있었다. 비정상적이었던 부동산 가격은 다양한 요인이 겹쳐 곧 붕괴되었다. 붕괴 이후 기나긴 불황이 이어졌고 부동산 가격은 꾸준히 하락했다. 그러나 최근 들어 그 흐름이 바뀌었다. 도쿄, 나고야, 삿포로 등 주요 도시를 중심으로 부동산 가격이 빠른 상승을 보이고 있다. 경기가 회복되었거나, 인구가 다시 늘어서가 아니다. 일본 전체 평균 부동산 가격의 하락세는 여전

돈 팁

저금리 정책과 부동산

금융 위기 이후 전 세계 경제가 활황을 보이지 못하고 있다. 이러한 이유로 각국 정부와 중앙은행들은 저금리 정책을 고수하고 있다. 돈을 풀어서 경기를 부양하는 정책을 계속해서 이어가고 있는 것이다. 하지만, 저금리는 양극화를 부추기는 치명적인 부작용이 있다. 시장에 돈을 풀면, 그 돈은 실물 경제로 흡수되기보다는 주식이나 부동산 같은 자본 시장으로 더 빨리 흡수된다. 경기가 회복되는 속도보다 부동산이나 주식의 상승 속도가 훨씬 더 빠른 이유이다. 주로 부유층이 부동산이나 주식을 소유하고 있다 보니, 저금리 정책의 혜택이 그들에게 집중되는 현상이 발생한다.

그럼 금리를 예전과 같은 수준으로 올리면 어떻게 될까? 부실해진 실물 경제가 이를 견디지 못해, 경제는 순식간에 무너질 게 뻔하다. 어느 쪽도 완벽한 해결책이 될 수 없는 딜레마 상황에 처해 있는 것이다.

하다는 점을 비춰보았을 때, 특정 지역의 부동산 가격이 상승했다는 것은 대도시 집중 현상이 가속화되고 있다는 것이다. 일본의 부동산 경기 흐름은 우리나라에 전하는 바가 많다.

우리나라는 늘 경상 수지 흑자를 기록하고 있는 수출 국가이다. 흑자 규모는 달라지겠지만 해외에서 돈을 벌어서 국내로 돈을 들여오고 있다. 돈은 늘어나는데 고소득층이나 중산층이 바라는 서울의 신축 아파트 형태의 집은 그만큼의 속도로 공급하기 어려우니, 장기적으로 서울의 집값 하락을 기대하기는 어렵다.

⊙ 서울 아파트의 미래

서울 아파트의 가격에는 버블이 없는 것일까? 서울 전 지역의 부동산을 버블로 볼 수는 없지만, 분명 비정상적인 가격이 형성되어 있는 곳들도 있다. 만약 부동산 가격이 조정된다면, 우리나라 소득 수준에 과도한 가격이 책정되어 있는 특정 아파트 단지에 대한 제재가 이루어질 것이다. 2014년쯤 집값이 조금씩 하락했는데, 그 시기에 분당 등 인기 지역의 주상 복합 건물 가격이 상당한 가격 조정을 받았던 것처럼 말이다. 그러나 전국 단위의 부동산 가격 하락은 1997년 외환 위기, 2008년 금융 위기 때와 같은 거대한 금융 위기가 왔을 때 잠시 동안만 관찰되었을 뿐, 장기적인 현상은 아니었다.

2017~2019년의 서울 부동산 가격이 너무나 빠르게 상승했고,

정부의 대책도 그만큼 강력해졌다. 그 결과 최근에는 서울 부동산 가격의 상승세가 둔화되고 소폭의 하락세를 이어가고 있는 모습이다. 그래서 2008년부터 2014년까지의 현상, 즉 부동산 가격이 횡보하거나 혹은 소폭 하락하는 모습이 나타날 것으로 보인다. 그럼에도 불구하고 장기적으로 서울의 부동산 가격을 예측한다면, 상승할 것이라는 견해가 일반적이다.

⊘ 부동산 가격 전망

최근 우리나라는 물론 전 세계 주요 도시의 부동산 가격은 놀라운 속도로 상승하고 있다. 자산은 장기적으로 우상향하기 마련이지만, 상향 속도가 특히 도드라지는 이유가 단순히 투기 현상 때문만은 아닐 것이다. 그 원인에 대해 알아볼 필요가 있다.

2014년, 독일의 카타리나 크놀 교수는 〈No price like home〉이라는 논문을 발표했다. 140년간 OECD 주요 국가들의 주택 가격 흐름을 추적한 결과가 수록되어 있는 이 논문을 살펴보면, 부동산 가격 상승 원인에 대한 해답을 얻을 수 있다. 결론부터 말하자면, 카타리나 크놀 교수는 최근의 주택 가격이 상승한 이유로 토지 공급 부족을 지적한다. 이 주장에 대하여 자세히 살펴보자. 주택의 물가를 감안한 실질 가격은 1870년부터 1960년까지는 큰 상승이 없다가 1990년대에 접어들면서 빠른 상승이 관찰되는데, 그 이유를 토지 공급의 부족 현상 때문으로 보는 것이다. 이를 뒷받침하는 근거는 두 가지이다. 첫째, 1960년대 이전에는 도시의 확장이 쉬웠는데, 지금은 도시의 확장이 어렵다. 과거에는 토지 공급이 원활해 도시 규모가 손쉽게 커졌기 때문에, 주택 가격이 빠르게 오르지 않았다. 그러나 환경 문제 등이 대두되면서 도시 확장에 각종 규제가 생겼고, 토지의 공급이 수요를 따라가지 못했다. 이 현상이 도시의 땅이 비싸진 결과로 이어지게 된 것이라고 추론한다. 둘째, 1960년대부터 1990년대까지는 기술의 발달이 새로운 토지 공급을 해주기도 했는데, 현재는 기술의 발달이 주춤한 상황이다. 철도, 지하철, 자가용이 발달하면서 이동이 쉬워진 덕분에 과거에는 도시가 될 수 없었던 외곽 지역까지 도시의 역할을 해낼 수 있게 되었다. 하지만 이제 지하철은 꽉 들어차 있고, 자가용이 너무 많아져 교통 체증이라는 새로운 문제를 가져왔다. 이는 기존의 기술만으로는 더 이상 확장할 수 있는 지역이 제한적이라는 말이기도 하다. 이 같은 변화로 인해 현재의 부동산 가격이 형성되었으며, 그 변화 속도가 점차 빨라지고 있다고 주장하는 것이다.

이 논문 내용에 동의한다면, 부동산 가격의 추이를 결정하는 요소 중 하나가 기술의 발전이라고 생각하는 데에도 동의할 것이다. 양적 성장을 멈추고 질적 성장(도시의 규모는 그대로이지만 건물의 높이와 가격이 상승하는 성장)으로 전환된 지 30년 정도 되었기 때문에, 현재 기술만으로는 부동산 공급의 한계에 봉착한 것이라고 볼 수 있다. 그럼 앞으로 어떤 변화를 기대해볼 수 있을까? 지금보다 이동이 자유로워지면, 도시의 역할을 할 수 있는 지역이 늘어날 것이다. 이는 활용 가능한 토지의 면적이 늘어난다는 의미이기도 하다. 그럼 1960년대 이전처럼 양적 성장으로 돌아갈 가능성도 있다.

앞서 말했듯 4차 산업 혁명을 이끌 기술인 자율 주행이 부동산 판도를 바꿀 수 있다. 자율 주행은 대도시와 외곽 지역 사이를 오가는 데 편의성을 제공함으로써, 꼭 도심에 사는 것을 고집할 필요가 없게끔 만들어줄 수 있는 기술이다. 혹은 5G 기술이 새로운 재택근무 환경을 조성할 수 있다. 재택근무가 가능하다면 굳이 엄청난 가격의 도심 아파트에 살 필요가 없어진다. 거듭 강조하지만 부동산에 관심이 있다면, 기술의 발전 방향과 발전 속도에 따라 나타나는 변화를 유심히 살펴봐야 할 것이다.

기술이 발달해 일상생활 모습을 바꾸는 데에는 너무 오랜 시간이 걸릴 것이라는 회의적인 생각이 들기도 하겠지만, 원래 부동산은 평생에 걸쳐 해야 하는 게임이다.

주택 담보 대출이 괜히 30년이 아니다.
부동산은 장기전이다.

부동산을 대하는
밀레니얼 세대의 자세

밀레니얼 세대는 취업난과 주거 비용 상승에 고통을 받고 있고, 베이비 부머 세대는 부동산 가격 상승의 힘으로 추가로 부동산을 매입하며 부를 축적하고 있는 상황이다. 전 세계가 비슷한 현상을 겪고 있다. 그럼 어딜 가나 마찬가지니 그냥 순응하고 살아야 할까? 아니다. 세상은 더 이상 해결 방법이 없어 보일 때, 큰 변화가 나타나는 역사를 반복했다. 변화는 반드시 일어날 텐데 사회 초년생이 벌써부터 내 집 마련의 꿈을 포기하기에는 이르다.

정부는 부동산 시장의 안정화를 위해 각종 대책을 마련하고 있다. 장기 임대 주택 공급 등과 같은 주거 안정 대책의 필요성이 부각되고 있긴 하지만, 분주하게 변화하고 있는 부동산 시장과 쏟아져 나오는 정부 대책에서 밀레니얼 세대는 다소 배제되는 것이 사실이다. 그렇기 때문에 집을 사기 싫어서 안 사는 게 아니라, 돈이 없어서 못 사는 것이라고 생각하는 이들도 있을 것이다. 내 집 마련, 결코 쉽지 않은 목표이고 희망보다는 좌절이 더 가깝게 느껴지기도 한다.

그럼에도 불구하고 부동산에 관심을 가지는 것이 현명하다고 생각한다. 앞서 설명했듯이, 개인이 할 수 있는 방법은 두 가지일 것이다. 하나는 정부의 부동산 정책을 눈여겨보는 것이고, 다른 하나는 새로운 기술의 등장을 포착하는 것이다. 부동산 시장에서 정부가 할 수 있는 것은 사실상 무제한에 가깝기 때문에 정부의 의지를 읽어내는 것은 무엇보다 중요하다. 또 서울 중심지로만 수요가 몰리고 있는 상황을 전환시킬 수 있는 기술은 부동산 판도를 바꾸는 계기를 마련할 것이다. 부동산은 평생 한 번의 게임이라고도 볼 수 있다. 당장 집을 사는 것에 연연하지 말고, 장기전으로 돌입해도 된다는 이야기이다. 그러므로 지금은 부동산 감각을 늘리는 데에 초점을 맞춰도 좋다. 이는 조만간 부동산 실전에 돌입했을 때, 분명 좋은 결과를 가져오는 밑거름이 될 것이다.

돈워리스쿨

1판 1쇄 발행 2020년 6월 8일
1판 2쇄 발행 2020년 7월 20일

지은이 정현두, SBS 〈돈워리스쿨〉 제작팀 이상미, 임현수, 하현종

발행인 양원석 **편집장** 차선화 **책임편집** 윤미희
디자인 이재원, 김미선 **일러스트** 안다연
영업마케팅 양정길, 강효경

펴낸 곳 ㈜알에이치코리아
주소 서울시 금천구 가산디지털2로 53, 20층(가산동, 한라시그마밸리)
편집문의 02-6443-8854 **도서문의** 02-6443-8800
홈페이지 http://rhk.co.kr
등록 2004년 1월 15일 제2-3726호

ISBN 978-89-255-3683-5 (03320)